民國文化與文學 研究文叢

四編　南京大學特輯

李怡　沈衛威　主編

第 4 冊

《京報副刊》研究（上）

陳　捷　著

國家圖書館出版品預行編目資料

《京報副刊》研究（上）／陳捷 著 -- 初版 -- 新北市：花木蘭
文化出版社，2014〔民 103〕
目 2+170 面；19×26 公分
（民國文化與文學研究文叢 四編；第 4 冊）
ISBN 978-986-322-798-4（精裝）
1.報紙副刊 2.文藝評論
541.26208   103012900

特邀編委（以姓氏筆畫為序）：

ISBN-978-986-322-798-4
9 789863 227984

民國文化與文學研究文叢
四　編　第四冊
ISBN：978-986-322-798-4

《京報副刊》研究（上）

作　　者　陳　捷
主　　編　李怡　沈衛威
企　　劃　四川大學現代中國文化與文學研究中心
　　　　　北京師範大學民國歷史文化與文學研究中心
總 編 輯　杜潔祥
印　　刷　普羅文化出版廣告事業
出　　版　花木蘭文化出版社
發 行 人　高小娟
聯絡地址　235 新北市中和區中安街七二號十三樓
　　　　　電話：02-2923-1455／傳真：02-2923-1452
網　　址　http://www.huamulan.tw 信箱 hml810518@gmail.com
初　　版　2014 年 9 月
定　　價　四編 12 冊（精裝）新台幣 20,000 元

《京報副刊》研究（上）

陳　捷　著

作者簡介

陳捷，男，生於 1977 年 2 月，江蘇省揚州市人，南京大學文學博士，復旦大學博士後，哈佛大學費正清中國文化研究中心訪問學者，曾先後師從曾華鵬、沈衛威、陳思和、王德威等專家學者，研究方向爲中國現代文學史及民國文藝副刊研究。主持國家社科基金項目、國家博士後科研資助項目，入選「江蘇省首屆優秀青年骨幹教師境外研修計劃」以及南京理工大學卓越計劃「紫金之星」（第一類），曾獲江蘇省高校哲學社會科學研究優秀成果獎。現爲南京理工大學藝文部教師，副研究員。

提　　要

　　《京報副刊》是著名的五四「四大副刊」之一，在民國「副刊之王」孫伏園主持下，它不僅積極的繼承了《新青年》所開創的思想革命事業，而且在新的歷史語境下，它責無旁貸的投身於文化建設、社會改造的歷史進程中並發揮了巨大的作用。

　　本書在研究孫伏園個人成長經歷、精神傾向的同時，借助於西方反思社會學、知識社會學的有關理論，通過對整個社會文化結構的把握與認知，確立「現代大學精神與體制——同人社團——報紙副刊」這個文化序列和研究模型來考察它們之間的相互影響以及《京報副刊》在此文化場域中的結構功能和運行模式。本書重在闡述《京報副刊》自我定位、精神成長變遷的歷史軌跡，從對它「非公共領域」性質的認定切入，通過對以「徵求青年必讀書目」爲代表的思想學術努力、在五卅運動中的政治轉向、與《現代評論》和《晨報副刊》的鬥爭等等方面的論述，結合布迪厄的「場域」理論和知識分子共同體的問題，以大量史料爲支撐來建立一種圍繞權力和資本爭奪爲核心的「後五四」歷史敘述方式。同時，本書考察了《京報副刊》在文學建設方面的努力，通過對小說以及戲劇的研究來考察文藝副刊對新文學的推動作用。在小說研究中反思了青年問題、婦女問題中的「啓蒙」視角，並對鄉土小說的新變進行了具體的論述，而在戲劇研究中則主要是結合西方現代性理論並由現代性動力學的觀念入手，從現代性的分化特徵來考察中國戲劇現代性在文藝副刊上的表現，並且通過啓蒙現代性和審美現代性的雙重視角來考察文藝副刊在戲劇現代化進程中所起到的重要作用。另外，本書對《京報副刊》廣告以及副刊合訂本等問題也進行了詳細的研究，尤其注重它與北京大學研究所國學門的「學術聯姻」關係。

目次

引 論

　　二十世紀二十年代的中國社會，正處於一個十分特殊的歷史階段。雖然五四新文化運動給這個階段奠定了文化主旋律，但是在軍閥混戰、民不聊生的社會現實下，各種社會思潮和文化思潮層出不窮，自由主義、保守主義和激進主義是當時社會思潮中最主要的三種，由於激進主義和自由主義在五四之後都被軍閥高壓政治所壓制，保守主義勢力死而不僵，再次擡頭。五四知識分子自由主義思潮在經過一段時間低潮後爲了與文化保守主義塵囂日上的瘋狂反撲相對抗也在二十年代中期再次興起。勢之所至，北京思想界形成了自五四新文化運動後又一個自由主義思想高潮，具有代表性的現象就是一大批秉承五四自由主義精神的知識分子們聚集在相對集中的若干進步刊物周圍，在政治上同軍閥腐朽、黑暗的獨裁統治爭奪話語權力，以爭取國家、民族的獨立自主；在文化上同「骸骨迷戀狂」──以復古主義爲精神圭臬的遺老遺少們以及御用的所謂「名人名教授」做堅決鬥爭，以保衛五四新文化運動的文化成果和精神財富。毫無疑問，在面對幾千年層積下來根深蒂固的封建文化守舊勢力瘋狂反撲的時候，他們憑籍五四新文化運動啓蒙思想所高舉的「德先生」和「賽先生」──流淌在他們思想血脈中的精神基因──與之進行艱苦卓絕的激烈鬥爭，對舊的思想觀念、文化形態的極力破壞是他們自五四以來　以貫之的文化動機和行爲指南。同時，針對五四新文化運動重破壞而不重建設的弱點，他們在教育、文化、政治、社會等多方面提出了針對當下社會文化病竈的一系列解決方案和文化規劃。而同期各種各樣面目迥異的期刊雜誌就爲他們以及受過新式教育的市民階層提供了一個發表自己見解的文化舞臺和言說空間。尤其是在二十年代中期，一大批具有自由主義傾向

的刊物應運而生，它們繼續著五四未竟的文化及社會改造、建設事業，被後人稱爲五四時期「四大副刊」之一的《京報副刊》無疑是其中的佼佼者。

1923 年胡適在《努力周報》上發表《與高一涵等四位的信》中曾指出：「二十五年來，只有三個雜誌可代表三個時代，可以說創造了三個新時代：一是《時務報》；一是《新民叢報》；一是《新青年》。而《民報》與《甲寅》還算不上。」〔註1〕文史學家陳平原總結了胡適所說可以稱得上「創造新時代」的刊物所應該具備的三個特點：一，有明確的政治立場並直接介入、影響時代思潮之走向；二，應該擁有廣泛的並且相對固定的讀者群；三，有較長的生存時間。〔註2〕按照這個標準來說，在歷史舞臺上只生存了一年多的《京報副刊》並不是一份「創造新時代」的刊物，可是它卻是當時最能代表時代精神及其發展走向的文藝副刊之一。政治舞臺的波詭雲譎、社會形勢的劇烈動蕩、文化潮流的瞬息萬變使得二十世紀二十年代中期的歷史環境、文化語境跟《新青年》時期相比，已經發生了極大的變化。《京報副刊》自身的定位追求、品格氣質以及所存在的獨特歷史階段使得它的發展歷程和精神軌迹既不同於以「平正通達」爲特色的商業報刊，如《申報》等；也不同於旗幟鮮明、黨同伐異的機關刊物，如《新民叢報》等；且又不同於以氣味相投爲組織原則的同人雜誌，如《新青年》。如果要清晰的認識和描述《京報副刊》的風格氣質、精神輪廓，我們就必須對晚清以降文化環境和出版生態有一個準確的認識。

報刊雜誌的興盛與發達是晚清以來逐漸形成的文化發展大勢，「值此三千年之大變局」的歷史文化狀況是很有價值去追索的。大量外國傳教士、商人創辦的商業性的華文報紙拉開了中國近代報業發展史的序幕，比如《察世俗每月統計傳》、《教會新報》、《上海新報》等等。報紙設置副刊欄目，最早可以追溯到 1872 年創刊於中國上海的《申報》，當時編輯者在新聞之後附載詩詞，算是後來報紙副刊的雛形。1883 年創刊的《字林滬報》爲了擴展刊物影響和促進銷售開創了報紙登載文學作品的新局面，1900 年日本人主辦的《同文滬報》也每天附加一張趣味低級的《同文消閒錄》供讀者娛樂。而晚清四大雜誌，《繡像小說》、《月月小說》、《新小說》和《小說林》更是影響了一個時代的文化氛圍和欣賞趣味，在民衆中產生了重大的影響。梁啓超提出的「新

〔註 1〕 胡適：《與高一涵等四位的信》，《努力周報》，1923 年 10 月第 75 期。
〔註 2〕 陳平原：《思想史視野中的文學》，陳平原、〔日〕山口守主編《大衆傳媒與現代文學》，新世紀出版社 2003 年 1 月版，第 186 頁。

民說」就是想通過最有效的印刷媒體「製造」出中國的「新民」來，李歐梵認爲梁啓超等晚清知識分子的目的是要「同時締造兩樣東西：公共領域和民族國家」。而公共領域的開創和民族國家的建立根據文化學者本尼迪克・安德森（Benedict Anderson）在《想像的社群——對於民族國家的反思》中提出的觀點——一個新的民族國家在興起以前有一個想像的過程，這個過程也就是一個公開化、社群化的過程。這一過程依靠兩種非常重要的媒體，一是小說，一是報紙。據此，我們可以更清楚的瞭解 1902 年梁啓超在《新小說》第一卷第一期上發表的名文《論小說與群治之關係》的重大意義。可見當時的文化精英們是充分的認識到了文學和報紙聯姻的重要性和必要性。而到了五四時期我們更是可以看出新文化運動的先鋒們幾乎都從事過報紙雜誌的編輯工作或是跟報紙有很密切的關係，比如陳獨秀辦《安徽俗話報》、蔡元培辦《警鐘日報》、吳稚暉辦《新世界》、錢玄同辦《教育新語雜誌》、馬君武協辦《新民叢報》、高一涵編《民彝》、李大釗編《言治》、胡適編《竟業旬報》、劉叔雅編《民立報》、吳虞編《蜀報》、劉半農爲《小說界》撰稿、周氏兄弟爲《河南》、《浙江潮》、《女子世界》等撰稿並籌備《新生》雜誌。可見五四新文化運動的旗幟——《新青年》——是在早已鋪就、早已是濃墨重彩的歷史文化圖紙上勾畫新的文化藍圖，當眾多的文化先行者以《新青年》等進步傳媒爲舞臺進行革故鼎新的新文化運動建設的時候，文化啓蒙、文學革命借助於報刊雜誌的力量迅速席捲神州大地。可以毫不誇張的說，新文化運動全面而迅捷的成功，與其借助新式傳媒、報刊雜誌爲傳播手段是密不可分的。

　　在二十世紀二十年代早中期，派別林立的北洋軍閥統治下的北京政府內鬥嚴重，一方面無暇在文化思想界施行高壓統治，另一方面「求新」也成了統治階層的時髦標籤。這樣一種相對寬鬆的歷史環境中，不但從事新文化運動的進步勢力在生長著，而且在文化復古主義思潮的影響下，不少報紙雜誌大肆宣傳封建文化，鼓吹傳統禮教、孔孟綱常。歷史學家羅志田在《五代式的民國：一個憂國知識分子對北伐前數年政治格局的即時觀察》一文中這樣這樣評價當時的北京政局，「北京政局更是一幅典型的新即是舊，舊即是新的混亂圖象。新內閣、新總理、新國會、新勢力、及諸多新人物層出不窮，故『今日都中之所見所聞，幾無一而不新』。但這些新事物中的新人物又皆似曾相識，非安福系即武人，則『今日都中之所見所聞，實無一而不舊』。」〔註3〕

〔註 3〕 羅志田：《五代式的民國：一個憂國知識分子對北伐前數年政治格局的即時觀

在文化方面，「新而舊，舊而新」的胡適在 1919 年 12 月《新青年》第七卷第一號《「新思潮」的意義》一文中就提出了「整理國故」的口號，到了 1923 年他在北京大學《國學季刊》之《發刊宣言》上，更加系統的宣傳「整理國故」的主張；而章士釗主持下的《甲寅》之前後變化就更能說明問題，《甲寅》月刊本來於 1914 年 5 月在日本東京創刊，同年 11 月停刊，共出 10 期，章士釗（秋桐）主編，在陳獨秀等人的襄助下前期曾刊登反對袁世凱文章，具有一定的革命意義和積極色彩；1916 年冬，章士釗又邀請時在北京的李大釗和高一涵出任《甲寅》編輯，後經過商議於 1917 年 1 月 28 日出版《甲寅日刊》，同年 6 月 19 日終刊，共出 150 號。在編輯中，李大釗逐漸對段祺瑞政府的倒行逆施明確了認識，他對政府、社會尖銳的批判逐漸與章士釗的「調和立國論」產生了不小的衝突，後來雙方不歡而散；而章士釗任段祺瑞執政府教育總長後，於 1925 年 7 月 11 日在北京復活出版的《甲寅》周刊則宣揚尊孔讀經，反對白話文，攻擊新文化運動，成為封建復古主義者的文化陣地。而在南京，1922 年 1 月吳宓主編的《學衡》則以「昌明國粹、融化新知；以中正之眼光，行批評之職事」為口號，宣傳文化復古主義和折衷主義，在客觀上成為了新文化運動的攔路虎。

五四新文化運動處身於一個思想自由、百家爭鳴、百花齊放的年代，在五四新文化運動高潮落幕之後，對於那些曾經浸潤在自由思想思潮中的知識分子而言，兩相對照，失落之情尤為深刻。魯迅談到這段時期時曾經說：「在北京這地方，──北京雖然是『五四運動』的策源地，但自從支持著《新青年》和《新潮》的人們，風流雲散以來，1920 年至 1922 這三年間，倒顯著寂寞荒涼的古戰場的情景。」〔註4〕魯迅後來在 1932 年《〈自選集〉‧自序》中又回憶說：「後來《新青年》的團體散掉了，有的高升，有的退隱，有的前進，我又經驗了一回同一戰陣中的夥伴還是會這麼變化，並且落得一個『作家』的頭銜，依然在沙漠中走來走去，不過已經逃不出在散漫的刊物上作文字叫做隨便談談。」〔註5〕《新青年》解散了，同伴們也已四散，新文化運動處於低潮，在這樣的現實狀況下魯迅形容北京的文化生活就像「在沙漠中走來走

察》，《近代史研究》1999 年第 4 期，第 44 頁。

〔註 4〕 魯迅：《中國新文學大系‧小說二集導言》，良友圖書公司 1935 年 7 月版，第 8 頁。

〔註 5〕 魯迅：《自選集》自序，《魯迅選集》第三卷，人民文學出版社 1983 年版，第 140 頁。

去」，不過我們眞正感興趣的是爲什麼魯迅認爲當時自己「已經逃不出在散漫的刊物上做文字」了呢？我們只要留意這個時期先後新出現的文藝期刊的名字和數目就或許會找到一些答案：《洪水》，1924 年 8 月創刊於上海；《狂飆》，1924 年 8 月高長虹等人創刊於太原；《語絲》，1924 年 11 月創刊於北京；《現代評論》，胡適、陳源、王世杰、徐志摩等人於 1924 年 12 月創刊於北京；《猛進》，徐炳昶創刊於 1925 年 3 月於北京；《莽原》，魯迅於 1925 年 4 月編輯於北京；《沉鐘》，1925 年 10 月創刊於北京；《新生》，北京大學新生社編輯 1926 年 12 月創刊；而《晨報副刊》則是魯迅的學生孫伏園自 1921 年秋至 1924 年冬約三年間一直編輯於北京。

　　只要看看這些期刊以及報紙副刊的名字，我們就不難知道在二十世紀二十年代中期圍繞著這些刊物以及以這些刊物爲舞臺的文化社團、文學社團和個人以及受過新式教育的市民階級已經形成了一個空前的文化交流場域，矢志於要在這個社會當一個「反抗絕望」、「揭穿麒麟下面的馬腳」的文化戰士的魯迅，怎麼可能在大敵當前的嚴峻時刻「逃出去」呢？

　　《京報副刊》就是在這樣的文化環境、歷史語境的大背景下登上了歷史舞臺。要說到《京報副刊》的創立，就不能不先提到同爲「四大副刊」之一、同樣是北京報界非常著名的文藝副刊 ——《晨報副刊》。我們知道，《晨報》是研究系（梁啓超、湯化龍等人於 1916 年 8 月組織成立的政治團體）的機關報〔註6〕，1916 年 8 月 15 日創刊於北京，原名《晨鐘報》，湯化龍延攬剛從日本留學歸國的李大釗擔任總編輯〔註7〕。該報後來因爲揭露段祺瑞政府對日借款一事被查封。1918 年 12 月改名爲《晨報》重新問世，它的第七版用以刊登學術新知和文藝作品。在李大釗等人的幫助下，1919 年 2 月《晨報》改組了第七版，從內容上來說，將以前大多刊登一些黑幕題材、才子佳人、倫理說教、梨園軼事等無聊淺薄的內容轉變爲社會批評、婦女解放、勞工問題、學術研究、科學普及、域外文化動態等等煥然一新、洋洋大觀的啓蒙新知。孫伏園在接手《晨報副刊》主編後在晨報社總編輯蒲伯英的支持下於 1921 年 10 月 12 日將它改版爲四開四版的新版式單張出版，改名爲《晨報副鑴》。雖然

<hr>

〔註6〕 關於研究系的詳細研究，請參見本人的《研究系與五四新文化運動關係研究》一書。

〔註7〕 李大釗在該刊擔任總編輯的時間極短，1916 年 9 月 5 日李大釗即以政見不合爲理由離開晨鐘報社，前後任職時間只有 22 天。

《晨報》正張在政治上擁護北洋政府，但它的文藝副刊在進步力量的推動下，尤其是在李大釗、孫伏園擔任副刊編輯期間，卻是讚助新文化運動的重要媒介之一。注重於人文社會科學、進步思想觀念對於積貧積弱的社會病竈的針砭，注重於自由、科學、民主精神旗幟的高揚，注重於健康的生活形態、文化趣味、文學生態的媒介空間的營造，注重於對社會轉型期內文化心理和精神狀態的人文關懷是《晨報副刊》一以貫之的精神特色，尤其是在孫伏園當副刊主編的時期。

孫伏園離開《晨報副刊》的原因，人們一直以來都根據孫伏園在《魯迅和當年北京的幾個副刊》中的認定的那樣，即「1924 年 10 月，魯迅先生寫了一首詩《我的失戀》，寄給了《晨報副刊》（署名爲某生者，筆者注）。稿已經發排，在見報的頭天晚上，我到報館看大樣時，魯迅先生的詩被代理總編輯劉勉己抽掉了，抽去這稿，我已經按捺不住火氣，再加上劉勉己又跑來說那首詩實在要不得，但吞吞吐吐地說不出何以『要不得』的理由來，於是我氣極了，就順手打了他一個嘴巴，還追著大罵了他一頓。第二天我氣忿忿地跑到魯迅先生的寓所，告訴他『我辭職了』。」由孫伏園的說法看來，似乎他之所以離開《晨報副刊》編輯職位是由於很偶然的編輯業務糾紛導致自己在衝動的情緒下作出的激情決定。而魯迅在《我和〈語絲〉的始終》也指出，「那時伏園是《晨報副刊》的編輯，我是由他個人來約，投些稿件的人。……但這樣的好景象並不久長，伏園的椅子頗有不穩之勢。因爲有一位留學生（不幸我忘掉了他的名姓）新從歐洲回來，和晨報館有深關係，甚不滿意於副刊，決計加以改革，並且爲戰鬥計，已經得了『學者』的指示，在開手看 Anatole France 的小說了。……不過我現在無從確說，從那位留學生開手讀法蘭斯的小說起到伏園氣忿忿的跑到我的寓裏來爲止的時候，其間相距是幾月還是幾天。『我辭職了。可惡！』這是有一夜，伏園來訪，見面後的第一句話。那原是意料中事，不足異的。第二步，我當然要問問他辭職的原因，而不料竟和我有了關係。他說，那位留學生乘他外出時，到排字房裏去將我的稿子抽掉，因此爭執起來，弄到非辭職不可了。但我並不氣憤，因爲那稿子不過是三段打油詩，題作《我的失戀》，是看見當時『阿呀啊唷，我要死了』之類的失戀詩盛行，故意做一首用『由她去罷』收場的東西，開開玩笑的。這詩後來又添上一段登在《語絲》上再後來就收在《野草》中。而且所用的又是另一個新鮮的假名，在不肯登載第一次看見姓名的作者的稿子的刊物上，也當然容

易被有權者所放逐的。」〔註8〕由魯迅的言論可以看出，他早已意識到在研究系掌控下的晨報館是不會讓作為文學研究會發起人之一的孫伏園來長久佔據《晨報副刊》主編的位置的。孫的離職是「意料中事，不足異的」，因為「為戰鬥計」已經有受到「學者」（指陳源）指揮的留學生要謀孫伏園的位子了。但是他卻對《晨報副刊》拿掉他的文章認為是由於自己用了「新鮮的假名」的緣故所以才「當然容易被有權者放逐的」。事實上，魯迅用「某生者」做筆名並不能說是一個「新鮮的假名」了。早在 1922 年 9 月 20 日魯迅就用這個筆名在《晨報副鐫》第三版上發表了《以震其艱深》，同年 10 月 4 日和 9 日分別在《晨報副鐫》第三版和第四版上發表《所謂「國學」》和《兒歌的「反動」》兩篇文章，甚至在他創作《我的失戀》之前的五六天，他在《晨報副刊》上就用「某生者」為筆名相繼發表了《又是「古已有之」》和相應的補正篇《答二百係答一百之誤》兩文。顯然，如果用僅僅是因為一個新鮮的筆名就導致了文章被抽走來解釋後來的事件是不充分的。此時的魯迅自然已經是新文學的象徵、思想界和文學界的頭面人物，但是他如此來推測「放逐」自己文章的留學生（即劉勉己）之想法，卻說明魯迅對晨報館中之人尚未完全清晰的看清。這裡補充　則史料，即可看山魯迅的這個推測是不準確的。在 1925 年 12 月 5 日《京報副刊》出版一週年之際，孫伏園在《京報副刊》349 號上發表文章《京副一週年》，開頭就借用了導致自己離開《晨報副刊》的魯迅的《我的失戀》一詩，並且詳細的對文本進行了解讀，指出這首詩形式看是「新打油詩」，但「詩的內容仍是他自己的根本思想」。孫伏園「揚眉吐氣」般的細數了該詩三大思想特徵以「估定《我的失戀》這詩的價值」。真正讓我感興趣的是孫伏園對往事的再次敘述，他說，「……魯迅先生做好這詩以後，就寄給我以備登入《晨報副刊》。那時我的編輯時間也與現在一樣，自上午九點至下午兩點。兩點以後，我發完稿便走了，直到晚上八點才回館看大樣。去年十月的某天，就是發出魯迅先生《我的失戀》一詩的那天，我照例於八點到時看大樣去了。大樣上沒別的特別處所，只少了一篇魯迅先生的詩，和多了一篇什麼人的評論。少登一篇稿子是常事，本已給校對者以範圍內的自由，遇稿過多時，有幾篇本來不妨不登的。但去年十月某日的事，卻不能和平日相提並論，不是因為稿過多而被校對抽去的，因為校對報告我，這篇詩稿是被代理總編輯劉勉己先生抽去了。『抽去！』這是何等重大的事！但我究竟已

經不是青年了，聽完話只是按捺著氣，依然伏在案頭看大樣。我正想看他補進的是一篇什麼東西，這時候劉勉己先生來了，連說魯迅的那首詩實在要不得，所以由他代為抽了。但他只是吞吞吐吐的，也說不出何以『要不得』的緣故來。這時我的少年火氣，實在有些按捺不住了，一舉手就要打他的嘴巴。（這是我生平未有的恥辱，如果還有一口人氣，對於這種恥辱當然非昭雪不可的）。」這裡我們要注意的是劉勉己先生來了之後「連說魯迅的那首詩實在要不得」，可見他在抽去《我的失戀》之時，已經知道了該詩是魯迅所做，這顯然證明魯迅所認為是由於「有權者」抽掉了「第一次看見姓名的作者」的作品這個猜測是錯誤的。明知道是魯迅的文章，還要抽掉！這就是晨報館內部的人要拆孫伏園這個主編的臺，又要挫魯迅的銳氣，真可謂一石二鳥。魯迅在當時是何等的人物，一般雜誌報刊的編輯託人拉關係找他為刊物寫文章都難以如願，而《晨報副刊》竟然要將魯迅的文章抽掉！孫伏園跟魯迅既是同鄉，又是師生，亦師亦友。魯迅對孫伏園的幫助是多方面的，在 1918 年孫伏園與其弟從紹興進京之後，「孫伏園先入北大旁聽，孫福熙也需要有一著落。魯迅想安插在北大校圖做事，這回可能又是動用了蔡元培的關係，事情辦成了。」〔註9〕要知道，魯迅只是為了自己三弟周建人的工作問題才找過蔡元培，可見他對這兩位小老鄉的關切之心了。而在工作上，魯迅則給了孫伏園極大的支持和鼓勵。在孫伏園主編《晨報副刊》的三年多時間裏，魯迅先生為副刊供稿五十餘篇，著名的《阿 Q 正傳》也是在《晨報副刊》上問世的，魯迅先生作品的發表給《晨報副刊》帶來的聲譽是難以估量的。可以說，魯迅是孫伏園手中掌握的作家中最有影響力和號召力的一個。劉勉己把魯迅的稿抽掉，難怪孫伏園要認為是「平生未有的恥辱」了。

那為什麼晨報館的人要跟孫伏園過不去呢？這一方面要從身為研究系魁首的梁啟超說起，從政失意的梁啟超、蔣百里歐遊歸來以後，決心要在中國搞文藝復興運動，梁啟超創作的《歐遊心影錄》就設計關於中國政治文化的一個理想模式，蔣百里也在積極撰寫《歐洲文藝復興史》。為了在中國儘早實現文藝復興的宏旨，他們謀劃在三個方面進行：一，控制學校，培養人才；二，創辦刊物，開啓民智；三，建立社團，完善機構。徐志摩作為梁啟超的得意門生，在 1923 年 3 月組織新月社，這是在第三個方面，即建立社團方面

〔註 9〕 吳海勇：《時為公務員的魯迅》，廣西師範大學出版社 2005 年 8 月版，第 114 頁。

的努力。一貫注重報紙宣傳、鼓吹功用且此時想大展宏圖的梁啓超等研究系領袖人物面對自己掌握下的晨報館，怎麼能讓一個跟自己並無黨派瓜葛的孫伏園來長久佔據主編職位呢？新月社成立之時，梁啓超就推薦徐志摩去上海研究系張東蓀一派主持的《時事新報》的副刊《學燈》當編輯，可惜沒有成功。不過，研究系魁首希望自己的學生去替自己實現文藝復興宏願的意圖是鮮明的。當然，在北京的《晨報副刊》無疑也是個不錯的選擇的。新月社的陳源，也就是魯迅用嘲諷的口吻所說「爲戰鬥計」而指揮留學生謀孫伏園職位的所謂「眞正的學者」，他本來對報紙副刊這種媒介的必要性和合理性就是質疑的，但在研究系陳博生來找徐志摩請他主編《晨報副刊》時，他卻說，「他本來也不贊成志摩辦副刊的，他也是最厭惡的一個，但爲要處死副刊，趁早破滅這流行病，現在倒換了意見贊成志摩來辦，第一步先逼死別家的副刊，第二步再掐死自己的副刊，從此人類可免卻副刊的災殃。」〔註10〕陳源如此憎恨副刊的原因呢？我認爲一方面與他在報紙副刊所構築的文化場域中經常處於被抨擊的角色有關，同時具有英國紳士氣的他看不慣在革命風潮激盪下，青年人在副刊等媒體上的激烈的文化活動與宣傳以及當時流行在副刊上隨意化的創作傾向，1926 年 1 月 30 日他發表在《晨報副刊》上《閒話的閒話之閒話引出來的幾封信》一文中或許可以說明一些問題，陳源說：「他們（指魯迅，作者注）有的是歡迎謾罵的報紙，我們覺得自己辦的一個報紙如只能謾罵，還不如沒有。」他在這裡所提到的「歡迎謾罵的報紙」肯定是包括《京報副刊》在內。張奚若在徐志摩接手《晨報副刊》後也在《晨報副刊》上發表文章對當時流行在青年學生中在副刊上隨意創作的傾向進行了批評。另外，我們只要對比一下晨報代理總編輯劉勉己對待孫伏園和對待徐志摩的態度的差別就可以看出一些端倪了，在 1925 年 9 月 29 日《晨報副刊》登出了《勉己啓事》中提到：「……關於副刊日刊各種事務，自本月二十九日起，請徑與主任徐志摩先生接洽。再，晨報副刊向取公開研究態度，此次改革，精神不渝，仍盼海內碩學鼎立匡助爲幸。」可見，要把孫伏園擠走，讓徐志摩這個「自家人」來執掌門戶才是晨報館的眞正用意所在。不難想見孫伏園看到這則啓事內心是什麼滋味。

　　晨報社執意要換掉孫伏園的另一個原因則與當時「嚴峻」的政治局勢有關，換言之，在研究系眼中，孫伏園的編輯風格已經不能與即將到來的「戰

〔註10〕韓石山：《徐志摩傳》，北京十月文藝出版社 2001 年初版，第 187 頁。

鬥的時代」相匹配了。1924 年 10 月奉系軍閥張作霖和直系將領馮玉祥攜手推翻了北京以曹錕為總統的直系政權，隨即張作霖、馮玉祥、段祺瑞等人電邀孫中山北上共商國事。此時業已決心聯俄、聯共、扶助農工三大政策的孫中山先生接受了邀請並提出了解決時局困境的辦法。「因為《晨報》老闆研究系人物，雖可在北洋軍閥面前大談科學與文藝，但中山先生的北上，及他所帶來的政治主張和思潮，已使《晨報》老闆有些恐慌了。於是他們不滿於再起的青年運動，更不滿於孫伏園所編的副刊。因為當時副刊上，不只是登些辛辣的文藝作品，有時還登載批評政治，批評社會的雜感與論文。在這種情況下，伏園被逼而離開《晨報》了。」〔註 11〕面對新的政治狀況，曾經十分進步的《晨報副刊》終於跟不上歷史發展的腳步了。不過如果不是因為這個詩歌問題讓雙方矛盾激化，那麼歷史的舞臺上，孫伏園和《京報副刊》很可能就要擦肩而過了。

　　而在《京報》一面，京報社老闆邵飄萍在 1918 年 10 月 5 日創刊《京報》之前，就痛感當時北京輿論媒體界沒有真正的可以反映民意、可以當作改良社會政治喉舌的報紙。二十年代左右的北京報紙大多都是黨同伐異、依靠軍閥、政黨的支持才得以生存的。《黃報》是山東軍閥張宗昌資助的，《晨報》是研究系控制的，《順天時報》是日本人在指揮，《北京時報》是安福系段祺瑞政府的機關報。邵飄萍在《京報》創刊詞《本報因何而出世乎》中提到了辦刊宗旨：「時局紛亂極點，乃國民毫無實力之故耳。……必從政治教育入手。樹不拔之基，乃萬年之計，治本之策。……必使政府聽命於正當民意之前，是即本報之所作為也！」〔註 12〕邵飄萍對報紙的定位，即在政府面前要代表「正當民意」，而在「毫無實力」之國民面前，應該充當一個教育者、啟蒙者的角色。因此，在他眼裏，新聞記者是「社會之公人，是居於統治者和被統治者之外的第三者」，〔註 13〕是布衣之宰相，無冕之王。由於邵飄萍的細緻籌劃和秉持公心的辦報方針，不到一月，《京報》的發行量頭一個月就從 300 份增至 4000 份，最高時達 6000 份。這在當時北京是首屈一指的。在抨擊封建軍閥的黑暗統治、衝擊封建勢力對自由言論的鉗制、高舉反帝反封建的旗幟之外，邵飄萍十分重視新文化運動和文藝作品對改革民眾傳統文藝思想、閣

〔註 11〕 荊有麟等：《魯迅先生二三事》，河北教育出版社 2000 年 12 月版，第 239 頁。

〔註 12〕 邵飄萍：《本報因何而出世乎》，《京報》，1918 年 10 月 5 日。

〔註 13〕 同上。

割傳統荒誕、無聊的藝術趣味、建立新型的文藝觀念所能起到的重大作用。著名的報人趙超構曾經說過「新聞是報紙的靈魂，副刊是報紙的面孔，報紙耐看不耐看主要看副刊」。著名的報人金庸也很重視報紙副刊的作用，他認爲對於報紙而言，新聞爲攻，副刊爲守。對《京報》來說，「攻」的一方面是做的很充分了，所謂「守」的這一面是體現一個刊物精神魅力、價值情趣等自身文化特色的一面，也是報紙之間相互激烈競爭以維護自身文化品格和文化形象的一面。「當時京都各報及所附小報，動輒涉及隱私，十之八九有黃色新聞，『看報人及投稿者，狃於積習，以爲附張小報無非弄月吟風，故花花柳柳之投稿如矮人國，某報所載者乃不一而足』，於是編輯人員『賴以充篇幅』，否則『稿件日有不敷』、『看報人有所不足』，發行量就會大減。」〔註14〕但是邵飄萍注重的決不僅僅是發行量的大小，隨著《京報》的問世，他延請自己的朋友徐淩霄主編《小京報》，以戲曲、藝術評論爲主的副刊。它旨在提高文藝戲劇、尤其是舊劇的地位，但是，《小京報》由於受到了時代風氣的影響，也沾染了很多同時代報刊媒體不良的作風，羅家倫在《新潮》第一卷第一號上《今日中國之新聞界》中，在歷數了北京新聞界副刊的不良風氣以後，對《小京報》也頗有微詞，他說：「兩年以來，更發達了北京的報紙，除了小報幾十種不計外，其餘大報之後，也紛紛增設評花評戲的附張。北京日報從前算是正經一點的，去年也都設了消閒錄登載滿紙的『花詢』。我以爲也就夠了，不料他還要印出種種的照片，來替一般倡妓分『訪單』。咳！諸君想想，這是何等行爲！近日上海幾位駐京通信員，辦了一種《京報》算是消息靈通有點眼光的報紙；但是也不免附一張小京報，現在小京報聽說也在徵求『訪單』呢！略舉二事，北京新聞界的情形可以看見了。」〔註15〕1919 年 8 月 22 日，京報館被封，《小京報》停刊。1920 年 9 月 20 日《京報》復刊，同年 10 月 23 日《小說周刊》隨《京報》印行，後於 1921 年 5 月 10 日再次推出《小京報》之時將《小說周刊》併入，徐淩霄特約紅葉共同主持，後改稱《小京園》。除了星期一外每日一張的《小京園》依然是以關注戲劇爲主，旁及其他。欄目主要有劇本、劇談、小說、詩話等，在上面也發表了不少吹捧女戲子的文章，趣味格調也都不是很高。它附《京報》發行，不另外加價。如果要單獨訂閱，則每張兩枚銅元，每月大洋三角，年優惠定價則爲大洋三元二角。這

〔註14〕華德韓：《邵飄萍傳》，杭州出版社 1998 年版，第 86 頁。
〔註15〕羅家倫：《今日中國之新聞界》，《新潮》第一卷第一期。

就是《京報副刊》誕生之前《京報》主要的文化藝術類副刊的歷史流變。

《京報》在發展過程有一個特點就是副刊多〔註 16〕，在《京報》的發展歷史中副刊是伴隨始終的：

1920 年 11 月 2 日～1921 年 2 月 19 日，《賑務日報》（臨時性質，爲華北救災而設）；

1920 年 12 月 13 日～1921 年 2 月 7 日，蕭子升主持《海外新聲》；

1922 年 10 月 10 日～1924 年 12 月 5 日，《經濟新刊》；

1922 年 12 月 27 日起，北京高師教育革新社主編《教育新刊》，星期日隨《京報》附送；

1923 年 1 月 5 日起，中國社會學會編《社會科學半月刊》；

1923 年 1 月 6 日起，北大經濟學會主編《北大經濟學會半月刊》；

1923 年 3 月 28 日起，詩學研究會編輯《詩學半月刊》；

1924 年 11 月 4 日起，勞動文藝研究會編輯《勞動文藝》周刊。

而在 1924 年年底，《京報》迎來了文化藝術類副刊大爆炸般發展的新時期。1924 年 12 月 10 日，邵飄萍登出了將附設七種周刊並招納相關編輯的文告，他的目的是「多種附刊輪替發行，周而復始，既不患單調，又不致零亂，於學藝之專研，報章之體例均爲有益」。〔註 17〕文告登出後，各種各樣的社團組織紛紛前來接洽，超過了原計劃兩倍之外。利用社會資源和知識團體來辦刊，是邵飄萍的高明之處。邵飄萍於是優中選優，不久，就敲定了副刊集團的「七日成員」：

星期一，《戲劇周刊》，由《小京報》併入，1924 年 12 月 8 日首發，徐淩

〔註 16〕 我們將下面這些刊物都歸爲副刊類，其實是沿用了一種與報紙「正刊」相對的「大副刊」的概念。嚴格說來，他們屬於傳播專業自然科學、社會科學知識的專刊，這樣的報紙副刊即是專刊型的副刊。不過也有學者認爲專刊並不從屬於副刊，「我國的報紙的副刊通常是指，創辦在新聞類型報紙上集中登載文藝創作、作品鑒賞、散文雜文、知識普及、娛樂小品等非新聞體裁內容並以服務大眾爲宗旨的固定版面。報紙的專刊通常指，創辦在新聞類型報紙的集中刊登介紹某一領域情況，探討某一方面學科，研究某一方面專門問題，服務某類讀者群體等專業性較強或專業性較濃的內容文章的固定版面。副刊內容具有廣泛化、大眾化、通俗化的基本特徵，專刊具有探索性、研究性和專門性的基本特徵。」參見楊磊《副刊，中國報紙的女神──關於報紙副刊若干問題的思考（四）》，2004 年 2 月 7 日《中華工商報》。

〔註 17〕 邵飄萍：《「七種周刊」在新聞學上的理由》，《京報副刊》1924 年 12 月 10 日，第 2 版。

霄主編；

　　星期二，《民眾文藝周刊》，由 1924 年 12 月 9 日的《勞動文藝周刊》易名而來，由民眾文藝周刊社編輯胡也頻、荊有麟等主編，前期魯迅曾校閱；

　　星期三，《婦女周刊》，1924 年 12 月 10 日首發，由國立女師大薔薇社編輯；

　　星期四，《兒童周刊》，1924 年 12 月 18 日首發；

　　星期五，《圖畫周刊》，1924 年 12 月 26 日首發，後由《莽原》頂替，魯迅主編；

　　星期六，《文學周刊》，1924 年 12 月 13 日首發，由綠波社和星星文學社共同編輯，張友鸞、焦菊隱等負責通訊聯絡。33 期後改為北京文學周刊社編輯，張友鸞、於成澤等編輯；

　　星期天，《電影周刊》，1924 年 12 月 14 日創刊。

　　後來將《電影周刊》併入了《戲劇周刊》，另設《西北周刊》在星期日出版發行，於 1925 年 2 月 15 日首發，由西北邊防督辦辦公署主辦。而後於同年 6 月 14 日將《西北周刊》讓位給《國語周刊》，由吳敬桓、黎錦熙、錢玄同、胡適等土編。

　　另外，原先的兩種附刊《北大經濟學會半月刊》和《社會科學半月刊》繼續保持。這樣，加上《京報副刊》日刊，就是著名的《京報》十種副刊。〔註18〕而這些副刊在 1925 年 11 月由於《京報》全力投入到轟轟烈烈的反奉倒段的運動中，除了《京報副刊》外，其他的都停刊了。

　　與其他的副刊是社會團體、個人主動「上門應聘」不同，孫伏園是邵飄萍從荊有麟處得知孫受排擠離開晨報館後主動邀請孫來主掌《京報副刊》的。由於孫伏園對創辦不久的《京報》的人力、財力、影響力等等客觀條件有所

〔註18〕當時的報紙以一固定副刊為主，同時輔以七日專刊型輪流出版的做法風靡一時。例如在《京報副刊》誕生的同年，《民國日報》也在副刊領域大膽革新，1924 年 3 月 24 日，民國日報社決定將所有副刊分為兩種，「甲，《覺悟》，每天出版，改為印成 16 開 8 頁的報紙型；乙，按日發行一種專門性質的附刊即專刊，一星期輪一遍。這七種附刊是《藝術評論》、《文藝周刊》、《婦女周刊》、《教育周刊》、《政治周刊》、《平民周刊》、《科學周刊》。另有特約附刊《國學周刊》和特別副刊《評論之評論》都在星期日出版。以上 9 種專刊性周刊，都印成 4 開 4 版的小型報紙形式。」參見上海地方志辦公室編寫的《上海新聞志》。從時間的先後上推斷，邵飄萍改革《京報》副刊群並引入「星期副刊群」的做法可能是向民國日報社學習的結果。

疑慮，比如《京報》的日發行量當時只有三四千份，而《晨報》的發行量將近萬份。而且當時他所主編的《語絲》已經出至第四期，社會反響非常之好，第一期《語絲》就再版了七次共售賣一萬五千餘份，無疑這正是一個需要功夫來精心打造的一個文化品牌，所以孫伏園有些猶豫。但是，魯迅先生卻竭力鼓勵他入主《京報副刊》，并說：「一定要出這口氣、非把《京報副刊》辦好不可。」〔註19〕魯迅顯然是有遠見的，《語絲》影響雖大，但是作爲文化周刊也有它自身的先天不足，比如信息容量和來源渠道有限、回應社會和對話讀者不如日刊及時快捷，接觸作者圈子較小且不夠穩定，缺乏穩定有力的財政支持，不能充分瞭解各階層民眾思潮等等。在一心要擴大並充實文藝戰線、改革國民文化品格的魯迅眼中，《京報副刊》自然是絕佳的一塊文藝陣地。既然「名教授」陳源等人想要「逼死」別的副刊，那麼在這些「名人名教授」面前從來不肯「示人以弱」的魯迅當然要與之進行堅決的鬥爭了。況且，邵飄萍與魯迅同爲浙江老鄉，都是北大教員，在反帝反封建的文化戰線是又是同志，因此魯迅贊成孫伏園去《晨報副刊》當編輯是很自然的事情了。於公於私，我們都不難理解魯迅堅決的態度。

邵飄萍對待《京報副刊》的態度也極爲開明，體現了一個眞正的自由主義者的思想作風，他曾在《京報》上撰寫《附刊上言論之完全自由》一文中發表聲明：「各種副刊上之言論，皆各保有完全的自由，與本報無須一致。本報編輯部，從不對於各副刊上參加一字，此皆鄙人所首先聲明，可爲與各團體眞誠合作互助，而絕對不含有他種作用的確證。且此種自由之保障，乃鄙人所自動的於最初接洽時先行提出，各團體當然贊成。實行以來，鄙人始終確守此旨，連本社所聘請之孫伏園先生，其編輯副刊，鄙人亦完全以言論上之自由權奉獻。」〔註20〕想到晨報館劉勉己對自己辦報自由的鉗制，京報館對《京報副刊》的承諾對孫伏園來說無疑是很有吸引力的。而在經濟上，邵飄萍也明確保證了《京報副刊》編輯和作者的利益。要知道，與《京報副刊》同時創刊的其他周刊都是既不支付編輯薪水又不付作者稿酬的。也就是說，邵飄萍對《京報副刊》與本社其他的副刊還是區別對待的。就這樣，孫伏園

〔註19〕 孫伏園：《魯迅和當年北京的幾個副刊》，《魯迅回憶錄（散篇）》，魯迅博物館、魯迅研究室、《魯迅研究月刊》選編，北京出版社 1999 年 1 月版，第 78 頁。

〔註20〕 轉引自孫曉陽：《邵飄萍》，人民日報出版社 1996 年 4 月版，第 55 頁。

和《京報副刊》的命運緊緊的聯繫在了一起。

　　《京報副刊》於 1924 年 12 月 5 日創刊，社址位於北京琉璃廠小沙土園，該刊日出一號，每號印 16 開紙 8 版，每月合訂一冊，合訂本單獨出版。《京報副刊》至 1926 年 4 月 24 日《京報》被奉系軍閥封閉而停刊〔註21〕，共出 477 號。

　　《京報副刊》在「四大副刊」中創刊最晚，存在的時間最短。在「四大副刊」中，上海的《時事新報》最早在 1918 年 3 月 4 日就出版了中國現代史上第一份學術性副刊《學燈》；《晨報》改組第七版則是早在 1919 年 2 月，即便孫伏園接手後獨立印行的《晨報副刊》在 1921 年 10 月就出現在讀者的面前；上海的《民國日報》則早在 1919 年 6 月就刊出了副刊《覺悟》；而遲至二十年代中期才問世的《京報副刊》在它短短一年半不到的生命歷程內就在期刊史、文學史和文化史上躋身五四「四大副刊」之列，不能不讓人驚歎！我們不得不去考究它成功的原因了。

　　《京報副刊》是大型的綜合性文藝副刊，它涉及諸如政治學、教育學、哲學、歷史、經濟、倫理、宗教、自然科學、邏輯科學、文學、繪畫、民俗學等各方面，但較注重於文學藝術，其中主要包括小說、詩歌、散文、劇本、雜文、文藝評論、文學翻譯等。在思想文化方面的主要撰稿人則有顧頡剛、張競生、吳稚暉、高一涵、林語堂、王世杰、馬寅初、王造時、丁文江、彭基相、江紹原等。而文學方面主要的撰稿人有魯迅、孫伏園、周作人、高長虹、黎錦明、張申府、王魯彥、許欽文、蹇先艾、陳學昭、向培良、荊有麟、尚鉞、朱湘、馮文炳、　王蓮友、　章衣萍、吳曙天、畢樹棠、余上沅、孫福熙等，他們大多是文學研究會、語絲社、狂飆社等文學團體的成員。同時，有很多受過新式教育、接受了五四新文化運動薰陶的大學生和市民也踴躍的投稿參與。

　　從《京報副刊》所發表的文章的政治傾向看，在前期有不少宣揚國家主義、無政府主義思潮的，但更多的文章表現出進步的、革命的傾向，如高一涵的《馬克思的唯物史觀》、賀凱的《蘇聯革命紀念中的列寧》、劉侃之的《仇

〔註21〕　參見《京報館昨被封》，1926 年 4 月 25 日，《晨報》。同時根據 1926 年 4 月 27 日《晨報》中《邵振青昨早被槍斃》一消息可知，邵飄萍是 4 月 24 日下午五時許被逮捕的，同日晚京報館被封，《京報》終刊時為 2275 號。《京報》後來在邵飄萍夫人湯修慧女士的主持下於 1929 年 6 月 12 日復刊；1937 年七七事變後，在湯修慧女士撤離北京時《京報》正式停刊。

俄與反共產者的面面觀》、陳毅的《答徐志摩先生》等，熱情介紹馬克思主義理論和蘇俄革命情況，駁斥仇俄反共的論調。

　　而在學術思想建設上，《京報副刊》是有極大作爲的。孫伏園延續了自己編輯《晨報副刊》的風格特色，大量刊登了西方先進的學術思想譯介，涉及西方的哲學、藝術、文學、翻譯、教育學、經濟學、歷史學、心理學等多個學科門類，與此同時，也向讀者介紹了很多東西方的著名科學家、文化藝術學者及其思想觀念。特別值得一提的是，魯迅借助孫伏園主持的《京報副刊》爲陣地，在思想文化建設方面收穫頗多。1925 年 1 月間《京報副刊》登出啓事徵求「青年必讀書」的書目，有人借機提倡青年讀古書，逃避現實，埋頭「國故」，魯迅針鋒相對的以《青年必讀書》一文予以駁斥。魯迅在這一時期鬥爭中寫的其他一些重要雜文，如《未有天才之前》、《忽然想到》（一至九）、《我還不能「帶住」》、《如此「討赤」》、《大衍發微》、《可慘與可笑》等，也在該刊發表。在關注學術思想的同時，《京報副刊》積極投身於與社會政治惡勢力鬥爭的活動，1925 年北京女子師範大學反封建、反壓迫的學生「驅楊」運動遭北洋軍閥政府鎮壓，該刊發表一系列文章同情和支持女師大學生正義鬥爭。同年上海爆發「五卅」反帝愛國運動，該刊又出《上海慘劇特刊》、《救國特刊》、《滬漢後援特刊》、《反抗英日強權特刊》和《鐵血特刊》共 40 多號。1926 年「三一八」慘案發生後，又發表抨擊段祺瑞執政府屠殺政策，爲死難烈士伸冤的文章數十篇。因此，從思想史、文化史的角度來說，前期的《晨報副刊》在較爲寬鬆的社會環境、政治環境和文化環境下，注重文化建設問題，是一個比較寬鬆的以啓蒙大眾、推動新文學運動深入發展爲核心目標，堅持以新文化運動時代精神、文藝品格推進文學運動、文化批評和社會批評的文化舞臺。眾多獨立於政治之外的自由主義者圍繞在《京報副刊》、《語絲》、《現代評論》、《莽原》、《晨報副刊》、《猛進》等期刊、報紙副刊周圍形成了一個嶄新的文化場域，而這個場域則兼及社會動員與組織功能。而到五卅之後，在日益嚴峻的政治形勢、急峻的思想衝突、頻繁的新舊磨擦影響下，它進一步鑄就了思想鬥爭、政治鬥爭、社會鬥爭的鋒芒，反帝、反封建、反軍閥、反復古、反壓迫成了它關注的中心，在同形形色色、逆時代潮流而動的軍閥、復古派、官僚派和「名教授」派的激烈鬥爭中，不屈不撓、敢於碰硬，旗幟鮮明的體現了從五四《新青年》遺傳下來的鬥爭精神和反抗精神。吶喊還是沉默、抗爭還是消沉擺在了處於這個文化場域中的每一個文化人的面

前，在知識分子共同體和文化場域內部的分裂和重組不可避免的時候，《京報副刊》毫不猶豫的選擇了前者。在國家生死存亡、人民處於水深火熱的危急時刻，它沒有選擇閉起眼來進入所謂的「藝術之宮」，在它後期的社會批評、文化批判和文藝作品中充滿了對軍閥黑暗統治的控訴和譴責、對民眾反抗去爭取自由平等的熱切企盼。同時，他們在政治上所堅持的自由主義在嚴酷的社會壓迫下也越來越有趨向於激進主義的苗頭。按理說來，自由主義者在政治上的主張是保守的，自由主義者希望可以通過社會文化、政治公共空間的開創等措施來限制統治權力，「最壞的政府總比沒有政府強」是他們的政治文化理念。經過了五卅運動，在他們充分的認識到軍閥政治的真面目之後，在1925 年《京報副刊》雙十節慶祝專號上，我們可以清楚的看到他們政治上在自由主義和激進主義之間徘徊的步伐，隨著女師大風潮矛盾的激化導致了知識分子共同體內部的分化，尤其是在1926 年「三一八」慘案後，他們毫不猶豫的在政治上變成了堅定的激進主義者。在我看來，在當時的環境下有責任擔當的自由主義者在政治上幾乎無法不變成一個激進主義者。

寧鳴而死，不默而生。從大體上看，李澤厚「救亡壓倒啓蒙」的說法從《京報副刊》精神軌跡的轉變上可以得到確證，《京報副刊》的歷史運命似乎也只能如此而別無選擇。煙花在它最燦爛的一瞬後歸於死寂，而中國知識分子自由主義思潮在五四之後最集中的一次爆發也在京報館被封、邵飄萍遇害之後歸於暫時的平靜。可以這樣說，《京報副刊》的精神和方向就是進步文藝發展的方向，《京報副刊》風格的轉變也是那個時代下有良知、有血性的知識分子的必然選擇！由《京報副刊》的轉變可以看到孫伏園個人思想的轉變、進步文化界的轉變，當然，也可以看到整個思想界的轉變。

而在文化傾向上，他們始終堅守的是自由主義思想，從前期到後期始終不變的是在文化、文學、藝術、學術、教育中對個人權利、個性解放、人的價值和民主自由的矢志不渝的重視與關注，當然在後期尤其是1926 年之後，他們在文化上也越來越有激進主義的趨向，我們在那個時期的《京報副刊》中隱約的可以看到他們前後失據、無所適從的困窘來。而這些文化傾向與這種傾向的嬗變必然在文藝作品中得到充分的表現。總之，把《京報副刊》的藝術思想放在歷史文化的宏觀背景上來看，它明顯是想通過有政治情懷的思想文化建設來替中國政治構建一個棄舊圖新的文化基礎。圍繞著《京報副刊》去探究知識分子共同體的形成與分化問題也一直是我們關注的重點。五四高

潮過後，成了遊勇、「布不成陣」的知識分子在二十年代中期的時候圍繞在包括《京報副刊》在內文藝副刊周圍，重新集結力量、形成合力的同時，在文化場域內部知識分子共同體圍繞著權力鬥爭而導致的分化也一直存在並發展著。而由「現代大學精神與體制——同人社團——副刊媒體」所構築的由現代知識分子參與的文化場域、媒體序列及其規則規定了他們之間新的交往方式、聯絡方式和文化動員方式。

　　「一個時代的文化是一個統一體，無論它有多少不同的分支和表面的矛盾。只要觸及其中的任何一部分，它就會揭示自身的秘密：一旦結構暴露，部分就揭示了整體。」〔註22〕因此，當我們把《京報副刊》作爲二十世紀二十年代中期文化場域整體結構一部分來剖析的時候，我們不難由部分來揭示整體的結構。因此，從思想史、期刊史、文學史、知識分子史幾者互動中，去理解《京報副刊》的文化價值和文學價值，是很有意義的。

　　但是長期以來，學界沒有對《京報副刊》進行過系統的研究，甚至連單篇的學術論文都幾乎沒有，研究現狀基本上處於學術空白狀態，與同爲「四大副刊」之一的《晨報副刊》儼然「顯學」的研究現狀形成了鮮明的反差。本書希望在《京報副刊》研究方面進行一些初步的嘗試和探索。

〔註22〕　〔美〕邁克爾・赫爾方：《伊甸園之門——六十年代美國文化・譯本序言》，
　　　　　〔美〕Morris Dickstein：《伊甸園之門——六十年代美國文化》，方曉光譯，
　　　　　上海外語教育出版社 1985 年 8 月版，第 5 頁。

第一章　孫伏園編輯思想研究

　　魯迅曾經在《〈城與年〉插圖本小引》一文中說，「自然，和我們的文藝有一段因緣的人，我們是要紀念的!」孫伏園在我國現代文學史、出版史、文化史上就是這樣不可能繞過、不得不紀念的一個人物。由於種種歷史和個人的原因，尤其是魯迅在《兩地書》和其他的一些文章中曾對孫伏園有過這樣那樣的批評，這些論斷一直以來都讓我們對孫伏園在中國現代文化發展進程中的地位和作用沒有給予充分肯定的評價。近些年來，隨著對現代報刊、社團和新文化生產機制的研究，學術界對孫伏園的研究和關注才逐漸有所增加。

　　孫伏園是由於他出色的編輯才能和深厚的編輯學養在民國報界被稱為「副刊大王」，他曾經先後主編過《晨報副刊》、《京報副刊》和《中央日報》副刊等著名的報紙副刊。尤其是在他主編《晨報副刊》、《京報副刊》時期，他靈活多樣、兼容並包的自由主義編輯思想表現的十分充分，對新文化運動和新文學運動的深入發展產生了極其重大的影響。所以，對孫伏園的編輯思想的考察是一個深入研究當時文化教育體制、報紙傳播機制的很好的視角。而孫伏園的創作結集出版的並不多，留存於世的也只有《魯迅先生二三事》、《伏園遊記》和《三湖遊記》等散文回憶錄。因此，對孫伏園的編輯思想還是要從他的編輯實踐入手，在他日常的編輯活動以及他所主編的刊物上去尋找他別樹一幟的編輯理念。

　　考察孫伏園編輯《京報副刊》的思想理念，我們必須以 1917 年孫伏園從紹興到北京之後獨特的學習經歷和編輯活動為發端，尤其是要與他編輯《晨報副刊》時的編輯實踐和理念做對比，在縱向的歷史維度上去認識他思想的成長與變遷；同時，我們又必須對比他編輯的《京報副刊》與同期流行的《新

潮》、《語絲》、《莽原》等刊物的不同品格作風並進行細緻的辨析，在歷史的
橫截面上去認識《京報副刊》的獨特刊物魅力。這樣，在歷史的線性和面性
所構築成的副刊編輯活動坐標系中去考察孫伏園所主編的《京報副刊》，或許
會幫助我們全面的認識孫伏園的編輯理念以及《京報副刊》在中國現代思想
史、文藝史上的標誌意義。

第一節　北大「旁聽生」的身份──孫伏園編輯
　　　　思想探源

　　要去認識孫伏園的編輯思想的啓蒙意識，以往多注重從五四時代思潮對
報刊編輯的影響，我們在承認這種時代文化大環境對群體和個人影響的同
時，在考察個人的思想形成的時候，也一定要從每個人獨特的生活、學習經
歷入手，既注意到時代對個體影響的共性特徵，又要充分認識到個體經驗形
成過程的獨特性，對孫伏園的認識也是同樣。

　　1917 年 9 月，孫伏園由他曾經的英語老師方鶴來推薦並經當時的北大文
科學長陳獨秀的同意，只是中學畢業的孫伏園在北大國文系做了一名旁聽
生，成爲一名地地道道的「北大邊緣人」。當時北大蔡元培校長以及蔣夢麟等
人主張學術自由、兼容並包的開放辦學教育方針，學校的大門向一切渴望知
識的有志之士敞開，允許那些希望受到新式高等教育的「精神漂泊者」自由
地聽課，除了不能借閱圖書以外也允許旁聽生們使用北大的圖書館。在這裡，
他們可以去聽任何一個老師的課程，沒有人會因爲他們是旁聽生而歧視他
們。最關鍵的是，在北大旁聽費用極低，這無疑是很有吸引力的〔註1〕。老師
對學生也是一視同仁，沒有門戶之見，張中行曾回憶說，「……還有一個方面
是北京大學課堂的慣例：來者不拒，去者不追。且說我剛入學的時候，首先
感到奇怪的是同學間的隔膜。同坐一堂，摩肩碰肘，卻很少交談，甚至相視
而笑的情況也很少。這由心理方面說恐怕是都自以爲有一套，因而目中無人。
但這就給旁聽者創造了大方便，因爲都漠不相關，所以非本班的人進來入座，

〔註 1〕 1912 年出版的《北大生活》一書中曾記載北京大學管理旁聽生的規章制度，
　　　　他們的身份並不能稱爲北京大學學生，只能稱爲「北京大學旁聽生」，經過學
　　　　校考試認爲具有相當學力的旁聽生可以改爲正科生。旁聽生必須辦理正式旁
　　　　聽手續，領取旁聽證，同時按照旁聽的學科每學分每學期繳納學費一元，如
　　　　是實驗功課每星期需要實驗的話則需繳納兩元。

就不會有人看，更不會有人盤查。常有這樣的情況，一個學期，上課常常在一起，比如說十幾個人，其中哪些是選課的，哪些是旁聽的，不知道；哪些是本校的，哪些不是，也不知道。這模模糊糊，有時必須水落石出，就會近於笑談。比如劉半農先生開「古聲律學」的課，每次上課有十幾個人，到期考才知道選課的只有我一個人。」〔註2〕馬敘倫先生曾經對當時的北大總結出「五個公開」和「三種學生」的特點，他說：「人稱咱北大有『五公開』，一是課堂公開，不管有沒有學籍，都隨便聽課。有時旁聽生來早了先搶到座位，遲來的正式生反而只好站後邊。二是圖書館公開，可以隨便進出。三是浴室公開，蓮蓬頭反正一天到晚開著，什麼人都只管去洗。四是運動場地公開，操場上外校學生有時比本校的還多。五是食堂公開，我們的學生食堂都是包出去的小飯館，裏外用膳價格一個樣。至於三種學生麼，一是正式生，另一種就是旁聽生，還有的是最近才發現的偷聽生。未辦任何手續，卻大搖大擺地來校聽課，他們多數就租房住在這『拉丁區』裏〔註3〕。據陳漢章老先生說，有一次他開了一門新課，平時總有十幾位學生。可一到考試那天，臺下只剩一人，一查，哈！原來那些全是偷聽生。」〔註4〕這是在學生管理方面的情況。而在對教師的管理上，尤其是在學校的課程設置上，也是充分的注意調動教師的學術積極性的。馮友蘭晚年在《我在北京大學當學生的時候》中回憶當時的情況時指出，「蔡元培到北大以後，開課並不是先有一個預訂的表，然後拉著教師去講，而是讓教師說出他們的研究題目，就把這個題目作為一門課。對於教師說，功課表真是活了。他所教的課，就是他的研究題目，他可以隨時把他研究的新成就充實到課程的內容裏去，也可以用在講課時所發現的問題發展他的研究。講課就是發表他的研究成果的機會，研究成果就直接充實了他的教學內容。這樣，他講起來就覺得心情舒暢，不以講課為負擔，學生聽起來也覺得生動活潑，不以聽課為負擔。這樣，就把研究和教學統一起來。說統一，還是多了兩個字，其實它們本來就是一回事。開什麼課，這是教師的自由，至於這個課怎麼講，那更是他的自由了。學生們，那就更自由了。他可以上本系的課，也可以上別系的課。你上什麼課，不上什麼課，沒人管；

〔註2〕 張中行：《紅樓點滴一》，《負暄絮語》，江蘇文藝出版社 2006 年 3 月第 4 版，第 7 頁。

〔註3〕 朱海濤：《「拉丁區」與「偷聽生」》，陳平原、夏曉紅編《北大舊事》，生活·讀書·新知三聯書店 1998 年第 1 版，第 362 頁。

〔註4〕 馮友蘭在《我在北京大學當學生的時候》一文中也對此有所記載。

你上課不上課也沒人管。只到考試的時候你去參加就行。」不但學生是自由的，而且當時的北大的教師把教學與科研緊緊的聯繫在一起，學術自由的空氣空前興旺起來。

由此可見，當時北大的教學研究風氣是很自由的，對學生的管理是則是相對鬆散的。因此從全國各地慕名而來不少的青年學生，借助於北大雄厚的教育資源，浸淫在北大自由、平等、民主的教育環境中，求生存、求新知、求發展、求同道。除了孫伏園以外，梁漱溟、毛澤東、沈從文、曹靖華、周建人、李苦禪、許欽文、成舍我、韋素園、瞿秋白、馮雪峰、丁玲、金克木等，都在北大有過邊緣式的生活經歷。在獲得了知識學理之外，他們可以借助於師生關係去結識當時北大的名流學者，也可以加入北大形形色色的社團組織去鍛鍊自己的實踐能力和活動能力。毛澤東當時作為北大圖書管理員就認識了許多新文化運動的旗幟人物，如傅斯年、羅家倫，同時他還參加了北大的哲學研究會和新聞學研究會和北大平民教育講演團，陳公博、譚平山、邵飄萍等人就是這個時期跟他有了往來。沈從文在 1923 年從故鄉到了北京，也在北大做了一名旁聽生，在學習之餘，由於愛好文藝的關係，他結識了一大批志同道合的文學上的同路人，如馮至、黎錦明、陳翔鶴等，為他以後走上文學道路奠定了很好的基礎。在北大作旁聽生的階段，關心他的郁達夫以及他的老師周作人也很欣賞他的才華，在他們的推薦下，沈從文得以結識了徐志摩、聞一多等人，並且最終成為了林徽因「太太的客廳」中之一員。北大的開放的教育體制給予這些青年旁聽生的不光有濟世救民、解民眾於倒懸的科學知識和思想薰陶，形成了他們以知識、趣味為聚合標準的關係網絡，更為重要的一點是，通過他們自身受惠於自由開放的教育經歷和人生體驗所形成的自由主義理念，已經在他們思想中紮下了根。而我們所要研究的孫伏園，也就是在這樣一種自由、平等的學術風氣中成長起來的，在北大，他第二次受教於周氏兄弟，並由此結下了深厚的友誼並由此而擴大了自身的交際網絡與能力。而在 1918 年跟孫伏園在北大同時以旁聽生身份出現的成舍我當時已經是很有經驗的一個報人了，他青年時代就學於安徽省安慶第四公學，課餘為當地《長江報》等報刊寫稿。1915 年到奉天（今瀋陽），在《健報》任校對、編輯，1916 年入上海《民國日報》（上海）任要聞及副刊編輯。1917年發起籌辦上海記者俱樂部，並參加柳亞子、陳去病等主持的進步文學團體南社，任《太平洋》雜誌助理編輯。1918 年曾在北京大學中文系當旁聽生，

課餘在《益世報》北京版任主筆、採訪主任、總編輯，並試辦小型報紙《眞報》，與辦報經驗豐富的成舍我同班同學的經歷當然使愛好交遊的孫伏園受惠不少，更何況，成舍我是列名於《新潮》第一期第一號上的新潮社重要社員。這個階段中學識的增加和思想的逐漸成熟以及人際關係網絡的建立都對他日後從事編輯工作助力不少。

　　關於孫伏園在這個階段的文字資料很少，他自己後來也很少提到這段「北大邊緣人」經歷對他的影響。我們對他在這個時期的瞭解可以通過周作人對孫伏園的敘述可知一二，周作人在談到這個階段的時候，似乎也意識到了北大「邊緣人」的經歷對孫伏園的影響，他特別提到了同爲「邊緣人」的另外一個著名的報人成舍我。他在 1951 年回憶孫伏園時說：「北大出身的兩個報人，一個是成舍我，一個便是孫伏園。他學籍上的名字是孫福源，也是北大旁聽生出身，大概與成舍我是同班吧！」〔註5〕可見雖然經過了三十多年，周作人對孫伏園的作爲北大旁聽生的「出身」都是記得很清楚的，也可見周作人也隱約認識到了這樣的人生經歷與他們後來的思想變遷以及編輯思想的逐漸形成是存在有一定歷史必然的關係。一個人的成長環境是重要的，周作人接著談到孫伏園來北大旁聽的經過時指出：「友人方六〔註6〕是他的老師，教過他英文，轉任北大後得他來信，說在滬投考北大預科失敗，方覆信勸勉，等明年再考，豈知不到一個星期本人候已趕到。沒有辦法只好叫他在會館住下，給他去找圖書館主任李守常，做一名書記，月薪八元，可夠伙食，又介紹旁聽，到第二年秋季學年考試及格，與成平都改作正科生，上海考取的學生還在預科二年時，他們卻已是本科二年了。這之後不久，章程修改了，旁聽生不再能改入正科，假使他那年不突擊北上，也就失掉了好機會，所以他的勇氣和運氣都是可佩服的。」〔註7〕從周作人的言辭中可以看出，孫伏園是得益於北大的旁聽生制度的，正是通過旁聽生這樣的一個「跳板」，他取得了正式北大學生的學籍。如果他要不北上，那麼即使他在上海考取了北大預科，也不可能在學識和人際關係方面取得後來那麼多收穫，不可能有那麼多機會

〔註 5〕周作人：《孫伏園與副刊》，《苦雨齋主：名人筆下的周作人　周作人筆下的名人》，劉旭源編，東方出版中心 1998 年 1 月版，第 279 頁。

〔註 6〕方六即方鶴來，是周作人的親戚長輩，在北大一小部分同人中被稱作方六。見《北大舊事》，第 407 頁。

〔註 7〕周作人：《孫伏園與副刊》，《苦雨齋主：名人筆下的周作人　周作人筆下的名人》，劉旭源編，東方出版中心 1998 年 1 月版，第 279 頁。

參與到後來的社會實踐尤其是編輯實踐中去。孫伏園後來曾經提到了他離開北大圖書館時，就是毛澤東接替了他的工作〔註8〕。如果屬實的話，我們從毛澤東對當時自己在北大圖書館中的工作經歷的回憶中也可以看出孫伏園當時大致的工作，毛澤東回憶道：「我的職責中有一項是登記來圖書館讀報的人的姓名，可是他們大多數都不把我當人看待。在那些來看報的人當中，我認出了一些新文化運動的著名領導者的名字，如傅斯年、羅家倫等等，我對他們抱有強烈的興趣。我曾經試圖同他們交談政治和文化問題，可是他們都是些大忙人，沒有時間聽一個圖書館助理員講南方土話。」〔註9〕這個時候的傅斯年、羅家倫這些人應該是很忙的，他們正在忙著籌備新潮社以及《新潮》雜誌的誕生。但是，孫伏園同傅斯年、羅家倫等人的關係看來不錯，可能其中有周氏兄弟的原因吧。在圖書館的工作經歷也爲孫伏園接近這些新文化運動的弄潮兒提供了便利，增加了自己的人際關係網絡，如果我們結合後來孫伏園被羅家倫拉去編輯《國民公報》並且即使是條件不夠依然加入了新潮社看來〔註10〕，孫伏園在這個階段與後來的新潮社同人的接觸應該是比較投合的。

　　歷史和機遇無疑是垂青於孫伏園的，在北大作爲「邊緣人」一年多後，也就是在 1918 年秋季，孫伏園通過考試轉爲北大正式在籍學生。由周作人對孫伏園人生經歷尤其是教育經歷的考察可見他結合孫伏園的獨特人生經歷和社會文化環境來認識特定歷史人物的獨特視角，從個人的「點」的歷史與時代的「面」的交際中凸現了孫伏園的歷史和歷史的孫伏園的影像。而在對孫伏園作爲一個「點」的歷史的敘述中，周作人特意提到了孫伏園到北大作一名「旁聽生」的經歷，這無疑是提示我們在孫伏園這樣的個人際遇的背後所

〔註 8〕　孫伏園是在 1918 年秋季轉爲北大正式學生，而毛澤東則是在 1918 年 8 月 19 日到達北京籌備湖南青年留法勤工儉學工作的。10 月他經楊昌濟介紹並經蔡元培同意開始在北大圖書館當助理員的。從時間上來説，如果孫伏園一轉爲正式學生立刻脫離圖書館工作，那麼他的説法顯然是有一定可能的。但是根據周作人在《孫伏園與副刊》一文中的説法，似乎孫伏園轉爲北大正式學生後並未立即脫離北大圖書館職務，直到 1919 年 11 月《國民公報》被查封、他入了晨報館後才辭去圖書館職務的。參見《苦雨齋主：名人筆下的周作人　周作人筆下的名人》，劉旭源編，東方出版中心 1998 年 1 月版，第 280 頁。

〔註 9〕　〔美〕斯諾錄：《毛澤東自傳》，汪衡譯，解放軍文藝出版社 2001 年 9 月版，第 32 頁。

〔註10〕　當時新潮社章程規定加入新潮社的條件有：「本校學生投稿三次並經本志登載者得由本社約爲社員」，而此時孫伏園並沒有滿足此項條件。

隱藏的那些文化教育背景和「旁聽生」作爲特定的歷史概念本身所囊括的文化豐富性。

孫伏園自己雖然沒有談到作爲北大旁聽生的教育經歷帶給自身思想、學識、社交等方面的影響，但是，在 1924 年 12 月 28 日《京報副刊》第 22 號上的署名 CP 文章《一夜 —— 寄給哥哥弟弟姐夫 ——》的文章，作者在痛陳了自己向往北大文科教育但是卻考試不中之後，附了一封信給孫伏園，信中希望孫伏園給予指導，並稱：「我要占京副一點篇幅的緣故，是因爲中間很多是我們青年普遍的現象」。孫伏園針對這個愛好文學並「想來北大學習文學評衡」但是卻入學考試失敗的失意青年和青年所指出的所謂「青年普遍的現象」，他在「記者按」中特意提出：「但你們有同樣的錯誤，就是把學籍看得太重了。……如果不爲什麼，卻只爲求學，那麼照我另函奉覆的方法（教人作賊的信是絕對不能公開的）行去，你一定可以成功的。你要知道現在北大查課的職員是單查有幾個人不到，卻不查有幾個人多到的呵！」〔註11〕其實，他的意思不用「另函奉覆」也可以，言外之意已經是再鮮明不過了。孫伏園在面對那些和當年的自己一樣受困於求學問題的青年時，他是把自己的教育經驗當作「一定可以成功的」的方法傳授給青年們，顯然他對這樣充滿了自由色彩且人性化十足的獨特教育經歷是極其認可的。

可見，由這種「北大邊緣人」和「精神漂泊者」的旁聽生的身份意識所導引的對自由和多元的社會觀念、教育理念的深刻認同在孫伏園的個人思想成形中所起的作用無疑是巨大的。孫伏園後來編輯《新潮》、《晨報副刊》、《京報副刊》時對思想言論的自由抒發、兼容並包的重視以及自由主義立場的編輯態度的形成，追根溯源，可以說從這時已經初步形成了他自由主義編輯思想的基因。

第二節 孫伏園與新潮社

就在孫伏園在 1918 年秋季成爲北大正式學生的同時，新潮社的籌備工作正如火如荼的進行中。傅斯年、羅家倫等人在陳獨秀和胡適等人的支持下，在經濟財務和精神思想兩個方面已經有了較可靠的保證。1919 年 1 月 1 日，《新潮》第一期第一號正式出版。

〔註11〕孫伏園：《記者按》，《京報副刊》，1924 年 12 月 28 日， 第 8 版。

　　而孫伏園在與新潮社羅家倫等人的交往中獲益匪淺。周作人曾經回憶起這個階段的孫伏園時道：「文學革命運動發起，北大的學生成立《新潮》社，發刊書報，他便在社裏出入，及「五四」運動爆發，報紙大見活躍，羅家倫鑽入《國民公報》，拉他去幫忙，羅隨即出去幹別的事，留他在那裡，此爲他入報館的開始。後《國民公報》停辦，他轉入《晨報》社，辭去圖書館職務，專任編輯，因有蒲伯英幫助，改第五版雜報欄爲《副鐫》，大見成功，一方面固是孫蒲辦理得法，一方面也由於客觀條件具備，新聞蕪雜，雜誌貧弱，大家要求一種中間讀物，如有《旁觀報》那樣的東西，副刊正好來補了這個缺。」〔註 12〕

　　在這裡，我們要注意一下周作人提到的《國民公報》作爲孫伏園初次參與日報編輯活動的對象，它的精神取向、文化品格會對孫伏園日後的思想發展、編輯理念產生什麼樣的影響呢？在《新潮》第一卷第三號書報介紹一欄中，有對《國民公報》的介紹〔註 13〕，「這日報的生命已經有十多年了，在袁氏篡國之初，很發表了幾篇有膽氣的文章〔註 14〕，去年又被軍閥政府封門一次。自從恢復以後，應世界的潮流，主張自由的思想，製作革新的文詞。裏邊的評論都是用白話做的。他如「世界革命潮流」「星期講壇」「科學從談」等欄，更是青年人的良好讀物。他們的記者知非君〔註 15〕近來有兩篇論文學

〔註 12〕 周作人：《孫伏園與副刊》，《苦雨齋主：名人筆下的周作人　周作人筆下的名人》，劉旭源編，東方出版中心 1998 年 1 月版，第 280 頁。

〔註 13〕 《國民公報》是清末立憲派在 1910 年 7 月創刊的報紙。1910 年 2 月的時候，「請願即開國會同志會」即表示要擴大宣傳、鼓吹輿論，因此各團體有必要通過主辦報刊雜誌來擴大憲政在全民中的影響。1910 年 4 月，全國性的國會請願同志會在北京成立，決心由各省諮議局議員籌款創辦一日報於首都來宣傳立憲政治、聯絡立憲同志，梁啓超一派的徐佛蘇被推爲日報主撰人，此後，《國民公報》一度成爲國內立憲運動的大本營。

〔註 14〕 1915 年 9 月 3 日，出於對袁世凱帝制自爲的憤慨，梁啓超在《京報》上發表了《異哉所謂國體問題者》一文，對國內猖獗的帝制活動大加抨擊。該文引起了社會極大反響，次日頗有膽識的《國民公報》即予以轉載。此舉讓《國民公報》名利雙收，「《國民公報》銷路暢旺，爲向來北京報紙所未有。」

〔註 15〕 即藍公武，字志先，1887 年出生，江蘇吳江人，1911 年畢業於日本東京帝國大學哲學系，辛亥革命後師從梁啓超，曾與張君勱、黃遠生合辦《少年中國周報》，當時三人被稱爲「梁啓超門下三少年」、「新中國三少年」，後又擔任《庸言報》主筆，共和黨成員，1913 年經梁啓超推薦擔任第一屆國會參議院議員，袁世凱驅逐國會內國民黨議員後又與劉崇祐等人與國民黨人合作組建民憲黨以對抗袁世凱，後又赴德國留學。1915 年 12 月，梁啓超與包括藍公武在內的六名弟子一道奔赴雲南，在護國之役中，藍公武陪同梁啓超四處奔走，

戲劇的文，是很有學問很有思想的著作。總而言之，恢復以後，他得了一個
新生命，這生命是「未來的精神」，「革新的動力」。我們雜誌上所介紹的三種
定期刊物，——月刊的《新青年》，周刊的《每周評論》，日刊的《國民公報》
——雖然主張不盡一致，精神上卻有相通的質素：對於中國未來之革新事業，
挾一樣的希望。讀者既讀其一，不可不讀其二。」〔註 16〕如果我們翻開孫伏
園日後編輯的《晨報副鐫》當我們發現了同樣的欄目設置，比如「星期講壇」
和「科學從談」之類，我們就可以瞭解到在《國民公報》的編輯經歷對他編
輯經驗的歷史累計是有所幫助的，孫伏園正是在不斷的借鑒和吸收中，逐漸
的豐富自己的編輯技巧並充實自己的編輯思想的。

　　而在《新潮》同期的「書報介紹」中也有對《晨報》的介紹，「《晨報》
向在北京頗有聲名。本年二月以後，第二頁加以改良。現在舉出它的優點如
下：

（1）關於國內外的記載，常有有系統的文字。

（2）國外設有通信特派員，於日本美國各地社會上的新運動甚是注意。

（3）第二張裏有「自由論壇」一欄，登載關於新修養，新智識，新思想
　　　之著作。又有譯從一欄，譯載東西學者的新著。原有的劇評一欄，
　　　現已專擇與文藝有關係，比較的有高尚精神者登載。

　　聽說以後還要改良，增加「名著新譯」「革命實話」等欄。這樣做去，我
們鼓吹新思想的，又增一部分的力量了。」〔註 17〕

　　不難看出，羅家倫對孫伏園是比較欣賞的，應該是孫伏園給他留下了比
較好的印象所以羅家倫才願意拉他一起去《國民公報》做編輯，在羅家倫看
來，當時的新聞界記者無疑是不稱職的，他認為：「我第一件對於現在新聞界
最不滿意的就是新聞記者缺少常識。」〔註 18〕由於缺少常識所以導致了很多
諸如無精確的評論、人云亦云和缺乏新聞道德等等社會弊病。而他認為一個
優秀的新聞記者標準是很高的，「新聞記者所必備的學問，何等繁多。對於政
治方面的記載，必須精通政治法律財政等學。對於社會方面的記載，必須深
研社會經濟心理等學。對於外交方面的記載，必須熟悉歷史國際法外交史等

　　　居功至偉。1917 年後，他擔任《國民公報》社社長。他和張東蓀、陳博生一
　　　道，都是研究系青年知識分子的代表。

〔註16〕參見《新潮》第一卷第三號「書報評論」欄。

〔註17〕參見《新潮》第一卷三號「書報評論」欄。

〔註18〕羅家倫：《今日中國之新聞界》，《新潮》第一卷第一號。

學。對於記載各事的手腕，又須藉重文學美學哲學。」〔註19〕同時，他又認爲，「一切報紙記者的天職，就是批評社會，是不必說了；西洋還有種種專門批評的雜誌，凡是社會上的重要事體，任務，以至於微風細俗，沒有不受他的批評。（專門批評的雜誌，中國現在實在可以開辦得）」〔註20〕在北大羅家倫所接觸到的青年才俊應該是很多的，他之所以拉孫伏園一起去《國民公報》，我們從他自己開列的這些所謂合格的記者條件中可以看出，孫伏園是他眼中比較適合的一個。有常識、有專業的訓練，同時又有批評的視角和立場，孫伏園在羅家倫看來無疑是具備多方面的能力和發展潛力的。除了羅家倫對孫伏園的欣賞之外，另一方面，新潮社羅家倫與研究系梁啓超、新潮社傅斯年與研究系藍公武等人當時保持著較好的聯繫，這也是羅家倫能帶孫伏園進入《國民公報》的一個重要的原因。

《新潮》第一卷第三號上極力鼓吹的《國民公報》和《晨報》，恰好就是孫伏園先後編輯的兩個刊物，在當時《新潮》記者的眼中，這兩個刊物無疑都是進步文化的同路人。事實上，《國民公報》和《晨報》都是研究系主持下的報紙，而它們也是北大《新青年》、《新潮》一派最早的同盟軍。陶菊隱就曾高度評價研究系報紙在五四新文化運動中的巨大貢獻，「張東蓀在上海主持時事新報，藍公武在北京辦國民公報，陳博生辦晨鐘報（晨報前身），都是新文化運動的前驅。」〔註21〕尤其是《國民公報》在藍公武的主持下，是報界中最早響應北大胡適、陳獨秀等人新文化運動號召的。胡適對此高度評價，他在英文刊物《中國社會政治科學評論》上發表的《Intellectual China in 1919（1919 年的知識中國）》一文指出，「當 1919 年剛開始的時候，只有非常少的一些人從事於新文化運動。我們的月刊，《新青年》剛剛出到第三十期；北大學生剛剛出版了第二號的《新潮》，而《每周評論》也剛剛有三個星期的生命。從事這方面工作的人實在是太少了。但是也有令人振奮的迹象出現了，北京的兩個日報，《國民公報》和《晨報》，作爲進步黨中知識分子一翼的機關報，開始將它們的專欄面向新文學和知識分子運動開放了，並且自此以後成爲了中國北方自由主義觀念的兩個有力的中心。」〔註22〕在這樣的代表進步文化

〔註19〕 羅家倫：《今日中國之新聞界》，《新潮》第一卷第一號。
〔註20〕 羅家倫：《批評的研究》，《新潮》第二卷第三號。
〔註21〕 陶菊隱：《蔣百里先生傳》，上海：中華書局，1948 年初版，第 77 頁。
〔註22〕 胡適：《1919 年中國知識分子》，季羨林主編《胡適全集（35）》，合肥：安徽教育出版社，2003 年 9 月初版，第 244，245 頁。

的報社中的鍛鍊與洗禮，讓年輕的孫伏園獲益良多，不光是學識上的，更多的則是社會資源上的。按照周作人的說法，1919 年 11 月《國民公報》被查封後，孫伏園就進入了晨報社編輯《晨報》第七版。可見，研究系報館系統當時對孫伏園的工作能力也是認可的。

這個階段對孫伏園日後影響更大的是他在北京大學新潮社裏的活動。孫伏園在北大讀書期間，就已經參加了新潮社的活動，「新潮者，北京大學學生集合同好，編輯之月刊雜誌也。」〔註23〕在新潮社的第一卷第一號中在社員、編輯部和幹事部三項名單中均沒有孫伏園的名字，直到 1919 年 12 月 19 日，《新潮》記者之一的徐彥之在《新潮》第二卷第二號上刊登了《新潮社紀事（一）》，在其中所列出的 40 個新潮會員中，我們發現了孫伏園也在其中。如果周作人回憶準確的話，此時的孫伏園應該已經是北京大學的正式學生了。徐彥之在《新潮社紀事（一）》中「組織」一項中介紹新潮社創辦之初所訂立的簡章道：「講到本社的組織，是最簡單不過，事實上有那一種要求，我們才有那種設備。而且我們處處拿試驗的態度，去實行我們的組織，有不妥當的地方，隨時可以改變。所以我們的組織決不是板上定釘的法律可比，不過略具有大綱，有所遵循罷了。現在且把去年所定的簡章抄來：『

（一）本社由全體社員組成之

（二）本社全體社員均爲撰述員擔負雜誌材料供給之責任

（三）本校同學投稿三次經本志登載者得由本社約爲社員

（四）非本校同學投稿三次經本志登載者有社員二人以上之介紹得由本社約爲會員

……』」〔註 24〕

可是在《新潮》第二卷第二期之前，孫伏園在《新潮》上並沒有發表過任何文章。他在《新潮》上發表的文章總計只有：第二卷第三期上發表了《海外中國大學爲什麼不成輿論》，在第二卷第四期上翻譯托爾斯泰小說《高加索之囚人》，第二卷第五期翻譯托爾斯泰著《呆子伊凡的故事》，在第三卷第一期發表了猶太西爾雪般著的獨幕劇《暗中》。可見孫伏園並不是因爲創作而加入新潮社的。徐彥之在談到社員的流變時也提到了：「本社剛一成立，社員僅只有二十一人後來陸續有加入的，至最近爲止，有三十七人之多。但是在這

〔註23〕　傅斯年：《新潮發刊旨趣書》，《新潮》第一卷第一號。

〔註24〕　徐彥之：《新潮社紀事（一）》，《新潮》第二卷第二號。

一年之內，即沒有投過稿，而對於其他方面又沒盡過絲毫的幫助，我們默認他為自請出社，以後有事，也就不知會他了。」〔註25〕可見，當時或是投稿、或是在「其他方面」對新潮社有過幫助，都是可以入社的。已經是《晨報》編輯且熱心於公共文化事業的孫伏園因此而入會也是很有可能的。

在 1919 年 11 月 19 日，新潮社全體在京社員開會決議把原來的新潮雜誌社擴充為一個學會月刊雜誌，從一個鬆散的同人雜誌向學會轉變，並將擴充社務和籌備基金作為預備手續的兩個方面。在 1920 年 8 月 15 日，新潮社全體在京社員開會決議正式將原來新潮社改成學會。孟壽椿在談到從雜誌社改成學會的原因時指出：「本社雖然最初是個辦雜誌的團體，但我們都是智識上和志行上的結合，實在是一個學會的性質。況且從書出版以後，當然見得我們不是專辦雜誌；加之我們同社畢業的在本校或社會中任教或任職者甚多，當然不能專限定學生的資格。所以大家決議正式改為學會，以符名實。」〔註26〕在孟壽椿發表在第二卷第五號《新潮》上的《本社記事》中，他對第二卷第二號的徐彥之的《新潮社紀事（一）》中新潮社會員入會的辦法做了改變，孟壽椿在「組織的變更」一欄下，提出：「……（3）社員入社，必須經二人以上之介紹，及全部社員三分之二以上之承認（按本條係原定簡章（三）（四）兩條之修正案）」〔註27〕更讓我們關注的是職員改選的結果，新潮社第一任職員共計六人：傅斯年（主任編輯），羅家倫（編輯），楊振聲（書記），徐彥之（主任幹事），康白情（幹事），俞平伯（書記）。顯然在第一任職員內新潮社實行的是編輯部、幹事部兩條線的內部結構。而到了 1919 年 11 月 19 日，新潮社開會要向學會轉向的時候，開會議決要從兩方面入手，甲擴充社務，乙籌備基金。因此為了適應社務轉變的需要，新潮社同人決定：「關於甲項，我們想著於雜誌之外，發刊叢書，即定名為『新潮叢書』……關於乙項，我們預備以現在雜誌收入之盈餘，及將來叢書所得之公積金兩項，儲蓄生息，為學會之基金。」〔註28〕因此，在該次標誌著新潮社轉向的會議上，由於傅斯年當時已經赴英留學，改選後的第二任新職員如下：羅家倫（編輯），孟壽椿（經理），顧頡剛（代派贈閱交換等），高尚德（廣告），王景漢、宗錫鈞、

〔註25〕 徐彥之：《新潮社紀事（一）》，《新潮》第二卷第二號。
〔註26〕 孟壽椿：《本社紀事》，《新潮》第二卷第五號。
〔註27〕 同上。
〔註28〕 徐彥之：《新潮社紀事（一）》，《新潮》第二卷第二號。

李榮第等三人（記錄及校對）。這第三次改選恰是在羅家倫赴美留學和周作人在《新潮》第二卷第四號宣佈入社之後進行的，同時新潮社向學會的轉型已經大體完成（新潮叢書第一種《科學方法論》和第二種《迷信與心理》在 1920年前已經出版），1920 年 8 月 15 日的這次會議仍然決定採用編輯部和幹事部兩條線的內部結構，經投票選舉，周作人被選爲主任編輯，孟壽椿被選爲主任幹事，並分別由以上二人各自推定編輯和幹事。周作人推定的編輯有：毛子水、顧頡剛、陳達材和孫伏園。而孟壽椿推定的幹事有：王星漢、孫伏園、高尚德、宗錫鈞、李榮第和郭紹虞。孟壽椿在談到人員的增加時指出：「現在的職員與第一次略有變通的是：（1）人數增加，這是社務增多的要求；（2）略去書記名目通稱編輯或幹事；（3）所有職務上之分配，由內部自行排定。」〔註29〕在談到今後的目標和方針時，他聲稱是：「注全力於社務之擴充及基金之籌備，以完成由雜誌社改爲學會之精神。」〔註30〕如果我們考察這份名單的，我們就會發現，孫伏園是唯一一個既屬於編輯部同時又屬於幹事部的人。可見當時他的思想學識和辦事能力是比較出眾的，受到多方面認可的。在新潮社的章程中，有各個職員的職責範圍，根據徐彥之的記載：「

　……

（六）編輯部置主任編輯一人由社員公舉擔任配置雜誌材料審定稿件去取及其他關於編輯等事物

（七）編輯部置編輯一人協助主任編輯由主任編輯推定請社員承認與主任編輯負連帶責任

（八）編輯部置書記一人推定手續與編輯同擔任編輯部事物之記載對外函件之往還及其他與編輯部相關之文件

（九）幹事部置主任幹事一人由社員公舉總理本社編輯以外諸事物如本社對外交際及雜誌之出版發行等

（十）幹事部置幹事一人協助主任幹事由主任幹事推定請社員承認與主任幹事負連帶責任

（十一）幹事部置書記一人推定手續與幹事同擔任幹事部事務之記載對外函件之往還及其他與幹事部相關之文件」〔註31〕

〔註29〕 孟壽椿：《本社紀事》，《新潮》第二卷第五號。
〔註30〕 同上。
〔註31〕 徐彥之：《新潮社紀事（一）》，《新潮》第二卷第二號。

　　由於職務上的分配是由內部決定的，我們無從得知孫伏園在編輯部到底是從事編輯或是書記，也不知他在幹事部到底是從事幹事或是書記。但是從孫伏園當時已經在《晨報》第七版擔任編輯一事看來，他在新潮社多半也是編輯職務，他在幹事部無論是從事書記或是幹事，多方面能力的培養和提高以及工作經驗的積累都對他最後成爲一個全面的職業編輯家大有裨益。從新潮社的工作章程看來，孫伏園既要幫助主編周作人「配置雜誌資料審定稿件去取等其他編輯事宜」又要協助孟壽椿「總理本社編輯以外諸事物如本社對外交際及雜誌之出版發行等」或是「擔任幹事部事物之記載對外函件之往還及其他與幹事部相關之文件」。在 1920 年 8 月 15 日新潮社在京同人全會後，孫伏園在新潮社中從默默無聞到一身二任，孫伏園的工作不可謂不重要，恰恰是由於他的存在，編輯部和幹事部兩方面關於編輯與社務的情況可以互通，二十年代的出版業也處身於一個瞬息萬變的時代，孫伏園在這樣的環境中從事著全面的工作，不但鍛鍊了自己的辦事能力，更重要的是在辦事過程中培養了自己的編輯人脈，組成了獨一無二的以獨立個體認同爲導向的關係網絡和權力網絡。我們也可以想見，在這樣一個蒸蒸日上、朝氣蓬勃的知識分子學會中，一身二任的孫伏園與如此之多的精英一起共事，耳濡目染，所學習和接觸到的各種思想知識將會對孫伏園的編輯生涯產生多麼大的影響。

　　以上所說的都是職務上的安排對孫伏園的影響，對於孫伏園與新潮社的關係，我認爲應該把它置於大的文化環境和媒體序列中來加以考慮。由新型大學體制所產生的學生讀書會以及社團、相應的雜誌社與出版物，以及與大學精神相聯繫並爲之導引的社會媒體日刊共同構成了一個新型的文化生態和出版機制，而其中最關鍵的有三個要素：大學體制及其精神，同人社團與雜誌，作爲社會媒體資源的報紙日刊。這三者之間關係雖然複雜但是在文化、媒體序列中卻不難分辨。從大體上來說，同人社團和雜誌是新型大學體制及其精神的時代產物，而作爲社會媒體資源的日刊則在組織和精神上直接的受惠於大學的同人社團和雜誌，並間接的體現了大學精神對於社會思想的糾偏和導引。同時，現代大學體制又爲同人刊物和作爲社會媒體資源的日刊提供學術思想資源並生產潛在的作者、讀者和吶喊者。而作爲與日常社會信息、民生社稷、世間萬象息息相關的報紙日刊，在同人社團與雜誌的眼中，是生動且豐富的信息源，是思想所由之來並爲之去的目的物，它是大學精神和社團思想在社會上的延伸之域，更是思想戰線展開交鋒的地方。具體說來，新

型大學體制和精神提供了學術生產、自由思想的保障和財務保障，而同人社團則在自由思想的前題下提供了實體組織和保障了精神思想的學術指向性和文化批判性以及財務保障的連續性，而報紙日刊作爲公用的社會媒體資源，則提供了思想資源的材料、思想交鋒的陣地並且在最大程度上可以影響社會思想和民眾理念。

　　在《新潮發刊旨趣書》中，作者非常重視大學精神對影響社會的重要性，「向者吾校性質，雖取法於外國大學，實與歷史上所謂「國學」者一貫，未足列於世界大學之林，今日幸能脫棄舊型，入於軌道。向者吾校作用，雖日培植學業，而所成就者，要不過一般社會服務之人，與學問之發展無與。今日幸能正其目的，以大學之正義爲心。又向者吾校風氣，不能自別於一般社會，凡所培植，皆適於今日社會之人也。今日幸能漸入世界潮流，欲爲未來中國社會，作之先導。本此精神，循此途徑，期之以十年，則今日之大學，固來日中國一切新學術之策源地；而大學之思潮，未必不可普遍國中，影響無量。同人等學業淺陋，逢此轉移之會，雖不敢以此弘業妄自負荷，要當竭盡私力，勉爲一二分之讚助：一則以吾校之眞精神喻於國人，二則爲將來之眞學者鼓動興趣。」〔註32〕從傅斯年三個「幸能」可見，新潮同人對眞正大學的社會職能充滿了憧憬與向往，對大學精神「普遍國中」的熱切期盼，對自身傳遞「吾校之眞精神」的時代使命感和自豪感。尤其是值得我們注意的一篇文章，是發表在《新潮》第二卷第三號上由高尚德記錄的杜威先生在北大二十二週年紀念日上的講演稿，題目是《大學與輿論》，杜威在文章中認爲：「大學的重要，不在他所教的東西，在他怎樣教和怎樣學的精神。在學的一方面，它代表智慧，知識和瞭解的重要；他代表的是光明，反對對當時黑暗，他代表思想言論和批評的公開，不代表他們的隱匿和秘密，他代表眞理的勢力，—— 不是從古代傳說下來的眞理的勢力，是由智力發現而經人生行爲體驗過的眞理的勢力，—— 來替代權勢；他代表意志和知識的傳達，散播和擴充，不代表他們的藏積和私有。……從大學所代表的看來，我們得著兩種信仰：（一）掌握眞理的智力，（二）指導行爲的眞理。大學的建築，就拿這些做根底。所以大學要有發射光明和宣達意志的責任，還要使眞理的發射照在全世界上，使人類都有得著光的機會。……無論怎樣專門的科目，如果教的時候都拿著這樣的精神來教，就都可以養成這樣信從知識的心理和信仰。就

〔註32〕傅斯年：《新潮發刊旨趣書》，《新潮》第一卷第一號。

是他們不能直接跟製成輿論的事業發生關係，也可以幫助我們，養成我們表示輿論的精神。信仰智力和眞理就是製成輿論的根本。……高等知識的傳播，狠可以使人信仰爲公共求幸福的眞理，鄙棄爲一部分人謀私利的偏見，信從知識和光明，又可以充足人的智力，有一種打破不公道和鬼祟行爲的心向。」〔註33〕杜威博士的演講不僅指出了大學作爲知識生產機制的部分所具有的「掌握眞理的智力」的特質，而且尤其是指出了大學本身具有「指導行爲的眞理」。要在全社會養成尊重知識和眞理的心理和信仰，並進而在全社會進行知識眞理的「傳達，散播和擴充」，而這就是大學在輿論傳達中的重要地位之所在。這篇文章無疑孫伏園是以前就看過並深有感觸的，在同期《新潮》中就有孫伏園發表的《海外中國大學爲什麼不成輿論》一文中，他就引用了杜威演講中的話。從孫伏園日後的編輯思想看來，無疑他對杜威文中以下一段話是刻骨銘心的，杜威在《大學與輿論》末尾說：「只憑了憲法和種種規律來治理國家，這個時代過去了。近世國家，無論什麼事情的處理，都要依趨輿論的方向，輿論就是眞實的政府，眞實的指揮。大學自然是個養成專門知識和技能的人才的好地方，他還要養成製成輿論的『領袖』，憑他們去指導人民，使全國人民對於政府各樣事情的處理，有明白的贊成，也有明白的反對。然後才能有社會的『力』，才能有眞實的民治。」〔註34〕我相信這段話會喚起孫伏園思想上一種時代使命感的，並在認識上對大學與輿論的關係產生質的變化。已經在媒體傳播界有了編輯實踐經驗卻仍舊爲北大學生的孫伏園，必然會將大學的精神與同期他所編輯的刊物聯繫起來考慮，將大學精神的傳達作爲編輯傳播輿論的重中之重。

　　同時，北京大學的新型體制給於新潮社莫大的幫助，無論是在精神上、組織上抑或是財政上。傅斯年在《新潮》第二卷第一號上所作《新潮之回顧和前瞻》一文中充滿感激的提到：「……於是乎作了個預算：最難的是經濟方面；社員分配擔任外，不夠還多；至於文稿，或者不至於很拮掘。我們想，我們都是北大的學生，學校或者可以幫我們成功。子俊就和文科學長陳獨秀先生商量了一次。陳先生說，『只要你們有辦的決心，和長久支持的志願，經濟方面，可以由學校負擔。』這是我們初料所不及的，……胡適之先生做我們的顧問，我們很受他些指導。……從一月一日到五月四日，幾個月裏，我

〔註33〕〔美〕杜威：《大學與輿論》，高尚德記錄，《新潮》第二卷第三號。
〔註34〕〔美〕杜威：《大學與輿論》，高尚德記錄，《新潮》第二卷第三號。

們經過了許多次困難，較大的有三層。第一層是經濟方面的波折，在第一號未出世以前，已經搖了一搖。出世以後，不免有和我們不表同情的，常以學校補助新潮為題目，責備校長。加以北大的雜誌團體一時出了幾個，更有許多在醞釀中的，學校方面既沒有一一補助的力量，又不能有重有輕，於是乎評議會議決了一個議案，一律改為墊款前三期。《新潮》當時已經出了二期，第三期在印刷中。賣出的一時收不回書價來；照此議案，第四期便生危險。第一期一經出版，就很受社會的歡迎，轉眼再版，所以我們當時若託一家書店包辦發行，賠賺不管，若《新青年》託群益的辦法，一定可成。不過我們始終不願和這可愛的北京大學脫離關係，總想維持學校原來答應我們的辦法。當時就有外人要來資助我們，我們自然是簡截拒絕。我們在創辦之先，有一種決心，除北京大學的資助外，決不受私人一文錢的幫助。後來我們把我們的情形寫信給評議會，評議會瞭解新潮的情形，又知道議案在後，學校答應我們的在先，就把原定辦法維持住了。」不但在經濟上，新潮社受益於北大的新型教育制度很多，而且在具體的社務上，新潮社發揮依靠於大學的組織優勢，利用新型大學的組織機制來解決有關社務問題，除了編輯部和幹事部兩部外，徐彥之在《新潮》第二卷第二號內發表《新潮社紀事（一）》中，在所附幹事部施行章程摘要一欄下，將第四條章程改換，原來的第四條是：

「（四）本部敦請圖書館主任庶務處主任為顧問所有本志印刷登廣告發行及其他銀錢出入事項即由兩主任分拍出版部雜務課會計課事務員執行之」

徐彥之指出：「現在北京大學的內部組織已經改變，各部分的職務和權限都有些不同：例如會計課出版部皆各自獨立為一部，不隸屬於庶務主任，或圖書主任了。所以本社幹事部施行章程的第四條，應該有個當然的修改。

（四）本部敦請出版部主任庶務部主任會計部主任為顧問所有本志銀錢出入事項即有三主任分別知會雜務課出版部會計部事務員執行之」〔註35〕

這樣「敦請」學校相關業務部門處理社務的目的，一方面是維持了學生社團的單純性質並保持了他們精力、注意力的始終如一，同時，這樣也維持了幹事部施行章程第五條的要求，即「凡銀錢出入事項本部幹事該不經手」。新型的大學體制帶給新潮社的事務上的方便和同人雜誌的支持在以上兩個方面顯然是不言而喻的。

而在新潮社方面，從最初的讀書會性質的鬆散團體到後來的同人社團、

〔註35〕徐彥之：《新潮社紀事（一）》，《新潮》第二卷第二號。

同人編輯部，再到更後的學會的變化，我們從它的組織章程和業務範圍中可以看出來，它的組織更加固定且嚴密了，但是業務範圍卻更加廣泛了。在 1920 年 8 月 15 日孟壽椿提出的組織章程中，我們明顯可以看出來它比以前要嚴格了很多，加入新潮社的門檻提高了很多。在保持組織成員相對穩定和擴展業務的同時，新潮社最重要的特徵就是關注學術，在《新潮發刊旨趣書》中就指出：「今日出版界之職務，莫先於喚起國人對於本國學術之自覺心。」而新潮同人對學術的提倡顯然是有很強烈的啓蒙思想參雜於其中的，他們絕對不是「爲學術而學術」的，他們所關注的學術都是有很強的文化批判色彩蘊集其中的。《新潮發刊旨趣書》中就提到「今外中國於世界思想潮流，直不啻自絕於人世。既不於現在有所不滿，自不能於未來者努力獲求。常此因循何時達旦。尋其所由，皆緣不辨西土文化之美隆如彼，又不察今日中國學術之枯槁如此；予人予己，兩無所知，因而不自覺其形穢。同人等以爲國人所宜最先知者有四事：第一，今日世界文化，至於若何階級？第二，現代思潮，本何趨向而行？第三，中國情狀去現代思潮遼闊之度如何？第四，以何方術納中國於思潮之軌。持此四者刻刻在心，然後可云對於本國學術之地位有自覺心，……此本志之第一責任也。〔註 36〕」然後，傅斯年又針對了「中國社會壓抑人性」與「民德墮落」發表了思想啓蒙的意見，尤其是他對青年學生所發表的宣言值得我們更加重視：「……總期海內同學，去遺傳的科舉思想，進於先世的科學思想；去主觀的武斷思想，進於客觀的懷疑思想；爲未來社會之人，不爲現在社會之人；造成戰勝社會之人格，不爲社會所戰勝之人格。」〔註 37〕在強調啓蒙反對守舊、講求科學反對愚昧的同時，新潮社並不主張討論政治，所以我們基本上找不到什麼批判當下政治的文字。新潮社是注重思想、重視文藝的，因爲思想的轉變在他們看來是最根本的。傅斯年在談到思想和新文學的關係時指出：「……中國人如不眞是革面洗心的改悔，將舊有的荒謬思想棄去，無論用古文或白話文，都說不出好東西來。就是改學了德文或世界語，也未嘗不可以拿來做黑幕，講忠孝節烈，發表他們的荒謬思想。……從前的荒謬思想是寄寓在晦澀的古文中間，看了中毒的人還是少數，若變成白話，便通行更廣，流毒無窮了。所以我說，文學革命上，文學革命是第一

〔註36〕 傅斯年：《新潮發刊旨趣書》，《新潮》第一卷第一號。
〔註37〕 同上。

步，思想改革是第二步，卻比第一步更爲重要。」「所以我們現在爲文學革命的緣故，最要注意的是思想的改變。」〔註38〕至於爲什麼不關注政治，傅斯年在《新潮之回顧與前瞻》一文中提到：「中國的政治，不特現在是糟糕的，就是將來，我也以爲是更要糟糕的。兩千年專制的結果，把國民的責任心幾乎消磨盡了。所以中國人單獨的行動什九卑鄙齷齪，團體的行動什九過度逾量，──這都是由於除自己之外，無論對於什麼都不負責任。我嘗想，專制之後，必然產生無治中國，既不是從貴族政治轉來的，自不能到賢人政治一個階級。至於賢人政治之好不好，另是一個問題。所以在中國是斷不能以政治改政治的，而對於政治關心，有時不免是極無效果，極笨的事。我們同社中有這個見解的人很多，我雖心量偏狹，不過尙不至於對於一切政治上的事件，深惡痛絕！然而以個人的脾胃和見解的緣故，不特自己要以教書匠終其身，就是看見別人做良善的政治活動的，也屢起反感。同社中和我抱同樣心思的正多。常有一種極純潔的結合，而一轉再轉便成政黨的小體。如此一班人的結合，自然沒有一轉再轉的危險。那麼，我們是『專心致志』，辦『終身以之』的讀書會了。」〔註39〕正是由於新潮同人不談政治，並且拒絕用外人的錢來辦雜誌，因此得以保證團體本身鮮明的思想啓蒙指向性和獨立性。在從同人社團向學會的轉向中，他們也在積極的籌劃基金來爲日後學會的獨立發展做經濟上的準備。徐彥之在《新潮社紀事（一）》中在提到在向學會轉變過程中籌備基金的方法時候指出：「我們預備以現在雜誌收入之盈餘，及將來從書所得之公積金兩項，儲蓄生息，爲學會之基金。並公請一基金監管理之。」〔註40〕這顯然是新潮同人不願意「受社會人之一文錢」而借助於自身求生存求發展的經濟策略，新潮社藉此也可以獲得言語自由的在經濟方面的保證。

傅斯年就指出了：「至於新潮社的結合，是個學會的雛形。這學會是個讀書會，將來進步，有些設備了，可以合夥研究幾件務事。最後的目的，是宣傳一種主義。到這一層算止境了，我們決不使他成偌大的一個結合，去處置社會上的一切事件。發佈些小冊子，編輯一種人事學科的叢書，一種思想潮

〔註38〕傅斯年：《白話文學與心理的改革》，《新潮》第一卷第五號。
〔註39〕傅斯年：《新潮之回顧與前瞻》，《新潮》第二卷第一號。
〔註40〕徐彥之：《新潮社紀事（一）》，《新潮》第二卷第二號。

流的叢書，一種文藝叢書，和其他刊物，是我們的事業；此外也沒有我們的
事業。」〔註41〕《新潮》雖然是同人刊物，但在思想上卻並不是強求一致的。
在《新潮發刊旨趣書》中就提到了：「本志主張以爲群眾不宜消滅個性；故
同人意旨，盡不必一致；但挾同一之希望，遵差近之徑途，小節出入，所不
能免者。若讀者以『自相矛盾』見責，責同人不特不諱言之，且將引爲榮幸。
又本志以批評爲精神，不取乎『庸德之行，庸言之謹』，若讀者以『不能持
平』騰誚，則同人更所樂聞。」〔註42〕從這段發刊辭中可以看出來，新潮同
人是在思想觀念、知識趣味上的結合，在思想文化批判和建設方面並沒有一
致的觀念，但卻是有一定的底線。那就是反對封建文化對國人思想的禁錮，
反對傳統禮教對國人精神的壓制，反對傳統混亂思想對新學術的抨擊。同
時，他們在建設方面也有自己的文化底線，「（一九一八年）十月十三日，開
第一次預備會，決定我們要辦什麼樣的雜誌，不使他雜亂無章，不使他有課
藝性質，定他的元素是 ——（1）批評的精神（2）科學的主義（3）革新的
文詞」〔註43〕同時傅斯年也指出了：「新潮的將來大約也是宣傳文藝思想，
人道主義的，不是個專研究現日中國社會問題的，也是個人發揮個人的主張
的，不是有一致的主義，壁壘整嚴的。這可就我們同社的情性，品質，知識，
興趣上斷出。我覺得我們同社很多個性主義和智慧主義的人。」〔註44〕從這
裡我們可以看出來，新潮社的自由主義色彩十分的突出，他們所謂的「最後
的目的，是宣傳一種主義」也只是相對於「人事學科」、「思想潮流」和「文
藝」所發，他們並不想有什麼政治抱負和情懷，並且從《新潮》的文章看來，
連直接的社會批判似乎也比較少。

媒介的不同，可能導致對媒體社會作用看法也有所不同。在 1920 年七月
開始正式編輯《晨報》日刊第七版的孫伏園同編輯《新潮》月刊（甚至於經
常延期不能按時出版）的傅斯年等人在媒體的社會作用上顯然是有所差別
的。當孫伏園列名加入新潮社的時候，正是新潮社要從一個雜誌社向一個組
織性越來越強、目標越來越鮮明的學會的轉變的過渡時期，同時也正是他剛
剛主編《晨報》第七版一個多月後的時間。

〔註41〕傅斯年：《新潮之回顧與前瞻》，《新潮》第二卷第一號。
〔註42〕傅斯年：《新潮發刊旨趣書》，《新潮》第一卷第一號。
〔註43〕傅斯年：《新潮之回顧與前瞻》，《新潮》第二卷第一號。
〔註44〕同上。

　　孫伏園在《新潮》上發表的四篇文章，三篇都是譯著，而同期卻在他所編輯的《晨報》第七版上發表了大量的新潮社社員的文章，他自己也經常發表一些評論。孫伏園唯一發表在第二卷第三號《新潮》上的一篇文字《海外中國大學爲什麼不成輿論》，從中我們可以看出當時的孫伏園對媒體輿論的重視。他借用了杜威的話談道媒體輿論的重要性：「杜威先生說：『輿論是民治國家最高的政府。議員不過是代表他，官吏不過是執行他，都不是輿論的本身。』諸君呵，凡事不先成輿論，未有能成事實的。要希望一事的實現，非先把自己的意見公諸輿論不可：輿論所公認的不怕當事者的不采擇，輿論所否認的，雖當事者采擇也何益？所以我希望此後發表意見者，其目的須由『供當事者采擇』轉而爲『供輿論的評判』。贊成他人意見者，其態度也須由『供當事者採者』轉而爲『發表自己贊成的意見，助長輿論』。總之，由消極的態度變爲積極的態度，由奴的態度變爲主的態度。……所以知識階級的輿論，可以養成或指導知識階級以外的輿論。然則知識階級的人，難道還可以患著近視眼，愛聽快意語，靜待當事者采擇，而不起來講兩句話，發表幾個意見嗎？」〔註45〕他的見解雖然是針對吳稚暉的《海外中國大學末議》一文中吳認爲自己的意見只是「供當事者采擇」而發，孫伏園認爲「舊眼光都以爲發表議論，只是供當事者的采擇，就是吳先生文中也說到了這句話。」〔註46〕發表在第二卷第三號的這篇文章關於顯然是爲了突出了知識分子對社會輿論的影響作用，並進而影響到對社會的啓蒙，孫伏園注重的不是單單的某一個物事，而是知識階級主導的輿論在現代國家中所應該具有的重大作用。「舊眼光」所認爲的在報刊雜誌上發表關於時事的文章，只是在突出自己的意見的效能性，在他們腦海裏強調的是自己與「當事者」之間的二元對話性，並沒有充分的認識到輿論的社會功能。而孫伏園強調的是具有啓蒙思想的先進知識分子在一個多元的輿論場內「鼓吹提倡，造成輿論」並進而影響到政府的行政措施的決策進程，雖然，孫伏園這段意見是針對社會政治問題而發，但是，我們從他字裏行間已經可以看出來，他對有影響力的媒體對現代社會全方位的改造作用是有明確認識的，他的看法也是自己對羅家倫等新潮同人看法的超越，羅家倫在《新潮》第一卷第一號中解釋開「評壇」欄目原因時曾說：「本志特別設了評壇一類，專門批評社會上的情形，同學術界的事理。有

〔註45〕孫伏園：《海外中國大學爲什麼不成輿論》，《新潮》第二卷第三號。
〔註46〕同上。

幾位說：『你們都是學生。入世未深，如何可以批判社會的現象呢？況且你們
在求學的時代，你們自己的學問還沒有求夠，如何可以批評學理呢？』記者
說：『對對！我們所以設評壇的道理，正是為了你所說的緣故！因為我們入世
未深，所以還有幾分沒有與社會同化。而且不知世路艱險，所以還敢放大膽
子，以第三者的眼光，說幾句局外話。世網如何也都不管，說得不錯，就望
社會加以采擇，說錯了，就望社會賜以匡正。」〔註 47〕羅家倫等人本是學生
之身，創辦的《新潮》又是一個關於思想學術文藝的刊物，因此看待社會問
題當然是以「第三者」的眼光來觀察；而在日益與現實社會、媒體刊物接觸
並對下層民眾、學生懷抱同情之思的孫伏園看來，要造成輿論和助長輿論顯
然僅僅依靠《新潮》的評壇是不夠的，而且更重要的時，隨著知識的增長和
思想的成熟，孫伏園在面對社會現實的時候顯然不願意再被視為「入世未深」
而只能以「第三者的眼光，說幾句局外話」了。這個時候的孫伏園無疑是有
自信心的，他不願意再去說什麼「供社會采擇」之類的話，在認識了社會文
化發展的必然趨勢後，他想說的已經不是「局外話」了，而是想通過知識分
子的輿論來對社會「攪局」了，他希望利用知識分子在媒體界的言論影響來
引導輿論、助長輿論，並能對社會產生影響。這是知識分子具有責任擔當和
社會情懷的鮮明體現。

　　當然，新潮社的一些討論，也對活躍於雜誌社與日報社之間的孫伏園產
生了極其重要的影響。比如，在《新潮》第一卷第五號的通信欄內，魯迅和
傅斯年就是不是應該增加純粹科學文字的副刊篇幅，也就是傅斯年所謂的「材
料分配」問題，發表了兩封信件。魯迅先生在《對於〈新潮〉一部分的意見》
一文中指出：「新潮每本裏面有一二篇純粹科學文，也是好的。但我的意見，
以為不要太多；而且最好是無論如何總要對於中國的老病刺他幾針，譬如說
天文忽然罵陰曆，講生理終於打醫生之類。現在的老先生聽人說『地球橢圓』，
『元素七十七種』是不反對的了。《新潮》裏滿了這些文章，它們或者暗地高
興。他們有很多很鼓吹少年專講科學、不要議論。《新潮》三期通信內有史志
元先生的信似乎也上了他們的當。現在偏要發議論，而且講科學，講科學仍
發議論，庶幾乎他們依然不得安穩，我們也可告無罪於天下了。總而言之，
從三皇五帝時代的眼光看來，講科學和發議論都是蛇，無非前者是青梢蛇，
後者是腹蛇罷了；一朝有了棍子，就要打死喲。既然如此，自然還是重的好。

〔註47〕 羅家倫：《評壇》，《新潮》第一卷第一號。

—— 但蛇自己不肯被打，也自然不消說得。」〔註 48〕魯迅的意見是針對《新潮》第一卷第三號通信欄內通信（四）—— 即是讀者史志元給《新潮》記者的一封信以及傅斯年的回信所發，史志元在信中提出：「近讀貴誌佩羨無似但覽首期所載多哲學及文學之新潮於科學之新潮尚未能充分提倡弟願足下三者並論於科學之實用者尤當出以供人需要庶不負新潮之旨趣也」。對這封連新式標點符號也沒有加的讀者來信，傅斯年無疑是甚以爲然的。他在信後回復說：「我們雜誌上沒有純正科學的東西，是我們的第一憾事。以後當如尊命，竭力補正。足下匡正我們的厚意謝謝！」魯迅對傅斯年是愛護的，他只是借批評史志元來給傅斯年提醒，事實上傅斯年的意見並不是被史志元的來信所激發出來的，在一卷三號通信（一）中傅斯年在給同社同學讀者諸君的公開信中就曾提出：「斯年近來想到幾件事，要和同社同學讀者諸君商量一番。……第三是材料分配的問題。我們雜誌的唯一大缺點，是純粹科學文字太少了，—— 簡直是還不曾有哩。我們整天講什麼新思想，自由思想，卻忘記了新思想自由思想的本根。整天說要給做學生的讀，卻不給做學生的所最需要的科學智識。這眞是我們的罪過。照現在的情形而論，我們雜誌材料的分配，實在不均勻；應當切實改良。這都因爲我們社裏的人，文科同學比較占多數，當發起的時候，對於理法科的同學不很熟悉，因而無從相邀；這是我們很抱歉的。現在我提出幾條，敬告讀者諸君。

(1) 凡關於純正科學的著作，無論是普通論文，或是專門研究，最當歡迎；他若社會科學的著作，—— 經濟學，政治學，法理學等，—— 也是同樣歡迎。

(2) 理科法科工科的同學，若肯光顧我們，是更歡迎的。

(3) 但專說一種特殊技術的著作，本志以適應普通讀者之故，不便登載。」〔註 49〕

傅斯年在接到了魯迅的信後，對魯迅的看法也表示同意，「我現在所以把《新潮》第三期裏加入科學文一條意見自行取消的緣故，不過以爲我們當發揮我們的比較的所長，大可不必用上牛力補足我們天生的所短。先生的一番見解是更進一層了。此後不有科學文則已，有必不免於發議論；不這樣不足以盡我們的責任。總而言之，抱著宗旨做去就是了，管它是什麼體裁，什麼

〔註48〕 魯迅：《對於〈新潮〉一部分的意見》，《新潮》第一卷第五號。
〔註49〕 傅斯年：《給同社同學讀者諸君的公開信》，《新潮》第一卷三號。

材料呢。」〔註50〕

　　作為對魯迅極其尊重且和傅斯年、羅家倫等人來往都十分密切的孫伏園，對魯迅提出的有關編輯上的問題，自然是十分的贊同。從他的編輯實踐中，我們可以看到他從這些討論中得到的編輯理念的體現。

　　而在報紙日刊方面來說，具體到孫伏園編輯的《晨報》日刊第七版上，它與《新潮》在精神上是相通的，甚至於有的文章是先發表在《晨報》上然後再在《新潮》上刊登的，比如 1919 年 11 月 19 日《晨報》上刊登了羅家倫的《是青年自殺還是社會殺青年》，蔣夢麟在 11 月 21 日上發表了《北大學生林德揚的自殺》，都是直到同年 12 月才發表在《新潮》第二卷第二號上。由此我們可以看出來，日刊應對社會事件快捷、靈敏的優勢是雜誌所不具有的。羅家倫所說的青年自殺是當時鬧的沸沸揚揚的北大學生林德揚投水自盡一事，發生在 1919 年 11 月 16 日，羅家倫在一天之後就寫出來，在三天之後就登載在《晨報》之上，非常及時的表明了知識分子對社會突發事件的立場。當然也有另外一類文章，雖然不是需要及時的披露，但是由於作者覺得有必要讓更大範圍內的民眾瞭解知悉，所以傅斯年先是在 1919 年 3 月 20 日《晨報》上發表了《朝鮮獨立運動中之教訓》，而後在《新潮》第一卷第四期上又把該文章發表了一遍，只是題目加了一個字，《朝鮮獨立運動中之新教訓》。同時，還有一部分在《晨報》上發表的文章是對《新潮》上文章的反響，比如傅斯年在《新潮》第一卷第一號上發表了《去兵》一文，在《晨報》1919年 2 月 16 日就有了署名「一湖」的讀者發表的《讀傅斯年君的「去兵」》一文，在 3 月 12 日又有「君左」發表《兵果能去嗎？》一文來參與發起於《新潮》上的討論。類似這樣，在《新潮》雜誌和《晨報》日刊第七版之間，就建立起來一種媒體間的對話關係，共同構織了一種新型的文化型態，雜誌和日刊各自發揮自己的媒介特長，影響不同的目標讀者群。

　　不但如此，在新潮社出版活動漸漸走入低潮的時候，孫伏園利用《晨報副鐫》對新潮的活動進行了媒體支持，尤其是在它的廣告欄內，對新潮社不能按時出版《新潮》雜誌向讀者進行道歉，並不遺餘力的給《新潮》的復興造勢。《晨報副鐫》的廣告欄對新文化運動的推動的紹介作用是巨大的，在它上面經常對新的社團、作品、刊物、譯著等大力宣傳，新潮社的孫伏園自然也想利用《晨報副鐫》廣泛的發行滲透渠道來增加新潮社的影響，在《晨報

〔註50〕傅斯年：《通信》，《新潮》第一卷五號。

副鐫》的廣告欄內，關於《新潮》雜誌以及新潮從書的介紹是很多的，而且篇幅也很大，比如在 1921 年 10 月 19 日，在《晨報副鐫》第四版廣告欄內總共的 8 個廣告中，新潮就佔了三個，而且在篇幅上幾乎佔了一半左右。在廣告中不但介紹了《新潮》第三卷第一號的詳細的目錄，而且用將近三分之一的篇幅介紹了即將作爲《新潮》第三卷第二號出版的「新潮一九二零世界名著介紹特號」的詳細目次，同時，更是以《新潮社緊要啓事》爲標題對《新潮》雜誌不能按期出版向廣大讀者道歉藉以維持雜誌形象，並用更大的篇幅用來進行雜誌營銷策略的推行。所有這些都表明了在孫伏園的主持下，《晨報副鐫》已經成爲了給新潮社鼓吹的社會公共媒體資源的典型代表，在理念、組織以及營銷上，受眾廣泛的《晨報副鐫》和受眾面相對較窄的《新潮》相互之間取長補短並由此構成了媒體序列中重要的一種媒介間結合。

　　由此可見，孫伏園所編輯的報刊日刊就成爲了在「現代大學──社團（雜誌以及後來的學會）──報紙日刊」這個文化場域、媒體序列上非常重要的一環，也是大學精神、知識分子精神和媒體精神的統一象徵物。如果我們翻開了《晨報》第七版和後來的《晨報副鐫》、《京報副刊》我們就會發現大量的新潮同人在上面發表作品。當然到了後來，新潮社最終難以爲繼，孫伏園仍然同同人商量著如何重振新潮社，而且《語絲》出版的時候，它的通訊處一直寫的是北大新潮社，直到後來隨著文化鬥爭越來越激烈，爲了陣線不至於混淆的原因，最終改爲北大語絲社。而對孫伏園說來，「大學──社團（雜誌）──報紙日刊」的文化場域、媒體序列對於他自身的思想觀念、編輯理念的最終形成是有十分重大的文化意義的，而這樣的一種結構也給他提供了很多工作上的便利。大學作爲學術生產機制的一種象徵，爲他提供了思想和精神上的信心和保證，而社團雜誌則可以在一定程度上保持有組織的、有目標的思想媒體批判性、合作性和學術指向性。而以孫伏園爲日刊代表的序列末一端，則可以說是「大學之外的大學精神傳播者和護衛者」。

　　我之所以用很大篇幅來介紹孫伏園與新潮社以及《新潮》雜誌的關係，就是想闡明在他踏入媒體傳播界時候，到底有什麼樣的文化組織和社會因素對他產生了影響，同時闡明在五四新文化運動向縱深發展時期孫伏園作爲個人與新潮社之間在當時特定的文化結構和媒介生態中所形成的一種良性互動關係。如果我們想要深入的研究《京報副刊》就必須把孫伏園放置於當初的文化生態中去歷史的考察他在「大學──社團──報紙」這個文化生態序列

中的角色和作用，在二十世紀的二十年代，雖然有時代大環境的影響，但是，往往一個人就可以決定一個刊物的色彩。對充滿了自由主義色彩的那一代知識分子來說，他們個人對一個刊物的影響有時是決定性的。打個不恰當的比喻，要想知道菜肴的好壞，有時我們只要瞭解廚師就可以了。

第三節　從《晨報副刊》到《京報副刊》——孫伏園編輯思想的成熟

要考察《京報副刊》的編輯特色，就必須把它放在二十世紀二十年代的社會文化語境中去研究它。同樣是作爲當時北京著名報紙的副刊，《晨報副刊》和《京報副刊》恰好先後被同一個人所編輯，而孫伏園就是在這個文化語境中有關報紙副刊的一個關節點。他像一個橋梁一樣橫亙在兩大副刊之間。通過他編輯思想在特定歷史時期的轉變，我們才能跨越單個副刊研究的狹小視角，將《京報副刊》置於更爲廣大的社會文化語境中來歷史的認識其編輯特色和文化屬性。

從李大釗手中接手《晨報副刊》之後，孫伏園在《晨報》總編蒲伯英的大力支持下於 1921 年 10 月 12 日將《晨報》第七版獨立出來，改成四開四版的新版式，單張出版。《晨報副鐫》問世之際也正好是五四新文化運動逐漸陷入低潮之時，由於新文化陣營的分崩離析，知識分子思想上的苦悶與分化的傾向日趨明顯，意識形態的多元化與主流思想的眞空局面的思想格局逐步形成。在五四新文化運動對中國傳統文化的全力破壞之後，面臨如何建設適應中國當下社會新文化時，受五四科學精神影響的知識分子們紛紛給出了自己的答案，如果考察形形色色的理論方案，我們會發現它們都繼承了五四的思想基因並在此基礎上形成了合作的思想底線，那就是對思想啓蒙作爲知識分子歷史使命的堅持。以啓蒙爲旨歸，在言論自由原則下以注重副刊自身趣味、尊重常識、創造兼容並包的媒體公共空間和推動新文學運動的發展就是孫伏園在《晨報副鐫》時期的編輯理念。而這個時期孫伏園的編輯經歷對他日後的編輯活動有十分深遠的影響，尤其是對他編輯《京報副刊》影響尤其巨大。所以我們如果要深入細緻的研究《京報副刊》就不僅要把它放在當時的文化生態中去考察它的獨特性，而且需要在對孫伏園線性的歷史編輯實踐活動中去體認《京報副刊》文化屬性的歷史必然性。

　　在對現代文學生態進行研究的時候，如果不對紛繁複雜的歷史材料用「問題意識」的視角去給予關照，那麼對歷史的表述就容易流於表象。那麼，我們需要問的是，孫伏園在編輯《京報副刊》時的編輯思想是什麼，在他編輯《京報副刊》的過程中這樣的編輯理念是一以貫之還是隨著時代的劇烈發展發生改變了，如果改變了，具體的變化是什麼；孫伏園編輯技巧又是什麼，以及具體的編輯實踐中的體現如何等等問題，當然，對這些問題的追問筆者都希望在歷史的考察孫伏園之前整個編輯經歷的視角上給予回答。《京報副刊》在孫伏園主持下精神氣質的轉變在我論文中有詳細論述。在這裡我主要結合對《京報副刊》發刊詞的文本細讀來談談孫伏園關於《京報副刊》的編輯理念。

　　1924 年 12 月 5 日，是中國現代報刊史尤其是副刊史上值得紀念的一天，由孫伏園主編的《京報副刊》正式出版了。如果大家對照 1925 年 10 月 1 日出版的《晨報副刊》上徐志摩的《我為什麼來辦我想怎麼辦》的主編開場白，孫伏園的這篇標誌著自己在日刊副刊界再次出山的開場白實在是低調的多。他既沒有像徐志摩那樣開首就談什麼由自己出面來辦日報副刊的不得已，也沒有像徐志摩那樣國內國外、前輩後生的「點將」，開列名單，以壯行色。孫伏園在《京報副刊》第一號開首就發表了《理想中的報紙附張》一文，發表自己對當時日報副刊界的認識並提到自己的辦刊宗旨，在談到當時副刊界的弊病時他認為：

　　　　今日中國的日報附張，概括言之，可以分作兩大類，我叫它們作「無線電的兩極端」。怎麼講呢？甲極端以許多日報上的「馬路無線電」等文字代表之，本意是要供人娛樂，結果卻成了劣等的滑稽。例如「有趣一打」，「掃興半打」，這種文字見於古人著作中，我們並不想加以非難，……但今人著作，不思別出心裁，只是一味模仿古人作品，便引不起閱者的興味，而著作本身的價值也就降低了。

　　　　又如孫慕韓作總理，王克敏做總長，兩方面意見不洽的時代，有一個日報的附張上發表了一篇小評論，題目叫做「海淀總理與石娘總長」；……這也是甲極端之別一類，本欲滑稽而得不到滑稽之好結果的。

　　　　再如另有一種日報附張，常欲搜羅新奇的事物而發表之；雄雞產卵或某處少婦一產得五男等類，三四十年前的「申報」所優為，

> 而在今日之日報中，雖不承認其爲緊要新聞，但用「姑誌之以供博物學者之研究」等口調，揭布於附張上者，還是數見不鮮。毛病一大半自然由於讀者缺少常識，盲目歡迎此類新聞而據我看來，也只能歸於無線電文字的甲極端，編者本欲籍以供人娛樂而結果卻變了最劣等的滑稽罷了。〔註51〕

對當時日報附張的熟悉之至的孫伏園雖然只是隨手拈來，他所舉的看似偶然的三個例子，其實批判了由於有些記者缺乏常識或是爲了迎合某些無知群眾的心理而經常在副刊上犯的一種毛病，雖然這些記者也知道日報副刊對讀者來說是應該提供娛樂的，但是由於某些記者編輯思想偏狹所導致的副刊趣味不高，他們的編輯思想都是陳舊老套的，或是想摹倣古人來偷懶，或是沉溺於對政局進行相聲段子似的表現評論，或是到處搜羅荒誕不經的社會事項來博眾人之一笑。在孫伏園看來，本來讓人們娛樂的副刊淪落到所謂「最劣等的滑稽」顯然報紙副刊的編輯是要負責任的。在副刊的文化品位和群眾低俗的消費文化趣味之間，孫伏園顯然是認爲報紙應該去引導群眾擺脫低級趣味的思想傳統，不應該一味遷就群眾的閱讀趣味而導致報紙自身品格的下降。接著，他又指出了副刊的另外一種弊病，也就是他所謂的」無線電文字的兩極端」中另外一端的表現：

> 無線電文字的乙極端就是簡直老實不客氣的討論無線電的學問。這也是代表一個方面。有線電已經少有人懂得了，現在卻越幾級而講無線電。同一類的就如西洋某某人的哲學，學院中的或是書本子上的哲學；代了許多圖許多表的或是教科書及講義式的科學；用了五顏六色的字眼堆砌成的新選學式的文學等等；與日常生活的關係甚少，與讀者的常識程度相差也甚遠，而且大抵是長篇的，每篇往往延長到一二禮拜以上。這一種我都叫它們做「無線電文字的乙極端」。〔註52〕

在這個方面，孫伏園指出了由於日刊的編輯記者們不顧及讀者的文化水準、思想水準和認識層次較低的現實狀況，盲目的在副刊上發表一些學術性太強，內容又晦澀難懂的文章的弊病，對在社會科學、自然科學和文學上面都與「日常生活關係甚少，與讀者的常識程度相差也甚遠」的臨空高蹈而不切

〔註51〕 孫伏園：《理想中的日報附張》，《京報副刊》1924 年 12 月 5 日，第 1 版。
〔註52〕 孫伏園：《理想中的日報附張》，《京報副刊》1924 年 12 月 5 日，第 1 版。

實際的編輯現狀進行了批評。同時，孫伏園對日刊的刊行特色的認識也十分獨到的，尤其是對那種內容上艱深晦澀同時形式上又是長篇的文章，對那種每天刊一段，以至於要「往往延長到一兩個禮拜以上」才能刊完的學術長篇，根據他自己的編輯經驗和認知習慣，孫伏園認為這樣做是收效甚微的。

由於多年在副刊界的摸爬滾打，孫伏園十分相信自己對副刊界的總結是正確的，他十分自信的說：「試就今日日報的附張中檢查一過，除了這無線電文字的兩極端以外，還有些別的什麼嗎？我可以說，即有，也是甚少的了。」〔註53〕在對當時的副刊界的弊病予以回顧以後，孫伏園接著談到了自己心目中理想的日報副刊的樣式，受五四啟蒙思想以及杜威「實用主義」思想影響很深的孫伏園認為「應先知道什麼才是今日中國社會對於日報附張的需要」。對中國當下社會有用的就是理想的、好的報紙附張，他認為這樣的附張需要具備以下幾個特點：

「第一，大戰終了以後，無論在世界或在中國，人們心理中都存著一種懷疑，以為從前生活的途徑大抵是瞎碰來的，此後須得另尋新知識，作為我們生活的指導。這時候日報上討論學問的文章便增加了。不過，大多數人盡可有這樣的要求，日報到底還是日報，日報的附張到底替代不了講義與教科書的。廚川白村說的好，報章雜誌只供給人以趣味，研究學問需用書籍，從報章雜誌上研究學問是徒勞的。而在中國，雜誌又如此之少，專門雜誌更少了，日報的附張於是又須代替一部分雜誌的工作。例如宗教，哲學，科學，文學，美術等，本來都應該有專門雜誌的，而現在民國日報的『覺悟』，時事新報的『學燈』，北京晨報的副刊，和將來的本刊，大抵是兼收並蓄的。一面要兼收並蓄，一面要避去教科書或講義式的艱深沉悶的弊病，所以此後我們對於各項學術，除了與日常生活有關的，引人研究之趣味的，或至少艱深的學術而能用平易有趣之筆表達的，一概從少登載。」〔註54〕

孫伏園認為在當時的中國出版界，是應該對先前傳統的混亂思想予以徹底的清算的，需要進行思想革命的，而思想革命的利器就是學術，但是由於當時學術界專門雜誌的缺失，報刊日刊不得不勉為其難擔當一部分的學術責任。因此，報紙日刊就具有了專門雜誌的一些學術品格。他認為「將來的本

〔註53〕 孫伏園：《理想中的日報附張》，《京報副刊》1924 年 12 月 5 日，第 2 版。
〔註54〕 孫伏園：《理想中的日報附張》，《京報副刊》1924 年 12 月 5 日，第 2 版。

刊」是要繼承其他報紙日刊副刊的長處的，也就是要「一面兼收並蓄，一面要避去教科書或講義式的艱深沉悶的弊病」。雖然他主張注重學術，但是他顯然又對副刊的讀者的認識水準有清醒的體認，他認為副刊應該引導群眾擺脫傳統思想的束縛，因此主張副刊不應該脫離群眾，要與日常生活有關，要具有「引人研究之趣味」。顯然，他的編輯理念是具有一定的「草根性」的。

「第二，日報附張的正當作用就是供給人以娛樂，所以文學藝術這一類的作品，我以為是日報附張的主要部分，比學術思想的作品尤為重要。自然，文學藝術的文字與學術思想的文字能夠打通是最好了；即使丟開學術思想不管，只就文藝論文藝，那麼，文藝與人生是無論如何不能脫離的，我們決不能夠在人生面前天天登載些否定人生的文藝。中國人的生活太乾枯了哦，就是首都的北京也如此：幾十個戲館是骯髒喧囂到令人不敢進去的；音樂跳舞會是絕無僅有的；其他運動場，娛樂會，和種種的遊藝場所，你能指點出幾個來麼？在家看方塊的天，出門吃滿肚子的土。如果有一個識字階級的人，試問除開看看日報的附張籍以滋潤他的腦筋以外，他還有別的娛樂可以找到麼？以上所述文藝學術兩項，自然不能全是短篇。如果把合訂本當作雜誌看，那麼，一月登完的作品並不算長，只要每天自為起訖，而內容不與日常生活相差太遠，雖長也是不甚覺得的；因為有許多思想學術或人情世態，決不是短篇所能盡，而在人們的心理，看厭了短篇以後，一定有對於包羅的更豐富，描寫的更詳盡的長篇的要求的。」〔註 55〕孫伏園在這裡不但強調了文藝對副刊作品的重要性，而且針對現實社會的惡俗文化趣味指出了文藝作品的直面現實人生的必要性。同時，他對副刊中文藝作品的創作傾向也提出了自己的看法。（其中有關合訂本的問題，我將在後面還有具體論述。）

受五四新文化運動和文學革命思潮影響甚深的孫伏園，先後參加了新潮社和文學研究會。他在這裡所提到的文藝作品在副刊上的重要地位是他多年的文藝思想在編輯思想上的體現，文學研究會的「為人生而藝術」的文藝思想和新潮社裏面發表的針對社會現實的文藝作品對孫伏園文藝思想的形成有很關鍵的作用，更不用說交往密切的周氏兄弟對他的影響了。早在 1922 年 11 月 11 日，孫伏園在《晨報副鐫》第四版中的《編餘閒話三則》中，這樣談到副刊的趣味，「日報的副刊，照中外報紙的通例，本以趣味為先。在中國今日的特殊情形 —— 教育不發達，一般人沒有常識，沒有研究學問的興味 —— 之

〔註 55〕孫伏園：《理想中的日報附張》，《京報副刊》1924 年 12 月 5 日，第 2 版。

下，日報的副刊如本刊及『學燈』與『覺悟』，要兼談哲學科學自是絕不可少。
但是我很希望各種專門或普通的學問，都漸漸的有人來組織雜誌從事研究與
傳播，使我們日報的附張卸除這個重擔，仍舊回復原來的地位，讓人不把它
當作講義讀，卻把它當作高等娛樂的場所看。（外國報中稱爲文藝部，自然是
以趣味爲主，中國報中如自由談，快活林，小時報之類，雖然趣味比較惡劣，
有時反弄得極無趣味。但這是他們不知道什麼是眞的好趣味的緣故，應該原
諒他們。）爲了這樣一個目的，我隨時打算摻入有趣的材料。」周作人在《晨
報》五週年的紀念號上發表《讀報的經驗》一文中就指出：「據自己的經驗，
拿起報來大抵先看附刊，——有些附刊很離奇的，也別有一種趣味。其中最
先看的是雜感通信一類的小品，以次及於詩文小說。我們固然期望常有眞的
文藝作品出現，但這是不可勉強的事，所以不得不暫以現狀爲滿足，只希望
於青年思想界多有撥觸，振作起一點精神來。附刊的職分，在『多做文學思
想上的事業』，但繫日刊而非專門的雜誌，所以性質應當輕鬆一點，雖然也不
可過於挖苦或痛罵，……」〔註56〕可見，提倡健康的文藝創作並以此來改變
國人以及社會惡俗的文藝趣味是孫伏園和周作人一致的追求。

　　作爲文學研究會發起人之一的孫伏園自覺的希冀通過副刊的提倡而以文
學來改變國人孱弱的靈魂的，進而改造社會的。早在 1923 年 2 月 4 日，孫伏
園就在《晨報副鐫》第四版上發表了《看月》一文，其中談到：「我是治文學
的，我以爲思想界的沉默，是因爲青年的血管中沒有學的緣故。現在最需要
的是偉大的創作家，將現社會中一切老年人的頹唐少年人的無望等等怪相，
以及萬惡的社會底下或者有著耿耿不泯的一點希望，都用藝術的手腕描寫出
來，這種不過是舉一個例，文藝的世界自然是萬分廣漠的，儘管可以讓創作
家自由的描寫開去，但總之這種創作一定對著青年人的血管射進一種活動的
能力。我希望的創作家，是又要偉大，又要衆多。現在創作界的幾位先生，
怎麼能應這個需要。……我希望有科學家一般清晰的頭腦，有宗教家一般豐
富的同情，有繪畫雕刻音樂家一般審美的天性和表現的能力，這種文學者再
有閱歷經驗作幫助……」。〔註57〕孫伏園對文藝文學改造社會的作用是充滿期
待的，尤其是認爲對青年人思想的成熟來說文學的效用是巨大的，當然，孫
伏園心目中理想的文學的條件是很高的，他自己也聲稱「文學藝術的文字與

〔註56〕周作人：《讀報的經驗》，《晨報副鐫》1923 年 12 月 1 日，第 7 版 。
〔註57〕孫伏園：《看月》，《晨報副鐫》1923 年 2 月 4 日，第 4 版。

學術思想的文字能夠打通是最好了」，即使「只就文藝論文藝，那麼，文藝與人生是無論如何不能脫離的。」

在學術文藝之外，孫伏園是極其重視副刊的文藝批評和社會批評的。他提到的第三點，「也是日報附張的主要部分，就是短篇的批評。無論對於社會，對於學術，對於思想，對於文學藝術，對於出版書籍，日報附張本就負有批評的責任。這類文字最容易引起人的興味，但也最容易引起人的惡感。人們不善於做文章，每易說出露筋露骨的言語，多少無謂的爭端都是從此引起的。這類爭端，本刊雖然不能完全避免，也不求完全避免，但今天創刊，記者不妨先在這裡聲明一句，凡屬可以避免的爭端我們總是希望避免的。」孫伏園是歡迎批評文字的，從他一貫的編輯實踐中可以很清楚的看到這一點。1920年10月4日《晨報》第七版「浪漫談」一欄發表了他的一篇讀後感《讀〈誰也管不著〉——十月二日本報小說——》，其中提到：「禮教已經死了，你們聽到布告了嗎？禮教的勢力已經殉了葬了，你們知道嗎？你們怕什麼？為什麼不自由發展？他能用『無情木棍』打人，你為什麼不用『無情鐵棒』回敬？唉！不知『禮尚往來』的人，真是『吾未如之何也已矣』的人了！」〔註58〕孫伏園對吃人的禮教對青年的壓迫是深惡痛絕的，所以他才在他編輯《晨報》第七版之後不久就發表了這樣的觀點。

孫伏園在1923年第85號《晨報副鎸》上發表《雜感第一集》指出：「副刊上的文字，就其入人最深一點而論，宜莫過於雜感了。即再推廣些說，近幾年來中國青年思想界稍呈一點活動的現象，也無非是雜感式一類文字的功勞。雜感優於論文，因為他比論文更簡潔，更明瞭；雜感優於文藝作品，因為文藝作品尚描寫不尚批評，貴有結構而不宜直捷，每不為普通人所瞭解；……雜感雖然沒有像文藝作品的細膩描寫與精嚴結構，但自有他的簡潔明瞭和真切等的文藝價值——雜感也是一種的文藝。看了雜感的這種種特點，覺得幾年來已經影響於青年思想界的，以及那些影響還未深切著明的一切作品，都有永久保存的價值。雜感式文字的老祖宗，自然是『新青年』上的隨感錄。」這雖然是孫伏園給晨報叢書第十種的《雜感第一集》一書做的書評，但是我們可以看出來，孫伏園對批評是十分關注，並且認為是可以影響於社會思潮的文藝作品。從孫伏園日後在《晨報副鎸》的編輯歷程和實踐

〔註58〕孫伏園：《讀〈誰也管不著〉——十月二日本報小說——》，《晨報》1920年10月4日，第7版。

中都鮮明的體現出他對批評的重視。

　　人對有價值的東西都是珍視的，尤其是由自己經驗中得來的思想觀念。長期的編輯實踐、尤其是在《晨報副鐫》的編輯實踐讓孫伏園獲益良多，從他對《京報副刊》理想化的願景之中就可以看出他以前主編《晨報副鐫》時編輯思想理念的影子。

　　在回答了「日刊附刊上應該登些什麼文字？」之後，孫伏園下一個面對的問題就是對於稿件的性質以及各個部分分量支配的問題，他在躊躇再三之後認為不宜採用向讀者徵求意見的形式來確定自己的編輯意向，他說：「……徵求答案的結果大抵是不圓滿的，因為大多數人照例不說話，說話的少數人大抵不能代表讀者的意見。」在我看來孫伏園的這個說法無疑是很勉強的，且不說時代風潮的鼓動使得當時的青年人的覺悟已經有了很大的提高，就是從孫伏園在《晨報副鐫》時讀者與報刊的積極互動來看，他這個觀點都有很大的可疑度。我認為更為關鍵的是他後面的說法：「……我們也有我們的理想，即使是大多數人，我們難道肯拋棄了自己的主張去服從他們麼？所謂服從，也只是參酌二者而折中罷了。」〔註59〕孫伏園作為一個當時已經有了豐富的編輯實踐經驗和具有深厚的知識分子啟蒙思想的名記者，是具有現代新型的知識分子精英立場的，對「大多數」的懷疑正是啟蒙思想的必要前題，對於一個報人來說，無疑更是這樣的。在文章中孫伏園也談了《京報副刊》的社會公共媒體的性質，尤其是指出了這種公共媒體的傾向性，他在回答「貴刊是否收受投稿？」和「貴刊投稿的章程如何？」這兩個問題時，他指出「投稿是無限制的收受的。至於章程，因為沒有必要，所以也沒有定。」從他這樣的話語裏，《京報副刊》的社會媒體屬性顯露無疑，但是孫伏園下面的一句話是很關鍵的，因為很鮮明的體現了副刊主編在看似身為公共媒體的《京報副刊》中所起的決定性作用，他說：「簡單一句話：如果記者認為可以登載的便登載，否則寄還或扔在字紙簍裏。」早在1923年4月10日他在《晨報副鐫》雜感欄發表《編餘閒話》一文中就提到：「至於言論方面，有幾位先生每譽本刊為公開的言論機關，這實在大謬不然。本刊認為可以代為宣佈的稿件，至少也需有一個極簡單的條件，就是持之有故言之成理。如果不但不能自圓其說，兼且有文法上的謬誤，那麼本報花費了冤枉的紙費與印刷費或者猶可以取償於讀者，讀者冤枉花費了有用的時

〔註59〕孫伏園：《理想中的日報附張》，《京報副刊》1924年12月5日，第3版。

間與精力應該向誰去索償呢？」〔註 60〕從他的話中，我們不但看出孫伏園對
自己的編輯理念和學識能力一向都是充滿自信的，而且我們由此可以看出透
徹的瞭解孫伏園個人對於瞭解《晨報副鐫》、《京報副刊》的重要性所在。在
五四前後那個個人文化魅力高揚的復興時代，一個人有時可以決定一個媒體
的走向，一點不是誇張的言論。

　　徐志摩在 1925 年 10 月 1 日他首次主編的《晨報副刊》中發表《我為什
麼來辦我想怎麼辦》的時候，在文章中用很大的篇幅「開名單」式的天南地
北的「拉夫」，希望可以通過自己朋友的投稿來幫助自己辦好副刊，對於外界
的投稿，他只是浮泛的對付了一句：「……我們當然更盼望隨時有外來精卓的
稿件，要不然我們雖則有上面一大串的名字，還是不宜支持的。」〔註 61〕而
且通過徐志摩主編《晨報副刊》後的編輯實踐、刊物性質和作者資源看來，
外稿在《晨報副刊》上雖然也有，但是比例很少，越來越具有同人媒體的色
彩。相比較徐志摩以名人、朋友和趣味作為對稿件來源的選擇標準，孫伏園
對青年新進作家的重視是很重要的特點，他說：「最後一句申明是記者竭誠的
歡迎新進作家。新進作家的名字，自然不是社會所習知。但希望讀者對於他
們的作品，不要以為名字生疏而厭棄之。據我的經驗，讀者大抵希望記者多
登名人的作品，投稿者大抵指謫記者多登名人的作品，其實兩者都有偏見的。
社會上已經成名的作家的作品，我們固然願意多等，不成名的新進作家的作
品，我們尤其希望多多介紹。我希望此後本刊登載名人作品的時候，投稿人
不妨放大一點眼光，不要盡是責備記者以為是『報界之蠹賊』，『選稿是存了
勢利的成見』，『不是你的狐朋狗黨便不登載！』，登載新進作家的作品的時
候，尤其希望讀者不要存了勢利的成見，以為『京報副刊這幾天太沉悶了，
簡直一篇名人的作品也沒有』。與讀者還有相見的日子，今天時間太匆促了，
就說到這裡為止罷。」〔註 62〕多年的編輯生涯讓孫伏園對編輯職業所受的非
難是很明瞭的，他區分併辨析了讀者和投稿者兩類人的不同心態並對兩方面
的責難辯白的同時，孫伏園對新進作家的期盼才是他最想表示的觀點。其實，
對新進作家的熱切期盼是孫伏園從事編輯工作一直以來的情感傾向，早在孫

〔註 60〕　孫伏園：《編餘閒話》，《晨報副鐫》1923 年 4 月 10 日，第 3 版。
〔註 61〕　徐志摩：《我為什麼來辦我想怎麼辦》，《晨報副刊》1925 年 10 月 1 日，第 2
　　　　　版。
〔註 62〕　孫伏園：《理想中的日報附張》，《京報副刊》1924 年 12 月 5 日，第 3 版。

伏園編輯《晨報副鐫》的時候，經常有讀者來信詢問投稿章程之類，孫伏園特意在 1923 年 4 月 10 日的《晨報副鐫》雜感欄發表《編餘閒話》一文，其中就引用了一個青年投稿時附帶的一封信，其中云：「……我現在寄上你看一看，可否登上貴報副刊？不過登不登未決斷以前，請你花十分鐘，從首至尾略看一遍，而不因我的名字，未有魯迅君，欽文君的熟，就丟在字紙簍不看。」孫伏園針對社會上普遍對於編輯只注重名人效應的猜測，專門撰一長文於後，他說：「記者在編稿的時候，絕沒有名字熟不熟的成見，也絕沒有『丟在字紙簍不看』的事實，這是記者要負責任的聲明的。據我的私見（或者凡編輯的人及著作的人同有這樣意見罷），總覺得老看著這幾個舊名字也未免太寂寞，每每想在青年社會中訪求幾位新進作家。所以越是生疏的名字，他的作品便越惹我的注意。不過說出來實在見笑，……文章的內容與外形的優越不必提了，只求一篇文字通順不必再費改削的，也就不可多得。每天接到的投稿總是數十件，等到拆閱完畢，卻總是一無所得，……只是弄到結果，依然是那幾個老名字唱出臺來，在本刊方面或者盡可以自誇的說，用這種知名之士的作品餉讀者，乃是一件格外巴結讀者的事，即在讀者方面一定也有許多是這樣的想著，但是新進作家之不易產出，在著者讀者編者三方面都感到寂寞，那更是顯然的了。編者對於新進作家既有這樣迫切的希望，那麼因為作者名字不熟而將他的稿件丟在字紙簍裏不看，這種事一定絕不會有，魯濱先生以及與魯濱先生有同感的人盡可以放心的。」〔註63〕可見，在孫伏園從《晨報副鐫》到《京報副刊》做編輯的轉換中，對青年新進作家的一以貫之的關注和重視是孫伏園自身區別於別的編輯的很重要的一點，正因為如此，在他的幫助下，一批在日後大放光彩的作家在這個階段就登上了副刊的版面並為人所熟知，並產生越來越大的影響，有力的推動了新文學運動的發展，比如冰心和許欽文等等。

　　隨著報紙的市場化運行，文化生產機制的相應調整，稿費制度在這個階段已經逐步健全起來，雖然《京報副刊》剛剛創辦起來，社會影響力還比較小，讀者群體也沒有建立完備，編輯經費比較緊張，但是孫伏園在《理想中的日報附張》中提到稿費的時候，仍然指出：「撰稿者如果是願意受酬的，請在稿尾聲明，本報當於月底寄奉薄酬。」〔註64〕話雖然不多，但是對投稿者

〔註63〕孫伏園：《編餘閒話》，《晨報副鐫》1923 年 4 月 10 日，第 4 版。
〔註64〕孫伏園：《理想中的日報附張》，《京報副刊》1924 年 12 月 5 日，第 3 版。

作為文化生產者從事思想文化活動的肯定是可以看出的，也是對於知識分子思想勞動尊重的體現。但是在 1923 年 4 月 10 日的《晨報副鐫》雜感欄發表《編餘閒話》一文中，孫伏園是這樣談到副刊的稿費問題的：「我們常常接到許多投稿者的函件，問及本刊投稿的章程怎樣（稿費怎樣計算自然是主要問題），這個問題極不容易做簡單的回答。第一是主義上，我們覺得稿件究竟比不得蘿蔔白菜，可以稱斤輪兩，而且精神方面的勞動，又比體力方面的勞動更不應該切片另賣。所以字數之多寡，性質之好壞，雖有時可以權作論價的憑籍，但除作者自己聲明受酬以外，致送區區稿費總覺得是對於作者的一種侮辱。第二是經費上，副刊不是一種商品的性質，所以我們至今沒有計算到什麼賺錢與賠本。如果本來打算賺錢，那麼仿照外國買稿的辦法，稿費不妨定的較貴，書價不妨定的更貴。這對於作者或者可以減少一點侮辱，但對於讀者卻無端增加了負擔了，在眼前的中國恐怕還行不過去。如果本來打算賠本，那麼稿費不妨特別從豐，書價不妨特別從廉，對於作者與讀者都優待了，但晨報現在還沒有這麼大的資本。第三是性質上，本刊沿舊例只知聘人撰稿，絕不想多收受投稿的，投稿的登載，只是代為宣佈的意思，本無興於酬金不酬金。……我們對於投稿是不拒絕的，而且熱烈的希望著；稿費不能說沒有，也不能說是時值估價的買稿，但區區筆資是可以酌量送奉的；因為不是買賣的性質，所以也不怕賠本，對於作者雖稍薄待，對於讀者則副刊的定價是再廉沒有的！」〔註65〕相比之下，孫伏園在一年後《京報副刊》創刊號上的口氣可以說是緩和了很多。

孫伏園對學術、文藝和批評三個方面的強調，通過他的編輯實踐在《京報副刊》整體上呈現出一種「學術思想──文藝作品──批評雜感」的三段式的結構模式形態。概括而言，孫伏園的編輯理念就是希冀用與日常生活相關的學術思想來灌輸國人常識，用文藝作品來提高讀者文化趣味和審美情操，同時用批評來擔負起自由主義知識分子的責任和使命。

〔註65〕 孫伏園：《編餘閒話》，《晨報副鐫》1923 年 4 月 10 日，第 4 版。

第二章 從文化公共空間到政治公共空間——《京報副刊》的精神轉向

　　一個刊物的思想傾向和文化風貌一般來說是比較穩定的，尤其是在主編人員比較穩定的前提下。孫伏園離開研究系的晨報社之後，在得到了邵飄萍對他可以自由編輯副刊的承諾以後來到了京報館。身受五四時代北京大學學術、思想和社會活動影響的他，一如既往的關注學術、文藝和批評，就如同他在《京報副刊》創刊號上發表的《理想中的日報附張》中所說的一樣。對報紙副刊文化品性的考察不能僅僅是從「新的」外表上觀察，因爲報紙副刊有自己的媒介特性，它必然是一個「追逐時髦」的文化載體，不能僅僅從副刊上那些中外作家的名單上去考察媒體特性，而是要從那些眞正反映一個刊物思想傾向和文化追求的方面去考察，眞正優秀的副刊編輯，不但能適應時代的發展而及時的轉變副刊的思想鋒芒和社會認同的傾向，而且應該去引導時代思想的流向，去激發社會思想的興奮點，在變動不居的時代大背景內有堅定的文化立場、思想傾向並能迅速調整自己的社會媒體定位。孫伏園主編的《京報副刊》就是這樣的。

　　孫伏園剛剛接手《京報副刊》的一段時間內，是延續了他在《晨報副鐫》的編輯特色的，尤其是剛開始的一段時間內。不但在副刊的編排格式上依舊沿用了「思想——文藝——批評」的三段模式，而且在具體的稿件上也是把以前在《晨報副鐫》上沒有發完的一些長篇稿件帶到《京報副刊》上來發表，比如在《京報副刊》第一號上就登載有李小峰翻譯的《家畜中慢性之遺留》，開首就有記者附白：「《蠻性之遺留》是美國人摩爾（J.H.moore）做的一本小

冊，第一章已見於十月份的晨報副刊，本篇《家畜中蠻性的遺留》是它的第二章，以後擬按次登載，遇必要時再譯第一章《家畜之起原》。」孫伏園把稿件從晨報社帶到《京報副刊》來發表，道理也很簡單，因爲像李小峰這樣的朋友，與其說是投稿給《晨報副鐫》，不如說是投給孫伏園個人的，孫伏園手中掌握的副刊既然已經變換，當然，朋友的稿件是也要換個地方發表的了。

被迫離開晨報社的孫伏園當然不願意只是延續自己在《晨報副鐫》時期的做法，剛剛問世的《京報副刊》如何創出自己的文化品牌並確立讀者的閱讀認同，這確實是他面臨的一個很大的挑戰。作爲一個成熟的編輯，孫伏園當然有自己的文化堅守，同時，出於敏銳的編輯直覺和豐富的編輯經驗，他也深知讀者的閱讀心理並利用手中的《京報副刊》通過「找話題」的方式加以引導。

說到堅守的一面，那自然是對學術和文藝兩面而言，這是貫穿於孫伏園編輯生涯始終不變的方面，也不是沒有人對孫伏園的做法提出異議，林語堂在 1925 年 6 月 8 日第三十期《語絲》上發表了《話》一文，其中有對《京報副刊》和北京報刊雜誌界很形象的批評，他說：「每一篇三四千字的文章，裏頭有精彩的，堪傳誦的，一見不作嘔的只有一兩句話而已。亦有萬餘字的文章，裏頭沒有一句看見不作嘔者，此乃美國人所謂『熱空氣』（hot air）。……《京報副刊》第一版都是熱空氣，到第七八版才漸漸的涼快起來。但是前者絕無例外，後者卻常有例外。此先熱後涼的通例可普遍適用於一切近日的刊物，雖然近來《現代評論》的涼空氣漸漸移到中部來了。《莽原》的涼空氣卻無定例，忽焉在前，忽焉在後。」即使是林語堂認爲《京報副刊》第一版都是「熱空氣」，孫伏園也沒有打算更改，而第七八版則就是社會批評、文化批評等，由於在二十年代那個多事之秋，講究社會責任擔當的知識分子們自然是十分熱衷於批評欄目的。這是讀者對《京報副刊》的閱讀感受，而孫伏園則認爲在中國這樣要被擠出世界民族之林的國家，在民眾智力還很欠缺的前提下，學術和文藝都是必不可少的救治孱弱的國民性的良藥，綜合他在《晨報副鐫》和《京報副刊》時期對這兩方面的態度可見，他是想通過學術來在民眾中樹立常識，通過文藝來樹立民眾嶄新的趣味。我們從《京報副刊》思想、文藝欄中都可以很鮮明的看出這個特點。

作爲一個自稱有雜感嗜好的編輯，他自然是十分注重批評在《京報副刊》裏的作用。當然，我這裡所說的批評是廣義上的批評，如果用排除法來定義

它，就是除了學術和文藝以外的部分。這個部分是《京報副刊》得以區別於同期其他副刊日刊的真正所在。毫無疑問，它是積極進步的，而且它在文化性格、精神傾向的轉變方面也是極大的。正是在這個方面，我們可以看出《京報副刊》一個很鮮明的精神變遷的歷史軌迹，這個部分也是《京報副刊》在黑暗的社會政治局面下，緊密聯繫社會現實，勇於承擔公共媒體和知識分子作爲社會的良心的社會責任，它在這個過程中表現出了鮮明的戰鬥鋒芒和頑強而堅定的文化品質。如果我們要給這個精神成長的軌迹做一個總體的概括的話，那就是從文化公共空間到政治公共空間的轉變，這就是《京報副刊》在嚴峻的社會現實下所必然作出的精神轉向和社會自我認同。二十世紀二十年代，尤其是《京報副刊》在 1924 年 12 月至 1926 年 4 月短短的不到一年半的生存期內，北京的政治狀況和社會狀況是十分混亂的，在第二次直奉戰爭中由於馮玉祥的倒戈，賄選總統曹錕被趕下臺，段祺瑞重新執掌北京政權。五卅慘案、女師大事件、晨報社被燒事件以及後來的三一八慘案等的發生，迫使《京報副刊》由原來以思想文化建設爲中心的刊物逐漸的隨著政治事件的刺激而一步步加大了應激性文化反應，最終完成了向政治公共空間的轉變。它從一個自由主義者的講究平和穩重的文化刊物轉變爲以思想批評、政治批評、社會批評爲主的激進刊物。如果一定要給《京報副刊》在精神上分期的話，考慮到《京報副刊》作爲一個面向社會大衆的媒體資源的思想來源上的複雜性，我們大體上以 1925 年五卅運動爲分水嶺，來進行劃分。

《京報副刊》前期基本上還是沿用了《晨報副鐫》時期的思想、文化傾向，當然這個時期與《晨報副鐫》相比也是有所變化的，比如在「話題」的選擇以及在「回復話題」時所表現出的思想傾向上。如果我們考察那個階段的刊物，就會發現一個很有意思的現象，就是刊物在不同階段有不同階段的「話題」，有的是刊物自己「找出」的話題，有的是回應別人的話題，在這一來一去之間，就形成了關於「話題」的一個網絡，而這樣的一個網絡會對我們清楚的認識刊物的文化品格和思想傾向大有幫助。因此，需要圍繞著話題在不同刊物之間來進行對比，有時即可跳出單一副刊研究的狹小視角，更好的幫我們深入歷史文化語境去認識我們的研究對象。而這些在媒體內部以及在不同媒體之間的「話題網絡」的形成就構成了一個獨特的公共空間（Public Space），它與作爲一個非理想範型而存在的公共領域（Public Sphere）是有很大區別的。

　　「公共領域」是德國學者哈貝馬斯在總結了歐洲政治文化歷史之後提出的一個概念，從希臘奴隸時期的雅典廣場的自由人的政治言論、集會中，他發現了「公共領域」的雛形模式。他認為「『資產階級公共領域』是一個具有劃時代意義的範疇，不能把它和源自歐洲中世紀的『市民社會』的獨特發展歷史隔離開來，……因此，我們把『公共領域』當作一個歷史範疇加以探討。」〔註1〕同時，他又指出：「所謂『公共領域』，我們首先意指我們的社會生活的一個領域，在這個領域中，像公共意見這樣的事物能夠形成。公共領域原則上向所有公民開放。」〔註2〕泰勒也認為：「在公共領域中，整個社會透過公共媒體交換意見，從而對問題產生質疑或形成共識。」〔註3〕而一個成熟的公共領域由兩個最基本的部分構成：一是具有獨立批判思想的自由人；二是有可以自由發表言論的媒介載體，比如書籍、報紙刊物等。

　　如果我們將哈貝馬斯公共領域理論引入來研究副刊，無疑提供了新的理論視角，但在帶來深刻洞見的同時也產生了一些認識上的偏差，這就要求我們在運用理論的同時也要充分考慮到中國社會語境、歷史現場的特殊性。

第一節　《京報副刊》在媒介序列中的角色問題

　　《京報副刊》是一個市民社會的公共領域嗎？我認為不是的。在《京報副刊》上第一個引起了爭論的話題就是關於「北京市民是否有奴氣」的討論，引起這場討論的就是周作人。為了鼓勵剛剛開辦的《京報副刊》，周作人經常在稿件上予以支持，而孫伏園自然也是求之不得，來稿必登。在 1925 年 12 月 27 日的《京報副刊》上，周作人發表了《聽說商會要皇帝》一文，其中提到：「傳聞北京總商會呈請政府恢復清室優待條件，換一句話，就是北京的商人們還要請溥儀出來做『他們』的皇帝。讀者聽了不要詫異，在反對過電車，反對過歡迎孫中山的北京總商會，做這件事是萬分應當的，是在預料之中的。……北京市民是中國人中家奴氣最十足而人氣最少的東西，他們要是沒

〔註1〕　〔德〕哈貝馬斯：《公共領域的結構轉型》，曹衛東等譯，學林出版社 1999 年 1 月版，第 2 頁。

〔註2〕　參見〔德〕哈貝馬斯：《公共領域》，汪暉、陳燕谷主編：《文化與公共性》，北京三聯書店 1998 年版，第 125 頁。

〔註3〕　〔加〕泰勒：《公民與國家之間的距離》，汪暉、陳燕谷主編：《文化與公共性》，北京三聯書店 1998 年版，第 200 頁。

有『主子』在上頭，是天也不會亮的。」孫伏園顯然很贊同他原來老師的意見，特意用了二號的黑體字來做標題。這個時候的周作人對時事是很關注的，在 12 月 29 日又登出了他另外一篇時評《善後會議裏的遺老》，也是抨擊那些妄想復辟的遺老們的。而一天之後的 12 月 30 日，就有讀者班延兆來信指責周作人，「何以北京總商會呈請政府恢復清室優待條件，就是北京商人請溥儀出來做他們的皇帝呢？……假定說：北京總商會一定要溥儀出來作他們的皇帝，不願意享共和的幸福，平等，自由，那也就不過是他們有家奴氣罷了，與我們北京市民何干？」〔註4〕在 1925 年 1 月 4 日的《京報副刊》上登出了周作人的《答班延兆先生》，其中通過清室在民國的復辟等活動來說明清室是幽靈不死盤桓在民國之上的，而形式上的封建帝國被推翻之後，在人們思想中的奴性是一定要給予猛烈的攻擊的。並且他還提到了：「我同先生一樣『沒有研究過政治學』，不敢說什麼，但我知道《現代評論》一二期內有兩篇文章，是北大的政治學教授所作，討論取消優待的條件的問題的，先生不妨去拿來一看，便知商會的呈請於法理上有何根據。如先生沒有這種評論，我可以奉寄一份。」〔註5〕從這裏可以看出來，周作人剛開始的時候對《現代評論》是頗有好感的。當然，這裏是題外話了。在同一天還有一篇駁斥班延兆的文章，是讀者楊天木所作的《與班延兆君討論》。其中在最後說到：「我說我們的社會是很枯燥的，木偶的。知識階級領袖又與平民隔離太遠，評論時局，講講高深學理是他們的事業。有開明先生還常和老百姓攀談，雖語有激烈而出於熱心，是可原諒的。」〔註6〕周作人是想要跟普通民眾來「攀談」，事實上是想來對民眾「發言」的，對中國人靈魂中的奴性進行徹底的掃蕩才是他真正的意旨。而最終班延兆也來跟他「攀談」了，卻是反對周作人的言論。而且後來在很長的一個時期內，又有不少讀者參與進來討論，有的是贊成周作人的，有的是附和班延兆的，也有人是來當和事佬的。看起來似乎對雙方是公平的，比如有的讀者來信說《學者說話不會錯？》，有的讀者來信說《北京市民家奴氣確是十足》，而且這兩篇文章都放在同一天的《京報副刊》上發表，看起來《京報副刊》似乎是一個可以供人們自由言論的刊物。但是贊成周作

〔註 4〕 班延兆：《讀〈聽說商會要皇帝〉後》，《京報副刊》1924 年 12 月 30 日，第 8 版。
〔註 5〕 周作人：《答班延兆先生》，《京報副刊》1925 年 1 月 4 日，第 8 版。
〔註 6〕 楊木天：《與班延兆君討論》，《京報副刊》1925 年 1 月 4 日，第 8 版。

人的讀者來信佔了絕大多數，《京報副刊》傾向性非常明顯，以至於班延兆專門去找過孫伏園，質問他爲什麼只登周作人一方面的稿而不登他那一方面的稿。1925 年 1 月 17 日周作人在《京報副刊》上刊登了給孫伏園的一封信中提出要改名字了：「我現在又要改名了。據說這回奴氣的辯論，因爲我的名字的關係，致班先生被『倚眾欺』了，這眞是萬分抱歉的事。……然而我的名字總是不好再用了。所以此後在《京報副刊》上發表文字時當改用新的別名，臨時再行通知，並請嚴守秘密，千切千切。」〔註7〕顯然周作人是有幾分無奈的，這就是他跟民眾「攀談」的結果。北京市民有奴氣，顯然是毋庸置疑的，可是受過高等教育的青年們竟然也不願意別人指出自己頭上的蝨子來，跟民眾交流的周作人能不尷尬嗎？魯迅雖然沒有直接參與「奴性」問題的爭論，但是他在雙方論辯最激烈的時候，發表在 25 年 1 月 17 日《京報副刊》上的《忽然想到》一文的末尾處，也非常詼諧的指出了那些指責周作人的讀者們吹毛求疵般的無聊，他在文後的附記中說，「又爲避免糾紛起見，還得聲明一句，就是：我所指謫的中國古今人，乃是一部分，別有許多很好的古今人不在內！然而這麼一說，我的雜感眞成了最無聊的東西了，要面面顧到，是能夠這樣使自己變成無價值。」〔註8〕對那些「吹求」周作人所謂「文字的邏輯性欠缺」的讀者們，魯迅用自己的方式回擊了他們對周作人無聊責難。

對孫伏園來說，雙方的論爭在他眼裏是另外一種意味了。早在 1923 年 5 月他還主編《晨報副鐫》的時期，由於張競生的一篇文章，即《愛情的原則與陳淑君女士事的研究》，引發了關於「愛情原則的討論」。孫伏園在 1923 年 5 月 18 日的《晨報副鐫》上的《愛情原則的討論》中開首就提到了讀者來信討論的內容，「不過很使我們失望，裏面有大半是代表舊禮教說話，可見現在青年並不用功讀書。也不用心思想，所憑籍的只是從街頭巷尾聽來的一般人的傳統見解。」〔註9〕由於在《晨報副鐫》上發表了這樣的信件，不少讀者要求孫伏園不要再刊登類似表現中國人昏亂思想的信件了。可是，在 1923 年 6 月 16 日，魯迅給孫伏園寫的一封信發表在《晨報副鐫》上，其中說：「伏園兄：今天副刊上關於愛情定則的討論只有不相干的兩封信，莫非竟要依了鍾孟公先生的『忠告』，逐漸停止了麼？我以爲那封信雖然也不失爲言之成理的

〔註 7〕 周作人：《改名的通信》，《京報副刊》1925 年 1 月 17 日，第 8 版。
〔註 8〕 魯迅：《忽然想到》，《京報副刊》1925 年 1 月 17 日，第 8 版。
〔註 9〕 孫伏園：《愛情原則的討論》，《晨報副鐫》1923 年 5 月 18 日，第 3 版。

提議，但在變態的中國，很可以不依，可以變態的辦理的。先前登過二十來篇文章，誠然是古怪的居多，和愛情定則的討論無甚關係，但在別一方面，卻可作參考，也有意外的價值。這不但可以給改革家看看，略爲驚醒他們黃金色的好夢，而『足爲中國人沒有討論的資格的左證』，也就是這些文章的價值之所在了。我交際太少，能夠使我和社會相通的，多靠著這類白紙上的黑字，所以於我實在是不爲無益的東西。……倘無報章討論，是一時不容易聽到，不容易想到的。如果『至期截止』，堵塞了這些名言的發展地，豈不可惜？鍾先生也還是脫不了舊思想，他以爲醜，他就想遮蓋住，殊不知外面遮上了，裏面依然還是腐爛，倒不如不論好歹，一起揭開來，大家看看好。……至於信中所謂揭出怪論來便使『青年出醜』，也不過是多慮，照目下的情形看，甲們以爲可醜者，在乙們也許以爲可寶，全部一定，正無須乎替別人如此操心，……以上是我的意見：就是希望不截止。若夫究竟如何，那自然是由你自定，我這些話，單是願意作爲一點參考罷了。」〔註 10〕魯迅顯然是希望能夠通過副刊的群衆來信來讓那些改革家們看看民衆思想的現狀，讓他們切不可過於樂觀了，而且他把這些信件作爲研究中國人病態心理並以之爲審美材料的對象了。所以在信後孫伏園用記者的名義發表了一段感想：「我們千萬不要忘記：魯先生是《狂人日記》的著者，《阿Q正傳》的著者。他的作品所以能夠百讀不厭，所以能夠令人感得一種極親切的苦痛中的快樂的趣味，全在他的材料都是這樣零零碎碎的從日常生活中搜集得來。……他（魯迅）動物學家對於毒蛇，心理學家對於瘋子，醫學家對於傳染病菌，別人都嚇得掩耳卻走，他只絲毫不動聲色的取著一種研究的態度。……原來照心理測驗的規例，我們決不能以『我們搜集這些是爲做研究的材料用的』這句話向被測驗者說破的。」〔註 11〕顯然，那些昏亂的思想在同人刊物，比如《語絲》之中顯然是看不到的，而《晨報副鐫》和《京報副刊》作爲接受社會投稿的媒體資源，顯然是有著不可替代的作用。

在 1925 年 1 月 31 日的《京報副刊》第八版上有孫伏園在《希望於今後之京副》之後的編者按，其中說到：「關於副刊編輯上，我仍希望大多數人給我指教。現在無論是責備我的，無論是恭維我的，這些人都只是讀者中對於本刊最熱心的少數人。還有那不開口的大多數的意見，我們還沒有知道哩。

〔註10〕　魯迅：《魯迅致孫伏園的信》，《晨報副鐫》1923 年 6 月 16 日，第 4 版。
〔註11〕　孫伏園：《記者按》，《晨報副鐫》1923 年 6 月 16 日，第 4 版。

共和國體的真正基礎，就在大多數人都能說話發表意見這一點上。雖然不能希望全體如此，但數目越多便越近於真。有人勸我宣佈停止討論小問題，另提出善後會議和國民會議這些大問題來討論。這話未始不是。但第一，討論的問題無論大小，其為可以練習討論者的態度是一樣的；第二，再進一層，思想界的問題，其實是實際社會政治諸大問題的根基，思想方面沒有弄明白，對於大問題是不會有滿意的解決方法的。第三，實際的政治問題，本刊並非絕對的不談，但有大張上天天在那裡大談特談，所以本刊上從而省出地位來登載思想學術文學美術等等作品了。」〔註12〕孫伏園是想讓那些「不開口的大多數」都能開口發表意見的，通過大家的「開口」來「練習了討論者的態度」從而在思想層面來為實際社會政治諸多大問題打好根基。但在《京報副刊》所提供的媒體空間內發言者的位置是不同的，孫伏園和語絲同人是位於中央而有指導和監督別人言論的責任的。

由此可見，《京報副刊》雖然形式上是似乎是一個各種讀者都可以自由發表思想觀點的地方，其實，孫伏園作為思想准入「合格證」的發放者，發什麼文章與不發什麼文章都是深有用意的。只是因為他覺得班延兆的言論在當時已經是一個有意義的、可供研究的類型了，孫伏園才在《京報副刊》上刊登了他的來信，與周作人、魯迅等人一直主張的「思想革命」相一致的孫伏園，怎麼可能讓他主持的刊物，變成一個眾聲喧嘩的「公共領域」呢？所以可以在某種程度上說，他是佔領著一個公共的媒介，卻是發出「私人性」或是「同人性」的聲音。

所以我們在這裡不用「公共領域」這個概念，因為參與討論並否定「奴性」的人卻恰恰是有昏亂的思想的，而《京報副刊》也絕對不是一個信息自由傳達的媒介。我們改用了「公共空間」這個包涵性更加寬泛的概念，它是指在社會媒介資源上實現人們相互交流和文化互動的文化空間。如果用這個概念來考察《京報副刊》的精神流變和傾向轉變的話，無疑是可行的。這樣的話，在「大學體制與精神——同人社團與刊物——報紙副刊日刊」的媒體序列和文化場域模型中，相應的就變成了「北大學術精神——語絲社同人思想——作為公共空間的《京報副刊》」。事實上，我們只要對比一下周作人、孫伏園和魯迅在《語絲》和《京報副刊》上發表的文章的性質就不難知道在這個媒體序列中，《京報副刊》作為公共空間扮演著怎麼樣的角色。

〔註12〕 孫伏園：《記者附言》，《京報副刊》1925 年 1 月 31 日，第 8 版。

周作人於 1924 年 12 月，1925 年 1、2 月在《京報副刊》上發表的文章有：

1924 年 12 月 5 日，《什麼字？》；

12 月 9 日，《外國人與民心》；

12 月 16 日，《無謂之感慨》；

12 月 27 日，《聽說商會要皇帝》；

12 月 29 日，《善後會議裏的遺老》；

1925 年 1 月 4 日，《答班延兆先生》；

1 月 6 日，《介紹日本人的怪論》；

1 月 13 日，『『日本人的怪論』書後》《「奴性」與「人格」》（班延兆與周作人通訊）；

1 月 17 日，《改名的通信》；

1 月 19 日，《嚼字》；

1 月 29 日，《桃太郎的辯護》；

2 月 8 日，《桃太郎之神話》；

2 月 13 日，《我愛咬嚼》；

2 月 14 日，周作人先生選《青年必讀書》。

而 1924 年 11 月和 12 月以及 1925 年 1、2 月周作人在《語絲》上發表的文章則是：

1924 年 11 月 17 日，《生活之藝術》《清朝的玉璽》；

11 月 24 日，《希臘諷刺小詩》；

12 月 1 日，《狗抓地毯》、《林琴南與羅振玉》；

12 月 8 日，《致溥儀君書》、《三博士之老實》、《李佳白之不解》；

12 月 15 日，《笠翁與兼好法師》、《田園詩》（譯）、《通信一》；

12 月 22 日，《死之默想》、《我們的敵人》；

12 月 29 日，《喝茶》；

1925 年 1 月 5 日，《滑稽似不多》；

1 月 12 日，《〈古事記〉中的戀愛故事》（譯）、《元旦試筆》；

1 月 19 日，《鬼的叫賣》、《希臘的陶器畫（附說明）》、《〈婢僕須知〉抄》（譯）；

1 月 26 日，《密談》（譯）、《日本的人情美》、《永樂的聖旨》；

2 月 2 日，《立春》（譯）、《上下身》；

2月9日，《靄理斯感想錄抄》（譯）、《鬼的貨色》；

2月16日，《托爾斯泰的事情》；

2月23日，《談「目連戲」》、《十字街頭的塔》。

從這兩個名單裏已經可以很看出了些問題，由於面對的讀者群不同，所以作家在「發言」時的自我角色認同也相應的有了變化，《語絲》在早期是一個思想文化評論性的刊物，是同人內部「自我的園地」，大家的思想傾向和藝術趣味的趨同是他們走到一起來的重要原因。而剛誕生的《京報副刊》則是頗有些思想批評、泛政治批評和社會批評相結合的刊物，對語絲同人說來是他們對外界發出啓蒙聲音的渠道。所以周作人給《京報副刊》的稿件的性質與給《語絲》的截然不同。1925年2月8日，在文章《「懷疑」的討論》之後的附注中，孫伏園又發表關於「學者可否參與政治」的意見，他說：「對於胡先生個人，記者二年前也曾進過忠告，以爲不但不必去干政治，連談政治都可以不必。不過近來的意見也略略改變了，以爲中國民眾對於政治太無興味，爲民眾領袖的學者們，不妨相對的犧牲一點他研究學問的寶貴時間，引導民眾改變從前的舊見解，增加對於政治的新注意。」〔註13〕這句話顯然不僅僅是對胡適參加1925年2月1日開幕的善後會議而發的，也可以說是在那個知識分子政治熱情高漲的年代孫伏園自身的想法，他當然也會把這個觀念帶進日常的《京報副刊》編輯工作中去。我們不妨看看孫伏園在這個階段在《語絲》和《京報副刊》上發表的文章就很可以說明問題了。

作爲《語絲》的創始人，在對《語絲》的稿件支持方面，孫伏園無疑是做的不夠的，從《語絲》第一期到第八十期（而這八十期《語絲》的時間跨度囊括了《京報副刊》生存的時間跨度），孫伏園總共在《語絲》上發表了兩篇文章：

1924年11月17日，第一期第二版的《記顧仲雍》；

1925年2月2日，第十二期第八版《親送〈語絲〉記》。

而在1924年12月孫伏園在《京報副刊》上發表的文章如下：

12月5日，《理想中的日報附張》；

12月5日，《〈京副〉的式樣》；

12月10日，《公府裏面只有一個曹錕的嗎？》；

12月10日，《介紹另一個〈孤軍〉》；

〔註13〕孫伏園：《伏園附注》，《京報副刊》1925年2月8日，第8版。

12月13日,《「和平門」怎麼了?》;

12月17日,《〈世界語〉周刊》;

12月18日,《中流社會那裡去了?》;

12月19日,《李彥青槍斃了!》;

12月20日,《樹介》。

這些還沒有算孫伏園經常在別人的稿件後面所加的「編者附注」之類的小文章。對時事政治、社會現狀的關心是他這個時期思想的一個鮮明的特徵。看起來似乎孫伏園並不擅長於在《語絲》那樣的文化刊物上與周作人一起談希臘諷刺小詩或是生活之藝術之類話題,做了多年副刊編輯的他,最適合的還是在副刊編輯的職位上發揮自己的職業特長。即便被稱為是《語絲》的創始人和《京報副刊》的編輯,但他毫無疑問是把絕大部分精力都用在了《京報副刊》方面。在1925年1月30日《京報副刊》上,在金滿城所作的《抄襲的笑話——並告晨報副刊記者——》之後添上了一段「伏園敬注」,其中說到了:「報館通例,辦公時間是在下午七八時以後,晨報副刊的編輯時間從前我定的是上午九時至下午二時以前,晚上七時至九時再看末次校樣,——我到京報社以後,定京報副刊的辦公時間也還是如此。」〔註14〕可見孫伏園一天至少有七個小時是在京報社裏面,還不算他平時為了編輯工作而發生的日常往來和人事交際。

而要全面的瞭解《京報副刊》作為公共空間的角色定位以及另外一面的文化色彩,就不能不考察下魯迅在《語絲》和《京報副刊》上的文化表現了,這裡先把他在1924年12月,25年1、2月兩份刊物上的作品開布如下:

在《京報副刊》上:

1924年12月7日,《高尚生活》(譯);

12月9、10、11、12、13日,《觀照享樂的生活》(譯);

12月16日,《無禮與非禮》(譯);

12月27日,《未有天才之前》(演講稿)、《通訊》;

1925年1月9、10、12、13、14日,《從靈向肉和從肉向靈》(譯);

1月11日,《咬文嚼字》(周作人在同月1、19日發表《嚼字》);

1月13日,《關於〈苦悶的象徵〉》(王鑄與魯迅的通信)(同日周作人正在與班延兆就奴性辯論);

〔註14〕孫伏園:《伏園敬注》,《京報副刊》1925年1月30日,第8版。

1 月 17、20 日,《忽然想到》;

1 月 29 日,《咬嚼之餘》;

2 月 10 日,《咬嚼未始「乏味」》;

2 月 13 日,《咬文嚼字(二)》(同日有周作人的《我愛咬嚼》);

2 月 14、15、16、17、18、21、23、25、28 日,《出了象牙之塔》(譯);

2 月 14 日,《忽然想到(三)》;

2 月 20 日,《忽然想到(四)》;

2 月 21 日,魯迅先生選《青年必讀書》。

同期,他在《語絲》上發表的文章是:

1924 年 12 月 1、8、29 日,25 年 1 月 19、26 日,2 月 9 日,《野草》1～10;

1924 年 12 月 1 日,《關於楊君襲來事件的辯正(兩篇)》(魯迅與李遇安通訊);

12 月 15 日,《說鬍鬚》、《「音樂」?》、《我來說「持中」的眞相》;

1925 年 1 月 12 日,《論照相之類》;

1 月 26 日,《A.Petofi 的詩》;

2 月 23 日,《再論雷峰塔的倒掉》。〔註 15〕

　　從兩份稿件的內容上我們可以發現,魯迅把自己的譯稿基本上都給了《京報副刊》發表,在他的心目中,《京報副刊》是一個思想、文藝和批評的文化空間,而這也是《京報副刊》在廣告中所一再宣稱的。魯迅顯然也知道《京報副刊》作爲社會公共媒體資源的性質,他針對不同的閱讀受眾的特徵,尤其《京報副刊》的閱讀者大多是新興的市民階層、知識分子以及青年學生等,他想繼續來開展「改造國民性」的思想革命宣傳工作。比如他在 1924 年 12 月 27 日發表在《京報副刊》上的《未有天才之前》(演講稿)之前有給孫伏園的一封短信,孫伏園特意把這封信也刊出來,「伏園兄:今天看看正月間在師大附中的講演,其生命似乎確乎尚在,所以校正寄奉,以備轉載。」這封信中的內容是魯迅在 1924 年 1 月 17 日在北京師大附中校友會上的講演稿,魯迅把它從校友會刊第一期轉錄下來寄給了孫伏園,正是因爲魯迅考慮到「其生命似乎確乎尚在」,所以魯迅希望有更多的人通過《京報副刊》這個影響巨

〔註 15〕《語絲》合訂本第一冊目錄中魯迅《論雷峰塔的倒掉》並不在第七期第三版
　　　　內。

大的社會公共媒體來關注自己所提出來的問題。尤其是在 1925 年 1 月 9 日出版的《京報副刊》上刊登了他翻譯廚川白村的作品《出了象牙之塔》中的一篇，即《從靈向肉和從肉向靈》，在開首有譯者的話，「這也是《出了象牙之塔》裏的一篇，主旨是專在指謫他最愛的母國——日本——的缺陷的。但我看除了開首這一節攻擊旅館制度和第三節攻擊餽送儀節的和中國不甚相干外，其他卻多半切中我們現在大家隱蔽的痼疾，尤其是很自負的所謂精神文明。現在我就再來輸入，作爲從國外藥房販來的一貼瀉藥罷。」〔註 16〕正是因爲這樣的文章對於當時的社會民眾昏亂的思想和文化界流行的保守主義思潮有充當「瀉藥」的功能，所以魯迅才把這些譯作登載在《京報副刊》上。同時非常有趣的是，周氏兄弟在《京報副刊》亮相的時候，都是受到了讀者對其思想的質疑的，周作人是受到了班延兆等人對他說北京市民有奴氣的否定，而魯迅則是在翻譯方面受到了部分讀者的質疑，這也就是魯迅後來編《華蓋集》時在序中所說的：「我今年開首作雜感時，就碰了兩個大釘子：一是爲了《咬文嚼字》，一是爲了《青年必讀書》。署名和匿名的豪傑之士的罵信，收了一大捆，至今還塞在書架下。」〔註 17〕事情起源於魯迅發表在 1925 年 1 月 11 日的一篇文章《咬文嚼字》，在其中，魯迅質疑了傳統封建思想對翻譯的負面影響，他說：「以擺脫傳統思想的束縛而來主張男女平等的男人，卻偏喜歡用輕靚豔麗的字樣來譯外國女人的姓氏，加些草頭，女旁，絲旁。……以擺脫傳統思想的束縛而來介紹世界文學的文人，卻偏喜歡使外國人姓中國姓。Gogol 姓郭，Wilde 姓王，……我萬料不到一部《百家姓》，到現在還有這般偉力。」〔註 18〕到了 1925 年 1 月 15 日，就有讀者仲潛以《無聊的通信》爲標題寄給了孫伏園，其中說到：「……還有前天的副刊上載有魯迅先生的《咬文嚼字》一文，亦是最無聊的一種，亦無登載的必要！京報副刊的篇幅是有限的，請先生寶貴它吧，多登些有價值的文字吧！」〔註 19〕作爲一個社會媒體的《京報副刊》的編輯的孫伏園，把這封信刊出來，顯然是上文所說的「絲毫不動聲色的取著研究的態度」，在這封信之後長長的一篇「伏園敬覆」的文章要比仲潛的來信長三、四倍，其中孫伏園尤其是提出：「至於魯迅先生的《咬

〔註 16〕 魯迅：《出了象牙之塔》前言，《京報副刊》1925 年 1 月 9 日，第 1 版。
〔註 17〕 魯迅：《華蓋集·題記》，《魯迅全集》第三卷，人民文學出版社 1981 年版，第 12 頁。
〔註 18〕 魯迅：《咬文嚼字》，《京報副刊》1925 年 1 月 11 日，第 8 版。
〔註 19〕 仲潛：《無聊的通信》，《京報副刊》1925 年 1 月 15 日，第 8 版。

文嚼字》，在記者個人的意見，是認爲極重要極有意義的文字的，所以特用了二號字的標題，四號字的署名，希望讀者特別注意。因爲魯迅先生所攻擊的兩點，在記者也以爲是晚近翻譯界墮落的徵兆，不可不力求改革的。……他以中國『周家的小姐不另姓綢』去映襯有許多人用『瑪麗亞』，『婀娜』，『娜拉』這些美麗字眼譯外國女人名字之不當，以『吾家 rky』一語去譏諷有許多人將無論哪一國的人名硬用『百家姓』中的字作爲第一音之可笑，只這兩句話給我們的趣味已經夠深長夠濃厚了，而廖先生話要說它是『最無聊』的文字嗎？」孫伏園對魯迅有重要思想革命意味的文章竟然被認爲是無聊的也感到很無奈，他不得不親自上場來爲自己的老師提出的重要思想命題吶喊助威了。從後來的廖仲潛寫給孫伏園的信中可以看出，這封信原來是一封私人性質的讀者來信，他自己認爲「應無發表的必要」，可是孫伏園卻把他當作一個靶子一樣發表了，廖仲潛在 1 月 18 日，再次在《京報副刊》上發表《關於〈咬文嚼字〉》，繼續堅持自己的看法。就在魯迅與廖仲潛風波剛起的時候，已經在《京報副刊》上跟別人已經論爭了幾個回合「北京市民是否有奴氣」的周作人，也在 1925 年 1 月 19 日裏發表自己對《咬文嚼字》的意見，他並沒有直接站在哪一方那邊，而是感歎翻譯之難。在 1 月 20 日，又有讀者潛源來信支持仲潛，聲稱「《咬文嚼字》是濫調」，孫伏園在潛源文章後面的「附注」裏提到了這兩位「潛」字輩的先生對魯迅的歪曲是不公正的，並且感歎到：「魯迅先生那兩項主張，在簇新頭腦的青年界中尚且如此通不過去，名爲濫調，是冤枉了，名爲最無聊，那更冤枉了。」對於連青年界中都有如此多的頭腦混亂的思想，孫伏園也是很無奈，魯迅卻在 1 月 28 日發表了《咬嚼之餘》再次來清除這些早已潛入人們無意識層面的封建思想。後來又有魏建功、又新、江震亞等人參加到討論中來，從總體上看來，讀者大多是支持魯迅的。連周作人也在 1925 年 2 月 14 日發表《我愛咬嚼》一文，來支持魯迅，這可能是他們兄弟在《京報副刊》這樣的社會媒體資源上不多的幾次「會面」吧。雖然孫伏園想讓《京報副刊》作爲社會公共媒體資源的色彩更濃烈一些，雙方的文章都要照顧到，可是，孫伏園通過稿件的編排和自己作爲幕後人員的「言語衝動」，已經清楚的表明了《京報副刊》的思想傾向和文化品格，對魯迅、周作人等是給予輿論支持和言論配合的。這有些像魯迅在「愛情定則討論」後寫給孫伏園的信中所說的那樣「這不但可以給改革家看看，略爲驚醒他們黃金色的好夢，而『足爲中國人沒有討論的資格的左證』，也就是這些文章的

價值之所在了。」也就是這樣的文化場域和生存語境讓魯迅陷入了不斷的思考，他後來作的《忽然想到（三）》中就這樣說過，「我覺得很多烈士的血都被人們踏滅了，然而又不是故意的。……我覺得什麼都要從新做過。退一萬步說罷，我希望有人好好的作一部民國的建國史給少年看，因爲我覺得民國的來源，實在已經失傳了，雖然還只有十四年！」〔註20〕魯迅是深刻的，他銳利的目光掃過那些迂腐的青年的頭腦，那種「故鬼重來」的感覺，那種「彷彿時間的流駛，獨與我們中國無關」的感慨，還有那種「難道所謂國民性者，眞是這樣地難於改變的麼？」的發問，都是響徹在《京報副刊》上的思想強音。

　　反觀魯迅在《語絲》上面發表的文章，更像是自己和語絲同人相互交流的「私人」空間，用輕鬆平和且詼諧幽默的口吻談詩歌、談歷史、談社會，《語絲》對他說來更像是一塊「自我的園地」。對語絲同人刊物性質的維護在魯迅看來是極其重要的，1924 年 12 月 1 日，徐志摩在《語絲》第三期上發表了翻譯波特萊爾的詩歌《死屍》，在翻譯之前有他自己做的一篇序言，其篇幅超過了詩歌部分兩倍以上，其中說到：「……我不僅會聽有音的樂，我也會聽無音的樂（其實也有音就是你聽不見）。我直認我是一個甘脆的 Mystic。爲什麼不？你深信宇宙的底質，人生的底質，一切有形的事物與無形的思想的底質 —— 只是音樂、絕妙的音樂。……你聽不著你就該怨自己耳輪太笨，或是皮粗，別怨我。」這篇文章是徐志摩在 1924 年 11 月 13 日做成的。當時《語絲》尚未問世。1924 年 12 月 15 日魯迅就創作了《「音樂」？》一文，其中對徐志摩那種詩人的浪漫情調和虛浮的文筆諷刺入微，最後他不無感慨的說：「只要一叫而人們大抵震悚的怪鴟的眞的惡聲在那裡？！」後來魯迅談到了他當時寫這篇文章的目的，「我更不喜歡徐志摩那樣的詩，而他偏愛到處投稿，《語絲》一出版，他也就來了，有人贊成他，登了出來，我就做了一篇雜感，和他開一通玩笑，使他不能來，他也果然不來了。這使我和後來的『新月派』結仇的第一步；語絲社同人中有幾位也因此很不高興我。」〔註21〕不光是魯迅這一篇文章，周作人把前幾期《語絲》寄給了遠在法國的劉半農，劉半農在 1925 年 3 月 2 日的第 16 期《語絲》上發表了《徐志摩先生的耳朵》一文，這是他

〔註20〕魯迅：《忽然想到（三）》，《京報副刊》1925 年 2 月 14 日，第 8 版。
〔註21〕魯迅：《集外集·序言》，《魯迅全集》第七卷，人民文學出版社 1981 年版，第 371 頁。

在 1925 年 1 月 23 日在法國巴黎創作的，在文章中劉半農極盡挖苦之能事，諷刺和嘲笑充斥全篇。而且在 1925 年 2 月 26 日的《京報副刊》上有署名爲小郎的一篇文章，《徐志摩先生的耳朵及其他》，也是用很嘲弄且頗有些無聊的口吻又談到了徐志摩的這篇文章。總之，在此之後徐志摩在《語絲》上只發表過一篇文章，就是在《語絲》第 17 期上發表的翻譯 Thomas Hardy 的《在一家飯店裏》，一篇短短的豆腐塊大小的文章。從這裡我們也多少可以看出一點《京報副刊》也是在幫助魯迅維持《語絲》同人雜誌的同一性，雖然從文字看起來頗有些無聊且充滿了個人意氣的味道。當時正在西湖與陳學昭一起旅遊的孫福熙後來也知道了語絲同人對徐志摩攻擊的事情，但是同樣具有藝術家氣質和品性的他卻顯然對徐志摩有些同情的，他寫了一篇《我的耳朵》來爲徐志摩鳴不平，但是在他的文章後面又說：「語絲和京報副刊都沒有在手頭，恐難免有錯誤之處。」〔註22〕看來他是不知道魯迅批評徐志摩的根本原因，因而才會有維護徐志摩的聲音出現了。雖然徐志摩那篇文章也並不值得這樣多的人來攻擊，而且這種攻擊後來慢慢趣味也越來越低級，裏面摻和了不少私人意氣，可是通過周氏兄弟的言行不難看出他們維護《語絲》純潔性的意願十分明顯。

周氏兄弟在《京報副刊》上所受到的質疑和反對的聲音，在《語絲》上是根本聽不到的。從作家自我身份認同的角度來說，面對《語絲》（前期）的時候，他們是平和的藝術家，是趣味相近的文化工作者和某種程度上的社會批評家；而在面對《京報副刊》的時候，他們是掃蕩那些社會混亂思想的戰士，是播種新文藝思想的農夫，是以社會批評爲己任的現代自由主義知識分子。而從他們在公共空間中所佔據的位置來看，在《語絲》中是對話性的關係，大家地位是平等的；而在《京報副刊》中，他們是據於中心位置的，信息是單向流動的，他們是具有作爲教導者和引導者的啓蒙強勢話語權的。

第二節　「青年必讀書目」研究

孫伏園在 1924 年 12 月 5 日主編《京報副刊》之後，眞正打響的「第一炮」就是「青年必讀書十部」與「青年愛讀書十部」的徵求。

在 1925 年 1 月 4 日的《京報副刊》上，也就是 25 年第一期的《京報副

〔註22〕孫福熙：《我的耳朵》，《京報副刊》1925 年 3 月 27 日，第 8 版。

刊》上，孫伏園刊登了後來引起巨大社會反響的一則啓事，即「一九二五新年本刊之二大徵求」，就是大規模的向讀者徵求「青年愛讀書十部」和「青年必讀書十部」的文化活動。啓事附有詳細的說明：「（一）青年愛讀書十部——是希望全國青年各將平時最愛讀的書，無論是哪一種性質或是哪一個方面只要是書便得，寫出十部來填入本報第七版所附券內，剪寄北京琉璃廠小沙土園京報社副刊部收。如果舉不到十部，則十部以下亦可。但是不要在十部以外。一月二十五日截止，二月一日起在本刊上宣佈徵求結果。（二）青年必讀書十部——是由本刊備券投寄海內外名流學者，詢問他們究竟今日的青年有哪十部書是非讀不可的。本刊記者耳目容有未周，熱心學術諸君如有熱心開列書單賜下者更所歡迎。二月五日截止，二月十日起逐日在本刊上宣佈徵求結果。」這則啓事後來在 25 年 1 月 7 日《京報副刊》第一版和第八版之間的中縫又繼續做廣告宣傳，這條廣告在《京報副刊》上一登就是將近一個月，直到 1 月 29 日結束了。

徵求的消息刊出後，從 25 年 1 月 6 日起就不斷有讀者來信提出種種問題，在 1 月 6 日汪震的讀者來信後，孫伏園初步談了他最初的設想的投票對象：「我的本意，『青年愛讀書』是希望全國的中學生大學生和與大學生年齡相近的人投票，『青年必讀書』是希望熱心教育的學問家著述家和全國的中學教員大學教員投票的。」對於汪震提出來的青年到底怎麼界定這個問題，孫伏園說：「……我的青年定義非常簡單，就是中學第一年和大學末年級的年齡以內或相近的人。但是年近六十的老青年的投票也並不拒絕，好在票上有年歲一項，計算時也可以特別提開的。」關於書目徵求的目的，孫伏園提到了兩條：「『青年必讀書』，這個觀念在無論那一個教員的腦筋裏大概都有罷，而且或者已經時時對他們的學生說過罷，現在我就想把它們各家的意見彙集起求，使全國的青年學子知道。『必讀書』與『愛讀書』在從前舊教育制度之下，一定是衝突的。現在不知怎樣。我所以同時徵求，希望將來求得的結果，能給全國的教育家和青年們做一個參考。」〔註23〕孫伏園從投票的對象設定、論題年齡設定以及投票主旨設定三個方面來談了這個問題。

從 1 月 4 日刊出告示到這個月底，讀者的來信應該是很多的，有贊成徵求活動的，也有質疑徵求活動價值的，還有頭腦封建的讀者李君度來信詢問「標題中之『青年』二字，是否連婦女亦包括在內？」這樣的問題。孫伏園

<hr />

〔註23〕孫伏園：《伏園敬覆》，《京報副刊》1925 年 1 月 6 日，第 8 版。

是這樣回答的，他說：「標題中之『青年』二字，是否連男子也包括在內？……如果李先生以爲這話無答覆之必要，那麼，李先生的第一問，我也無答覆之必要了。」〔註24〕深懂得社會徵求對群眾心理影響的孫伏園25年1月9日登載了汪震寄來的書目後，表示在截止日期到來以前不再刊登讀者寄來的徵求稿件，以免給投票人以心理暗示。

在1月29日的《京報副刊》第8版上有孫伏園的一則啓事：「『青年愛讀書』投票已於一月二十五日截止，外埠因受戰事影響，寄遞遲緩者，在二月十日以前仍一律收受，發表期改在二月十日以後。又，『青年必讀書』僅收到胡適之梁任公周作人諸先生等數票，全國熱心教育諸公，無論收到本刊的公啓與否，務望從速選塡賜下，不勝盼禱。伏園敬啓。」這又是一封提醒讀者儘快參與的廣告函，也是在短時間內多次刊出來增加社會影響力並以此來推動《京報副刊》徵求書目活動的順利開展。不過從這則廣告也可以看出來，「青年必讀書」的徵求並不是很順利，因爲要給青年人開「必讀」的書目，實在也是一件考驗開書目的人學識和勇氣的事情。

在《京報副刊》還沒有開列學者們的書目以前，這件事已經在讀者中沸沸揚揚的展開討論。在1925年2月11日到27日，孫伏園按照預先的計劃開始在《京報副刊》上以收到先後爲序發表青年必讀書目，按照次序在《京報副刊》上用三分之一的版面每天推出一個人的書目，而爲了節省篇幅，孫伏園聽從讀者的意見在25年2月28日一天之內刊發了從十六號到四十號選票。從三月份開始，又利用版面的三分之一的篇幅每天刊發一個人的書目。從1925年2月11日開始刊登第1號胡適的書目清單開始，一直到4月9日第78號書目爲止，總共有78位學者開列了「青年必讀書十部」的書目清單。按照他們出場的順序排列依此是：胡適，梁啓超，周作人，李小峰，徐志摩，潘家洵，馬裕藻，江紹原，朱我農，魯迅，譚熙鴻，林玉堂，沈兼士，易培基，張競生，李仲廣，曾慶鑄，李慈良，黎錦暉，吳少華，任昶，謝行暉，章錫琛，張煦，劉子雲，蘇天行，汪震，韓介生，徐之予，謝羨安，王文彬，莊更生，趙哲存，王頡剛，鄭介石，鄧皋生，念珮，劉作人，袁憲範，俞平伯，顧頡剛，邵元沖，徐炳昶，周建人，張東蓀，馬敘倫，羅庸，汪兆銘，楊廉，許壽裳，吳鏡江，常維鈞，常燕生，羅德輝，秦蛻人，秦黃胤，劉奇，董魯安，周傑人，劉書韻，周長憲，黎性波，黃積之，周志偉，太虛和尙，

〔註24〕 孫伏園：《編者敬答》，《京報副刊》1925年1月10日，第8版。

安世徽，廖迪謙，丁夢賢，李幼蒼，孫竹生，趙雪陽，梁問天，李宜春，劉夢葦，許昂若，蕭蓬如，唐雍獻，王良才。

　　1925 年 3 月底孫伏園把所有讀者寄來的「青年愛讀書書目」全部集中起來發行了三號「京報副刊青年愛讀書特刊」。在第一號特刊前面還有孫伏園的一段引言，其中孫伏園表示了對青年沒有踴躍參加「愛讀書十部」徵求活動的失望之情，因為選票登在報上有一個月之久，選票發行量總共有二十多萬張，但是收到的選票卻總共只有區區的 306 張！所以孫伏園決定「不妨全數發表出來」。「蘿蔔青菜，各有所愛」──「青年愛讀書十部」並沒有在讀者間引起多少轟動，真正掀起軒然大波的是學者們開列的「青年必讀書十部」的書目。

一、胡適與梁啓超的書目論爭史

　　1925 年 2 月 11 日發表的是胡適之先生所選的書目：老子（王弼注），墨子（孫詒讓墨子閒詁），論語，王充的論衡，崔述的崔東壁遺書，Plato：Apology, Phaedo, Crito, The New Testament, John Stuart Mill: On Liberty, John Morley: On Compromise, John Dewey: How we think。

　　在 2 月 12 日，也就是一天之後就推出了梁啓超所選的書目名單：孟子，荀子，左傳，漢書，後漢書，資治通鑒（或通鑒紀事本末），通志二十略，王陽明傳習錄，唐宋詩醇，詞綜。並且在左邊的附注欄內還有他選擇書目的三項標準：一，修養資助；二，歷史及掌故常識；三，文學興味。近人著作外國著作不在此數。

　　之所以把這兩個人放在一起考慮，是因為他們之間從 1923 年開始就國學入門書目問題在媒體上產生過公開的分歧。作為兩位中國現代文化史上赫赫有名的人物，胡適和梁啓超都開過書目。而最先開書目的是胡適，早在 1920年的時候，胡適就為中學生閱讀便利起見，開列了一個《中學國故叢書》目錄，其中列舉了古籍 31 種，胡適在「青年必讀書」中除了「崔述的崔東壁遺書」外，中文的書籍都在這個給中學生開的書單之內了。

　　「一個最低限度的國學書目」是 1923 年春他應即將前往國外留學的清華學校的胡敦元等四個學生之邀而開列的，這四個學生在出國之前很想在短時期中的得到國故學的常識，胡適說：「所以我擬這個書目的時候並不為國學有根底的人設想。這是我要聲明的第一點。這雖然是一個書目，卻也是一個法

門。這個法門可以叫做『歷史的國學研究法』。這四五年來，我不知收到多少青年朋友詢問『治國學有何門徑』的信。我起初也學著老前輩的派頭，勸人從『小學』入手，勸人先通音韻訓詁。我近來懺悔了——那種話是爲專家說的，不是爲初學人說的；是學者裝門面的話，不是教育家引人入勝的法子。音韻訓詁之學自身還不曾整理出個頭緒系統來，如何可作初學人的入手功夫？十幾年的經驗使我不能不承認音韻訓詁之學只可以作『學者』的工具，而不是初學的門徑。老實說來，國學在今日還沒有門徑可說；……在這個沒有門徑的時候，我會想出一個下手方法來：就是用歷史的線索做我們的天然系統，用這個天然繼續嚴謹的順序作我們治國學的歷程，這個書目便是依著這個觀念做的。這個書目的順序便是下手的法門。這是我要聲明的第二點。這個書目不但是爲私人用的，還可以供一切中小學圖書館及地方公共圖書館之用。」〔註25〕

胡適在「一個最低限度的國學書目」一文中具體將書目分成三類：一，工具之部，共 14 種。二，思想史之部，共 93 種。三，文學史之部，共 78 種。在《京報副刊》上開出的五部中文書，都在 1923 年胡適開的這個書單之中。在 1923 年胡適開列的書單中，當代學者只列了兩個人，一個是自己，另一個就是梁啓超。在思想史之部中，他推薦了梁啓超的兩部作品，一部是《大乘起信論考證》並且加了按語：「此書紹介日本學者考訂佛書眞僞的方法，甚有益。」另一部是《清代學術概論》。並且在思想史之部中也推薦了自己的作品，即《中國哲學史大綱上卷》和《章實齋年譜》。而在文學史之部中，當代的人只推薦了自己一人，在開列明清小說時，特意在書目後加了按語：「以上各種，均有胡適的考證或序，搜集了文學史的材料不少。」在文學史之部的最後則是他自己的《五十年來的中國文學》。

顯然這個書目不是供給像胡敦元這樣的留學生看的，胡適只是利用他們的邀請來做自己開列書目的一個由頭而已，這在他看來是「整理國故」實績的體現，也是通過開列書目的方式來確立自己學術地位的一種嘗試。在我看來，這尤其是一種學術信心的體現，是占得了學術強勢之後話語權的一種體現。

這篇書目曾經先後在《清華周刊》和《東方雜誌》以及《努力周報》增

〔註25〕 胡適：《一個最低限度的國學書目》，《胡適教育文選》，開明出版社 1992 年
　　　　 12 月版，第 117、118 頁。

刊《讀書雜志》和《晨報副鐫》上刊出，如果我們來考察這份書單與《京報副刊》上胡適所選的「青年必讀書」相比較可以看出，他在「必讀書」中所選的五種中文書籍都是在他 1923 年開列的「一個最低限度的國學書目」中的。後來由於梁啓超等的對這個書目提出了不同意見，後來胡適又把這個書目修訂成《實在的最低限度的書目》，共有古籍 39 種，「青年必讀書」書目的五種古籍都羅列其中。胡適是有自己主張的，梁啓超說他在思想史之部遺漏了易經是一個缺陷，但是胡適在這個書目上仍然不把易經列入。

　　作爲現代評論派事實上的領袖人物，胡適的「青年必讀書」書單在 2 月 11 日開列出來以後，爲了樹立胡適在學術界的權威地位以及他所開列的「青年必讀書」的合理性，一些胡適的支持者又通過在《京報副刊》上發表文章來支持胡適，幫助他創造「青年必讀書目」的興論強勢。在胡適的書目出臺之後十天，也就是在 1925 年 2 月 21 日，精通西文的畢樹棠在《京報副刊》上發表文章《羅素論胡適》，通過轉述羅素對胡適《先秦名學史》的評價，對胡適的學術研究眼光和學術成果作出了高度評價，「現在有胡適之者，既深於西洋哲學，有若歐人，又善於英國文字，如同美國諸教授，且實明於翻譯中國古代文字，絕非任何外人所能望與比倫者。所以結果著出這部書來，亦是空前無匹，使讀者興趣陡增，歎爲如其所望。……以往的中國人，能有胡先生這樣學識和方法來把中國特有的老玩意真實明白的表示在外國心坎兒上的，實在是不多。所以羅素的說話，在中國人看來，雖然是幾句老生常談，而關係的實在是很大，也就是中國人想把國學拿在世界學術中占一個重要位置的一個應當首先注意的問題。」〔註 26〕胡適的書目開列於前，畢樹棠等人的興論支持緊跟於後，不但有胡適開創新文學運動的威名，而且還有他近年來「整理國故」的實績，這樣的人開的「青年必讀書」還會有錯嗎？

　　事實上，早在 1923 年，就有人對胡適開列的「一個最低限度的國學入門書目」提出質疑，這個人就是梁啓超。他在 1923 年 6 月 14 日的《晨報副鐫》上發表了《國學入門書要目及其讀法》，文章前還有一段小序：「兩月前清華周刊記者以此題相屬，蹉跎久未報命。傾獨居翠微山中，行篋無一書，而記者督責甚急。乃竭三日之力，專憑憶想所及草斯篇。漏略自所不免。且容有

〔註26〕畢樹棠：《羅素論胡適》，《京報副刊》1925 年 2 月 21 日，第 3 版。

書名篇名亦憶錯誤者，他日當更補正也。十二年四月二十六啓超。」〔註 27〕
梁啓超的書目在《晨報副鐫》上從 1923 年 6 月 14 日開始共登了 5 天，前三
天是他開列的書目，後兩天是他寫的相關附錄。

　　與胡適不同的是，梁啓超開列的書目共分五個目次：甲，修養應用及思
想史關係書類，共 36 種；乙，政治史及其他文獻學書類，共 18 種；丙，韻
文書類，共 9 種；丁，小學書及文法書類，共 7 種；戊，隨時涉覽書類，共
29 種。其中後三類中，梁啓超沒有選入當代人的任何作品。在前兩類中，總
共有三個當代人的作品入選，即修養應用及思想史關係書類中選入了梁漱溟
的《東西文化及其哲學》，梁啓超對該書的評價是「有偏宕處，亦有獨到處」。
選入了胡適的《中國哲學史大綱上卷》和自己的《先秦政治思想史》，在兩書
後評價到：「將讀先秦經部子部書，宜先讀此兩書。可引起興味，並啓發自己
之判斷力。」在這個書類中最後一本推薦的書就是他自己的《清代學術概論》，
他在後面評價到：「欲略知清代學風，宜讀此書。」而在政治史及其他文獻學
書類中，他只在當代人中選了自己的一部著作，即《中國歷史研究法》，在後
面評說道：「讀之可增史學興味。且知治史方法。」梁任公在國學研究方面也
是一個極其自信的學者，怎麼可能只是看著後起的胡適在媒體上指手劃腳的
教導青年在國學研究上怎麼入門呢，而且在他看來，胡適開列的書目根本就
有問題。他在附錄（三）內專門提到了這個問題，開首就說：「胡君這書目，
我是不贊成的。」在他看來，胡適的錯誤有以下幾點：

　　第一，不顧客觀的事實，專憑自己主觀爲立腳點。梁啓超說，「胡君正在
做中國哲學史中國文學史，這個書目正是表示他自己思想的路徑和所憑藉的
資料。（對不對是另外一個問題，現在且不討論。）殊不知一般青年，並不是
人人都要作哲學史家文學史家。」

　　第二，把應讀書和應備書混爲一談了。梁啓超認爲胡適這個書目只是哲
學史文學史家私人小圖書館之最低限度書目，相當於給了青年學生一張圖書
館書目，對學生來說沒有實際價值，「結果還不是一句空話嗎？」梁啓超光是
「粗略的估算」胡適所開書目中的文學史之部的數量，大概就有一千多部。

　　第三，胡適竟然把梁啓超認爲最重要的史部一概棄絕了！「一張書目，
名字叫作『國學最低限度』，裏頭有什麼三俠五義九命奇冤，卻沒有史記漢書

────────────────────────
〔註27〕梁啓超：《國學入門書要目及其讀法》，《晨報副鐫》1923 年 6 月 14 日，第 2
　　　　版。

資治通鑒，豈非笑話？……不瞞胡君說，區區小子便是沒有讀過這兩部書的人。我雖自知學問淺陋，說我連國學最低限度都沒有，我卻不服。」梁啓超認定史部是國學中最主要的一個部分。早在 1902 年 2 月他在第一號的《新民叢報》上發表《新史學》就說：「於今日泰西通行諸學科中，爲中國所固有者，惟史學。史學者，學問之最博大而最切要者也，國民之明鏡也，愛國心之源泉也。」可見他對史學評價之高。

第四，梁啓超抓住了胡適對《清華周刊》記者講的一句話，即「我的意思是要一般留學生知道元曲選等是應該知道的書。」在梁啓超看來，如果僅僅爲了知道，「將一部四庫全書總目搬字過紙更列舉後出書千數百種便了，何須更開最低限度書目濱須知『知道』是一件事，『必讀』又別是一件事。」

第五，胡適沒有考慮到如果青年學生沒有「國學常識」，那麼有許多書是不能讀也讀不通的。梁啓超舉了幾個例子，「試問連史記都沒有讀過的人，讀崔適史記探原懂他說的是什麼？連尚書，史記，禮記，國語沒有讀過的人，讀崔述考信錄懂他說的什麼？」

總之，梁啓超認爲胡適開列的書目遺漏了太多，而且「博而寡要」，「我認爲是不合用的。」考慮到這篇文章如果發表出來可能會引起一定的爭論，梁啓超特意在給當時是《晨報副鐫》編輯孫伏園的信中說：「內附錄三『評胡』一段，刪去不登亦可。因清華周刊曾登胡氏原目，故不得不一辯，並非要彈摘胡氏也。若必欲並登，似宜將『胡目』一併登出（努力曾登過），否則令讀者納悶矣。」孫伏園隨後也做了登載胡適書目的預告，「現在特將胡氏『一個最低限度的國學書目』登在明日本刊，以備讀者的比較和參考。」接下來從 1923 年 6 月 24 日開始用了三天時間，《晨報副鐫》又把胡適的書目刊登了一遍。

雖然梁啓超的《國學入門書要目及其讀法》也開列了很多種書目，但是在他心中也不是沒有作爲一個中國讀書人「必讀」書目的，在附錄（一）中他就提出來，如果自己所開列的五類書目青年學生沒有精力和時間閱讀的話，「今再爲擬一真正之最低限度如下：四書，易經，書經，詩經，禮記，左傳，老子，墨子，莊子，荀子，韓非子，戰國策，史記漢書，後漢書，三國志，資治通鑒（或通鑒記事本末），宋元明史記事本末，楚辭，文選李太白集，杜工部集，韓昌黎集，柳河東集，白香山集，其他詞曲集隨所好選讀數種。」最後他說：「以上各書，無論學礦學工程學……皆須一讀。若非此未讀，真不

能認爲中國學人矣。」顯然這就是他認爲必須要讀的書了，如果我們把他開列的這份書單和他爲《京報副刊》開列的「青年必讀書」作一個對比，就會發現早在兩年前，這些書目就在他腦子中成型了。

在「青年必讀書目」徵求活動過程中，從讀者來信可以看出有人對梁啓超所選書目的不滿，在編號爲22號的謝行暉先生所選書目的後面，有他的一段解釋：「日來看見梁胡周三先生選的，也不大滿意，猶以梁任公爲甚。我記得前年梁先生曾有一篇文章評胡先生的『最低限度的國學目錄』果令胡先生啞口無言，而胡先生也以爲足以補他的失，故集他的二集文存時特附錄之。不料今日梁先生所選的十部書，眞是吳稚暉先生所謂灰色啊灰色！豈但灰色，若不把題目改爲『青年必讀國學書十部』，還有點不通呀！」〔註28〕如果粗看，似乎謝行暉說的很有道理，可是如果看看梁啓超在《晨報副鐫》中所登的附錄（一）中的話，就不難理解，在他的心目中，這並不是一個國學書書目，而是不論專業如何，「無論學礦學工程學」什麼的要想成爲一個「中國學人」必須要讀的書目了。

二、魯迅的「交白卷」

魯迅編《華蓋集》時在序中說：「我今年開首作雜感時，就碰了兩個大釘子：一是爲了《咬文嚼字》，一是爲了《青年必讀書》。署名和匿名的豪傑之士的罵信，收了一大捆，至今還塞在書架下。」王世家在2002年1月份《魯迅研究月刊》發表的《〈京報副刊〉「青年愛讀書十部」「青年必讀書十部」資料彙編》中就說過：「（書目徵求後）隨之而來的就是一場大論爭，尤其是魯迅先生的答卷發表之後，爭論趨於白熱化，各種觀點的論爭文章達六十篇之多。」〔註29〕

這就要從魯迅在《京報副刊》上發表「青年必讀書」開始談起，在1925年2月21日，《京報副刊》發表了魯迅先生的書目，編號第十。在應該填注書目的地方，寫著讀起來頗押韻的兩句話，「從來沒有留心過，所以現在說不出。」但是後面卻附注了頗長的一篇文字，「但我要趁這個機會，略說自己的經驗，以供若干讀者的參考——我看中國書時，總覺得就沉靜下去，與實人

〔註28〕謝行暉：《青年必讀書目十種》，《京報副刊》1925年2月28日，第7版。
〔註29〕王世家：《京報副刊書目徵求資料彙編》，《魯迅研究月刊》2002年第一期，第78頁。

生離開；讀外國——但除了印度——書時，往往就與人生接觸，想做點事。中國書中雖由勸人入世的話，也多是僵屍的樂觀；外國書即使是頹唐和厭世的，但卻是活人的頹唐和厭世。我以為要少——或者竟不——看中國書，多看外國書。少看中國書，其結果不過不能作文而已。但現在的青年最要緊的是『行』，不是『言』。只要是活人，不能作文算什麼大不了的事呢。」〔註30〕

　　魯迅算是交了白卷，可這並不是引起軒然大波的原因，因為這次「青年必讀書」的徵求活動中，交白卷的還有兩位，一位是江紹原，還有一位是俞平伯。江紹原的投票刊登在 1925 年 2 月 19 日的《京報副刊》上，編號第八，在投票欄內是一個大大地「X」，然後在四條邊上寫著「Wanted」（徵求），他也交了白卷，只是他在附注欄內寫的是：「我不信現在有哪十部左右的書能給中國青年『最低限度的必須智識』。你們所能征求到的，不過是一些『海內外名流碩彥及中學大學教員』愛讀書的書目而已。」〔註31〕江紹原從根本上對這個書目徵求活動進行了否定，但是這也無妨，因為通過這次徵求看看學者讀書的口味本來也是孫伏園的一個意旨，所以這個白卷並沒有引起什麼爭論。俞平伯投送選票比較遲了，所以編號是四十號，直到了 1925 年 2 月 28 日才在《京報副刊》隨其他 24 位投票者一併刊出，他也交了白卷，在附注中他說：「青年既非只一個人，亦非合用一個脾胃的；故可讀的，應該的書雖多，卻絕未發見任何書是大家必讀的。我只得交白卷。若意在探聽我的脾胃，我又不敢冒充名流學者，輕易填這張表，以己之愛讀為人之必讀，我覺有點兒『難為情』。」〔註32〕而獨獨魯迅的白卷卻引起了那麼大的風波，後來《京報副刊》上很多讀者寫信給孫伏園，比如在 1925 年 2 月 26 日在《京報副刊》第八版上刊登的兩封讀者來信，其中就提到了：「誠然所徵求的這些『不過是一些海內外名流碩彥及中學大學教員』的愛讀書的書目而已，但同時也不能說沒有——固然十部左右未必夠。」「有些先生們，用一種太便宜的方法來對付，如『wanted』和『不曾想到』之類。」可見，這個時候讀者對「交白卷」的攻擊還只是停留在對「交白卷」行為本身的攻擊上，認為學者名流這樣做是為了偷懶而用「太便宜」的方法去敷衍青年人。

　　到了 1925 年 3 月 5 日，在《京報副刊》上就開始有讀者來信專門針對魯

〔註30〕魯迅：《青年必讀書十種書目》，《京報副刊》1925 年 2 月 21 日，第 8 版。
〔註31〕江紹原：《青年必讀書十種書目》，《京報副刊》1925 年 2 月 19 日，第 8 版。
〔註32〕俞平伯：《青年必讀書十種書目》，《京報副刊》1925 年 2 月 28 日，第 8 版。

迅書目「交白卷」所作的批評了。這就是魯迅所說的「我今年開首作雜感時，就碰了兩個大釘子」的其中一個「大釘子」的開始。這篇批評的作者是柯柏森，他在談了自己對「青年必讀書」徵求活動的關注之情以後，說看了魯迅開出的書單以後「嚇得我大跳」，暗諷魯迅是賣國賊，並且把魯迅的書單概括成「偏見的經驗」的結果。《京報副刊》上發表這樣的文章，似乎是讀者自由表達自己意見的公共媒體，那麼，孫伏園怎麼可能讓這樣嘲笑魯迅的文章在自己的報紙上發表呢？我們從《京報副刊》的文章編排上就可以看出孫伏園的傾向性了。在這篇讀者批評之後，緊接著就是魯迅先生答覆柯柏森的信件《聊答……》。在這裡，我們就有疑問了，怎麼讀者來信和魯迅的答信出現在同一天的《京報副刊》上呢？顯而易見，這是孫伏園把讀者來信的稿件拿給魯迅，魯迅然後寫了文章反駁，孫伏園再把兩篇文章一起拿到《京報副刊》上來發表的，通過這樣的組稿，魯迅顯然是佔據了一個有利的辯論位置。這樣的版面編排也同樣出現在了 3 月 8 日的《京報副刊》上，當日有讀者熊以謙發表《奇哉所謂魯迅先生的話》，說魯迅是如何「淺薄無知」的人，對魯迅發表在「青年必讀書」中的小雜文的每句話都進行了批駁。在這篇很長的批評文章之後緊接著就是魯迅的答覆，即《報「奇哉所謂……」》。文章中魯迅條分縷析的從六個方面駁斥了這類頭腦多烘的讀者。

通過與這些思想頑固的文化保守主義者論爭，魯迅也有關於對論爭本身認識的收穫，他用頗有諷刺意味的言語說：「你也同別的一兩個反對論者一樣，很替我本身打算厲害，照例是應該感謝的。……所謂『素負學者聲名』，『站在中國青年前面』這些榮名，都是你隨意給我加上的，現在既然覺得『淺薄無知識』了，當然就可以仍由你隨意革去。我自愧不能說些討人喜歡的話，尤其是適合於你先生一流人的尊意的話。」〔註33〕

由於「以為要少——或者竟不——看中國書，多看外國書」這個觀點的提出，魯迅似乎確是受到了文化界不小的壓力，不少讀者來信提出質疑，比如署名為「瞎嘴」的讀者在 25 年 3 月 5 日寫信給魯迅，要求魯迅連家眷都搬到外國去。就連有的開列「青年必讀書」的學者也提出了不同的意見，在 25 年 3 月 14 日《京報副刊》上發表的羅德輝的書目前，就有羅做的一篇雜感，其中說：「……魯迅先生最能觀察深刻，他還肯說良心話：『從來沒有留心過，所以現在說不出』。同時又明明知道交白卷不好，忙在題外講了幾句看書的方

_____

〔註33〕 魯迅：《報「奇哉所謂……」》，《京報副刊》1925 年 3 月 8 日，第 7 版。

法。老實說『少看——或者竟不看——中國書，多看外國書』的說法，萬萬使不得，別要去上當！」〔註34〕

　　但是也有人對魯迅的看法十分的贊同，汪靜之在 1925 年 5 月 1 日給周作人的信中就說：「《京報》副刊上《青年必讀書》裏面了魯迅說得少看中國書，多看外國書，我一看就拍案叫絕，這真是至理名言，是中國學界警鐘的針砭，意見極高明，話語極痛快，我看了高興得很……」。〔註35〕 孫伏園當然也是支持魯迅的，從一件小事情就可以看出來，在「青年愛讀書」截止以後，讀者趙雪陽才投來了書目，他自己說是：「青年愛讀的十部書，我沒有趕上選，今選十部，不敢居『某先生選的』地位，也不敢強青年必讀，因為這是我自己愛讀的，若肯作個參考，自也欣幸。」〔註36〕 這封寫給孫伏園的信是在 3 月 27 日寫的，早已經過了徵求的截止日期。可是孫伏園不但沒有撤掉稿件，而且用了整整一個版面來刊發了信件和書目，在孫伏園看來，書目都是小事，這封信卻很重要，而且他還在信前加了按語，「仍舊放入『某先生選』的地位」。趙雪陽在這封信中對魯迅是在「青年必讀書」中的雜文是大加讚賞的，他說：「魯迅先生繳白卷，在我看起來，實比選十部書得的教訓多，不想竟惹起非議。……也有的學者說：『他們兄弟（周氏兄弟）讀的中國書非常的多。他家中藏的書很多，家中又便宜，凡想著看而沒有的書，總要買到。中國書好的很多，如今他們偏不讓人家讀，而自家讀的那麼多，這是什麼意思呢！』這真是什麼意思呢！試過的此路不通行，宣告了還有罪嗎？魯迅先生那一點革命精神，不夠他這幾句話撲滅，這是多麼可悲呵！……伏園先生！在精神上我是認識你的，這一席話早想寄上作個參考，終是因為人們太不會聽話，而忙人又不敢多找麻煩，不果；現在我看不能不振臂疾呼，猶望魯迅先生作主將，不要再守沉默。」〔註37〕 孫伏園認為這樣的信才是有價值的，根據他的編輯習慣，如果有價值的信件他就認為有必要讓更多的人看到。這樣來自民間的對魯迅支持的聲音真的是太關鍵了，它不但讚揚了魯迅的革命精神，而且希望把魯迅當作「主將」，他應該是最早賦予魯迅這個稱號的一個人吧，孫伏園顯然對這點十分的贊同。

〔註34〕 羅德輝：《青年必讀書十種書目》，《京報副刊》1925 年 3 月 14 日，第 8 版。

〔註35〕 汪靜之：《致周作人信》，轉引自《周作人年譜》，張菊香、張鐵榮編，天津人民出版社 2000 年 4 月版，第 287 頁。

〔註36〕 趙雪陽：《青年必讀書十種書目》，《京報副刊》1925 年 3 月 31 日，第 8 版。

〔註37〕 趙雪陽：《青年必讀書十種書目》，《京報副刊》1925 年 3 月 31 日，第 8 版。

　　我們再回到魯迅開列在「青年必讀書」上的雜文來，魯迅在面對那麼多否定乃至於謾罵的聲音時，並沒有絲毫的猶豫，他堅定的認爲自己的選擇是對的。魯迅後來編輯《華蓋集》在選入這篇文章的時候，作了四處小小的修改，我們從其中一個修改的細節就可以看出魯迅對自己的觀點有多麼堅定的信心，他把最後一句話中「不能作文算是什麼大不了的事呢」中的「呢」字去掉了，變成了「不能作文算是什麼大不了的事」，從語言習慣上來看，這個句子從一個語氣平和的反問句變成了一個語氣頗激昂的感歎句。小小的一個「呢」字，增添與刪除，在這裡顯然都是經過深思熟慮的。同時，還有一個問題值得我們思索的就是爲什麼魯迅說讀外國書時，一定要除開印度書呢？從這裡也可以看出魯迅文化啓蒙思想的深邃眼光，印度的思想輸入中國後對中國人的思想、文化、語言和情感等方面影響極大，是我們傳統文化中的重要組成部分，在魯迅看來，讀印度書無疑就相當於讀中國書了，立志要剷除傳統思想和封建文化對中國人精神桎梏的魯迅，當然是不願意青年人再讀印度書了。對印度之於國人思想上影響之深的見解同樣也可見於胡適，胡適在1931 年 12 月 30 日在給北京大學文學系演講的時候，說到中國傳統文化來源的外來影響時，專門提到了印度，「中國不幸得很，因爲處的地勢與環境的關係，沒有哪一國給中國以新的體裁。只有一條路，即是印度，中國受了印度不少的影響，如小說、詩歌、記事之故事等等，都是受了他的薰染與陶冶的，……吾人相信受他的影響，比自身當有五六百倍之大。」〔註 38〕當然，胡適是從中國文學吸收印度文化大膽的想像與高深的思想來認識這個問題的，但是這個事情在對傳統文化來路認識極爲深刻的魯迅那裡，就不是這樣的了，魯迅考慮的更多的是思想層面上印度文化帶給中國文化的負面影響。胡適在談到新文學來源第二條的時候（第一條他認爲是來自民間文學），也不無暗示的指出：「除印度外，即爲歐洲文學，我們的新文學，受歐洲影響極大，……我們的新文學，……是我們受了西洋文學的洗禮的結果。」〔註 39〕從這裡看出胡適在意識深處也跟魯迅一樣，認爲印度與中國在世界文化版圖中地位都是一樣的，都散發出老大文明的衰亡氣。可以說，魯迅那樣的「除

〔註38〕 胡適：《中國文學的過去與來路》，《胡適學術文集·新文學運動》，中華書局1998 版，第 184 頁。
〔註39〕 胡適：《中國文學的過去與來路》，《胡適學術文集·新文學運動》，中華書局1998 版，第 187 頁。

印度外」的思想是真正對舊文化的來路和新文化的去向都十分明瞭的人所作
出的必然選擇。

　　1926 年 11 月魯迅在廈門創作的《寫在〈墳〉後面》一文中也說到：「倘
說為別人引路，那就更不容易了，因為連我自己還不明白應當怎麼走。中國
大概很有些青年的『前輩』和『導師』罷，但那不是我，我也不相信他們。……
別人我不論，若是自己，則曾經看過許多舊書，是的確的，為了教書，至今
也還在看。因此耳濡目染，影響到所做的白話上，常不免流露出它的字句，
體格來。但自己卻正苦於背了這些古老的鬼魂，擺脫不開，時常感到一種使
人氣悶的沉重。就是思想上，也何嘗不中些莊周韓非的毒，時而很隨便，時
而很峻急。……我以為我倘十分努力，大概也還能夠博采口語，來改革我的
文章。但因為懶而且忙，至今沒有做。我常疑心這和讀了古書很有些關係，
因為我覺得古人寫在書上的可惡思想，我的心裏也常有，能否忽而奮勉，是
毫無把握的。我常常詛咒我的這思想，也希望不再見於後來的青年。去年我
主張青年少讀，或者簡直不讀中國書，乃是用許多苦痛換來的真話，決不是
聊且快意，或什麼玩笑，憤激之詞。」〔註 40〕正是因為魯迅自己感受到了作
為歷史中間物所承受的傳統重負，希望後來的青年更有新氣象，同時，魯迅
在《聊答……》一文中就說起了當時「並無指導一切青年之意」，「那時聊說
幾句話，乃是但以寄幾個曾見和未見的或一種改革者，願他們知道自己並不
孤獨而已。」〔註 41〕這才是魯迅創作那篇書目小雜感的真實原因。魯迅所說
的「背了這些古老的鬼魂，擺脫不開」的感覺是從自己的切身感受中得來的
真知灼見，1952 年胡適在臺北中國文藝協會座談會上回答趙友培先生的提問
時曾說：「有許多人說，要白話作的好，古書要讀得好。比方胡適之、周作人、
魯迅，他們白話文作得好，都是古書讀得好。這個話是不正確的。有機會，
我都盡量駁他。我們這一輩，因為時代的關係，念了許多古書，古文夠得上
說是讀通了。但是我希望將來的作家，不要走這一條路，我們因為舊書讀多
了，作白話文往往不能脫掉舊文學的影響，所以白話文做不好。語言學專家，
也是世界語言學泰斗，趙元任先生曾同我說：『適之，你得白話不夠白』，這
個批評是不錯的。《胡適文存》再版序裏，我就說過，作過舊文學的人，不能

〔註40〕 魯迅：《寫在〈墳〉後面》，《魯迅選集》第二卷，人民文學出版社 1983 年 12
　　　　月版，第 106、108 頁。
〔註41〕 魯迅：《聊答「……」》，《京報副刊》1925 年 3 月 5 日，第 8 版。

作好新文學，這等於裹了小腳的女人要放腳，只有添一點棉花，冒充大腳。」
胡適其實心裏是認同魯迅的說法的。

魯迅交白卷的另外一個原因是他根本不相信所謂的「導師」，他在 1925
年 5 月 15 日《莽原》第四期上發表了《導師》，其中說：「要前進的青年們大
抵想尋求一個導師，然而我敢說：他們將永遠尋不到。……青年又何須尋那
掛著金字招牌的導師呢？不如尋朋友，聯合起來，同向著似乎可以生存的方
向走。……問什麼荊棘塞途的老路，尋什麼烏煙瘴氣的鳥導師！」〔註 42〕這
種話顯然是針對胡適等人所說的，早就對胡適、梁啓超給青年開列國學書單
不滿的魯迅，顯然對他們「整理國故」的舉動是十分反感的。他在 1925 年 6
月與白波的通信中就指出：「我們憎惡的所謂『導師』，是自以爲有正路，有
捷徑，而其實卻是勸人不走的人。倘有領人向前者，只要自己願意，自然也
不妨追蹤而往；但這樣的前鋒，怕中國現在還找不到罷。所以我想，與其找
糊塗導師，倒不如自己走，可以省卻尋覓的功夫，橫豎他也什麼都不知道。」
〔註 43〕魯迅通過胡適開的那可以充當圖書館目錄的所謂給青年讀的「入門
書」，來指出胡適這樣做的結果是只能起到「勸人不走」的效果，把青年人的
思想陷入傳統文化的大沼之中。

而且還有一個因素可能也是魯迅交白卷的原因，正在徵求「青年必讀書
十部」和「青年愛讀書十部」活動在社會上掀起軒然大波的時候，也就是他
的書目在 2 月 21 日刊登在《京報副刊》後的第三天，2 月 23 日《語絲》第
十五期發表了他的另外一篇文章《再論雷峰塔的倒掉》，其中說到：「我們中
國許多人，—— 我在此特別鄭重聲明：並不包括四萬萬同胞全部！—— 大抵
患有一種『十景病』，至少是『八景病』，沉重起來的時候大概在清朝。……
『十』字形的病菌，似乎已經侵入血管。遍佈全身，其勢力早不在『！』形
驚歎亡國病菌之下了。點心有十樣錦，菜有十碗，音樂有十番，閻羅有十店，
藥有十全大補，猜拳有全福手福手全，連人的劣迹或罪狀，宣佈起來也大抵
是十條，彷彿犯了九條的時候總不肯歇手。」〔註 44〕他這裡的話雖然是對於

〔註 42〕 魯迅：《導師》，《魯迅選集》第 2 卷，人民文學出版社 1983 年 12 月版，第
179、180 頁。
〔註 43〕 魯迅：《集外集·田園思想（通訊）》，《魯迅全集》第七卷，第 500 頁。
〔註 44〕 魯迅：《再論雷鋒塔的倒掉》，《魯迅選集》第 2 卷，人民文學出版社 1983 年
12 月版，第 57 頁。

雷峰塔倒塌之後國人感歎「十景不再」的針貶，但是他在這裡所批判的中國人的「十景病」顯然也有針對《京報副刊》徵求「十部」青年必讀書和青年愛讀書的味道，尤其是他「特別鄭重聲明」的話，顯然是從周作人和班延兆等人在《京報副刊》上有關「奴性」問題的辯論中所得到的在公共空間中言說的經驗。借著評論雷峰塔倒掉的機會，魯迅說：「不過在戲臺上罷了，悲劇將人生的有價值的東西毀滅給人看，喜劇將那無價值的撕破給人看。譏諷又不過是喜劇的變簡的一支流。但悲壯滑稽，卻都是十景病的仇敵，因為都有破壞性，雖然所破壞的方面各不同。中國如十景病尚存，則不但盧梭他們似的瘋子決不產生，而且也決不產生一個悲劇作家或喜劇作家或諷刺詩人。所有的，只是喜劇底人物或非喜劇非悲劇底人物，在互相模仿的十景中生存，一面各各帶了十景病。……但當太平時候，就是正在修補老例，並無寇盜的時候，即國中暫時沒有破壞麼？也不然的，其時有奴才式的破壞作用常川活動著。」〔註45〕在魯迅看來，雷峰塔磚被民眾挖去，不過只是一個小小的例子而已，在他看來「日日偷挖中華名國的柱石的奴才們，現在正不知有多少！」而時代需要革新的破壞者，魯迅認為「內心有理想的光」的人會絕然的反對在「瓦礫場上修補老例」。如果我們結合魯迅這篇文章來看《京報副刊》「青年愛讀書十部」和「青年必讀書十部」的評選，從魯迅先生那篇頗有譏諷意味的書目雜感中看出來，他不但是對於國人思想上「十景病」的痛恨，更是對於那些「各各帶了十景病」在傳統封建文化的瓦礫堆裏「修補老例」的所謂學者們的一種反動。

　　面對很多讀者對魯迅的質疑和否定，周作人在《京報副刊》上專門發表文章《古書可讀否的問題》來支持魯迅，只是用了「易金」的筆名，發表在1925 年 4 月 5 日《京報副刊》上的這篇文章中提到一個離北京不到一天路程的「某地」學校要廢除論理心理博物英語等課程，改讀四書五經了，因此周作人說，「在這時候，我主張，大家正應該絕對地反對讀古書了。」〔註46〕可是，周作人在 60 年代對魯迅「交白卷」的事情卻是另外一番說法：「『必讀書』的魯迅答案實乃他的『高調』──不必讀書──之一，說得不好聽一點，他

〔註45〕魯迅：《再論雷鋒塔的倒掉》，《魯迅選集》第 2 卷，人民文學出版社 1983 年 12 月版，第 59、60 頁。

〔註46〕周作人：《古書可讀否的問題》，《京報副刊》1925 年 4 月 5 日，第 4 版。

好立異唱高，故意地與別人拗一調。他另外有給朋友的兒子開的書目，卻是十分簡要的。」〔註 47〕在這裡周作人卻又用了非常世俗視角來推測魯迅，也不知道是他們兄弟二人誰的複雜了。周作人這裡所說的給朋友的兒子開書目，指的是是給許壽裳的兒子許世瑛開列的書目，1930 年許世瑛由於視力不好只得從預備去的化學系改入國文系，在 1914 年就作過許世瑛開蒙老師的魯迅這時候應許世瑛的邀請給他開列了一個書單，這件事情在許壽裳的《亡友魯迅印象記》中都有過記載，魯迅在給這位即將進入清華大學國文系的學生開的書單共有 12 種：

計有功　　宋人《唐詩紀事》（四部叢刊本，又有單行本）；
辛文房　　元人《唐才子傳》（今有木活字單行本）；
嚴可均　　《全上古三代秦漢三國六朝文》（今有石印本，其中零碎不全之文甚多，可不看）；
丁福保　　《全上古……隋詩》（排印本）；
吳榮光　　《歷代名人年譜》（可知名人一生中之社會大事，因書為表格之式也。可惜的是作者所認為的歷史上的大事者，未必真是「大事」，最好是參考日本三省堂出版之《模範最新世界年表》）；
胡應麟　　明人《少室山房筆叢》（文雅書局本，亦有石印本）；
　　　　　《四庫圖書簡明目錄》（其實是現有的較好的書籍之批評，但需注意其批評是「欽定」的）；
劉義慶　　《世說新語》（晉人清談之狀）；
五代王定保　　《唐摭言》（唐文人取科名之狀態）；
葛洪　　《抱朴子外篇》（內論及晉末社會狀態，有單行本）；
王充　　《論衡》（內可見漢末之風俗迷信等）；
王晫　　《今世說》（明末清初之名士習氣）。

這是魯迅給一個即將進入大學國文系學生的書單，魯迅實際上還開過一個書單，1927 年 7 月 16 日魯迅在廣州知用中學做了一個演講，演講的記錄稿經過他校閱後發表在 1927 年 8 月 18、19、22 日的廣州《民國日報》副刊《現代青年》上，在這個面對中學生的講演會上，魯迅提到：「我常被詢問：要弄文學，應該看什麼書？這實在是一個極難回答的問題。先前也曾有幾位先生

〔註47〕周作人：《周作人致鮑耀明（1966 年 2 月 19 日）》，《知堂書信》，華夏出版社1994 版，第 413 頁。

給青年開過一大篇書目。但從我看來，這是沒有什麼用處的，因爲我覺得那都是開書目的先生自己想要看或者未必想要看的書目。我以爲倘要弄舊的呢，倒不如姑且靠著張之洞的《書目答問》去摸門徑去。倘是新的，研究文學，則自己先看看各種的小本子，如本間久雄的《新文學概論》，廚川白村的《苦悶的象徵》，瓦朗斯基們的《蘇俄的文藝論戰》之類，然後自己再想想，再博覽下去。……倘要看看文藝作品呢，則先看幾種名家的選本，從中覺得誰的作品自己最愛看，然後再看這一個作者的專集，然後再從文學史上看看他在史上的位置；倘要知道的更詳細，就看一兩本這人的傳記，那便可以大略瞭解了。如果專是請教別人，則個人的嗜好不同，總是格格不入的。」〔註48〕

　　總的看來，是由於魯迅在不同的文化語境下根據發言時面對對象的不同而有不同的文化表現，在胡適以「整理國故」爲旗號的文化保守主義思潮下，魯迅是不主張青年去讀古書的，但是如果用來指導大中學校學生學習時，魯迅是有自己心目中的書單的。

　　梁啓超曾經評價康有爲是一個「先時人物」，並且說：「凡先時人物所最不可缺之德性有三端：一曰理想，二曰熱誠，三曰膽氣。三者爲本，自餘則皆枝葉焉耳。先時人物者，實過渡人物也。其精神專注於前途，以故其舉動或失於急激，其方略或不適於用，常有不能爲諱者。」〔註49〕在我看來，魯迅也是這樣的一個「先時人物」，理想、熱誠和膽氣就是對他在「青年必讀書目」徵求活動中提交「白卷」之最好的解釋，而「失於急激」則是很難避免的。

三、書目徵求的文化解讀

　　歷史往往都有很多個側面，尤其是在隔了很長的時間跨度後我們再來反觀歷史，除了對歷史的事實層面進行準確描述以外，尤其需要從不同的研究視角去對材料進行梳理，盡量潛入歷史語境之中多角度、多層次的去認識歷史人物、把握歷史現象，才能讓老材料煥發出新的光彩，對《京報副刊》上有關必讀書目徵求的活動也要這樣來把握，尤其是要把它放在那個時代的大環境中去考察，在一種「背景文化」的底色上去更好地認識書目徵求活動蘊

〔註48〕 魯迅：《讀書雜談——七月十六日在廣州知用中學講》，《魯迅選集》第 2 卷，人民文學出版社 1983 年 12 月版，第 345 頁。
〔註49〕 康有爲：《南海康先生傳》，《清議報》1901 年第 100 冊。

含的文化意味和歷史價值。

　　請文化大家來開列書目是二十世紀二十年代非常鮮明而獨特的文化現象，在當時風行一時。1924 年 12 月章太炎於胡適、梁啓超先後發表各自的書目之後，在號稱「志在甄明學術，發揚國光」的《華國月刊》第二冊第二期上發表《中學國文書目》，列書 29 種，並且說，「凡習國文，貴在知本達用，發越志趣，空想不足矜，浮文不足尚。中學諸生，年在成童以上，記誦之力方強，博學篤志，將從此始。」〔註 50〕章太炎針對中學生學習國學的習慣並結合教師講授的方式把這 29 種書目分爲了「全誦全講」、「選誦選講」、「參閱閒講」、「選閱選講」、「全閱略講」、「選閱略講」、「全閱」、「檢閱」等多種類型，這 29 種書目分別是：尚書孔傳，詩毛傳鄭箋，周禮鄭注，春秋左傳杜解，史記，資治通鑒，續通鑒，明通鑒，清五朝東華錄，老子王弼注，莊子郭象注，荀子楊倞注，韓非子，古詩源，唐詩別裁，說文句讀，說文解字注，爾雅義疏，廣韻，經傳釋詞，世說新語，夢溪筆談，困學紀聞翁注，日知錄黃釋，十駕齋養新錄，中華民國憲法，中華民國刑律，儀禮表服篇，清服製圖，總共是 29 種書目，章太炎並且在開列的書目後大都列出了相關的參考書目。

　　1926 年汪辟疆也開出了國學基本書目，共列出了國學基本書目 136 種，尤其是列出了所謂「綱領之部」30 種書，他認爲這 30 種書是經學、史學、諸子研究和哲學研究的必讀書目。《京報副刊》上徵求「青年必讀書目」的活動，可以說是利用日報副刊這種獨特的媒介方式大規模的徵求書目的典型，這也是孫伏園利用「找話題」的編輯理念來搞活《京報副刊》辦刊方式的一次很有意義的文化嘗試。那麼我們應怎樣通過這次「青年必讀書目」徵求活動來解讀其中深藏的文化意蘊並理解其歷史邏輯呢？

（一）從「世界文化」的角度來解讀

　　這次書目徵求活動不同於以前的開列書目的個體行爲方式，它是一次大規模的、參與面極廣的學術調查活動。而且這次活動所要徵求的也不是某種專門學術的書目，而是徵求「青年必讀」的書目。既然是「青年必讀」，那麼顯然涵蓋的範圍不僅僅是以往有關「國學」書目的徵求範圍。這裡有兩個關鍵詞需要我們重視，一個是「青年」，一個是「必讀」。青年人是國家的未來，青年人的學術路向也是一個國家、民族未來的學術路向，而這些受邀請來給

〔註 50〕章太炎：《中學國文書目》，《華國月刊》第 2 卷第 2 期，　第 1 版。

青年人開列書目的學者們都是深受西方文化影響並且身處中國文化現代化轉
向潮流中的一代學人，他們在西方文化強勢的壓力下，在啓蒙思潮的影響下，
給青年開列的「必讀」書目，顯然已經具有了在綜合傳統與西方的知識資源
以後重新建構現代知識體系的色彩，這是他們在中國傳統文化現代性轉化過
程中所作出的文化選擇。在他們所開列的形形色色的書目中，我們不但可以
看出他們建構現代知識體系的心路歷程和自我衝突，而且可以從中看出他們
心目中的啓蒙思想的學術支撐本身所具有的內在複雜性。也就是說，在中國
這樣一個文化落後的國家，如果要重新構築現代知識體系的結構，一個必須
考慮的問題是中國傳統的學術思想可否進入現代社會的文化結構之中。如果
可以的話，那麼啓蒙思想本身應該由中國傳統、西方思想的哪些學術資源來
組合而成。於是，中國啓蒙思想內部複雜性的體現就轉變爲現代化的文化結
構是由來自於中西文化形態的哪些思想資源結合在一起並由此而形成了哪些
既糾纏又衝突的現代思想傳統。我們可以從中看出中國傳統文化現代化轉向
過程中，不同的學者所表現出來的不同的價值取向和思想學術建構模式。

　　從《京報副刊》「青年必讀書目」徵求的結果來看，當時的知識分子們大
多都在理智上認識到如果要啓蒙青年學生、重建現代知識體系必然需要處於
強勢地位的西方先進文化的參與，而且也需要中國傳統思想資源的介入，而
對中國傳統思想的國學研究恰恰是當時的顯學，這也是他們民族文化情感的
一種體現。因此，我們只要細心觀察各位大家所開列的書目，大多是中西雜
陳，鼓瑟合鳴。舉例來說，胡適所開列的十種青年必讀書目，也就是：老子
（王弼注），墨子（孫詒讓墨子閒詁），論語，王充的論衡，崔述的崔東壁遺
書，Plato：Apology, Phaedo, Crito, The New Testament, John Stuart Mill: On
Liberty, John Morley: On Compromise, John Dewey: How we think。我們可以看
出，胡適在中西各選了五部書目，這個比例也很好的說明了胡適在面對文化
轉型過程中的文化選擇。梁啓超雖然開列的書目都是中國傳統的典籍，但千
萬不要以爲這些就是他頭腦中現代知識體系的全部結構，早在 1896 年 10 月
的《時務報》上發表的《〈西學書目表〉自序》一文中就指出：「今以西人聲、
光、化、電、農、礦、工、商諸學，與吾中國考據、辭章、帖括家言相較，
其所知之簡與繁，相去幾何矣！兵志曰：『知己知彼，百戰百勝。』……故國
家欲自強，以多譯西書爲本；學子欲自立，以多讀西書爲功。」〔註51〕梁啓

〔註51〕梁啓超：《〈西學書目表〉自序》，《梁啓超學術文化隨筆》，中國青年出版社1996

超在文中認爲西方文化中的「條教號令」等就是它們的「致治之本，富強之由」。當然我們可以從梁啓超在中西文化對比時用來列舉的項目也可以看出，他還是多少有些認爲中國的精神文明爲長，而西方物質文明更勝。同時，我們也可以看出他歷來不排斥對西方文明的接納，因此，我們不難理解他在「必讀書目」選票的附注欄內又加了一句話「近人著作外國著作不在此數」。再如林玉堂先生則是國學必讀書和新學必讀書各選了十種，並認爲「十種書讀完，然後可與談得話，然後可謂受過『自由的教育』。」〔註52〕雖然這批受到西方現代文化影響很深的人對西方先進文化非常重視，但是也仍然有很多人囿於傳統文化的大沼，所選十部書都是中國傳統典籍，王頡剛在選了易經、春秋四書等傳統典籍十部作爲青年必讀書後，還在附注中說：「玩『必』字乃不可缺之意。我爲中國人，其必不可缺讀之書，自以中國的爲範圍。上所舉者，即從之也。」〔註53〕像這種「我爲中國人，其必不可缺讀之書，自以中國的爲範圍」的思維邏輯，顯示出了那種文化保守主義者固步自封的民族文化中心觀的典型心態。甚至在《新青年》上曾經引起廣泛關注的「王敬軒先生」也來「捧場」了，已經像臉譜一樣的作爲一種特定文化符號的「王敬軒」這次不是由錢玄同、劉半農兩位來合作「演出」的，而是由董魯安來作爲「背後的那隻手」來表演的「皮影戲」。在1925年3月22日《京報副刊》上刊登了「他」所選的必讀書目：十三經不二字，聖諭廣訓，聖武記，幼學瓊林，陰騭文、太上感應篇，翼教叢編，古文觀止，龍文鞭影。董魯安也就是要借「青年必讀書」這個機會來揭示出當時社會上仍然有很大影響的傳統文化的「骸骨迷戀者」的昏聵和反動。但是也有的學者所選的「青年必讀書」全是西方現代作品，比如1925年2月17日發表的潘家洵先生的書目單，沒有一部是中國的作品。

我認爲對這些形形色色的書目最好的注解就是當時的時代背景，如果我們在一種背景文化的視角上去觀察這些現象就會得到比較滿意的答案。在金耀基等人看來，中國的現代化的道路是「命定的」，中國文化作爲古老的文明要想在現代世界立足是必須要進行「現代轉向」的。「中國的現代化，從根本的意義上，是要建構一個中國的現代性，或者換一種說法，即是要建構

第一版，第212頁。
〔註52〕林語堂：《青年必讀書十種書目》，《京報副刊》1925年2月23日，第8版。
〔註53〕王頡剛：《青年必讀書十種書目》，《京報副刊》1925年2月28日，第8版。

一個中國現代文明的新秩序。」〔註54〕《京報副刊》上的「青年必讀書」的
徵求活動可以看作孫伏園有意識的構建中國現代文化、學術基礎的一種嘗
試，也是中國現代史上層出不窮的有關中西文化論爭在新時期的又一次變
種。中西文化論爭從歷史上、文化上看來大體上不外乎三派：民族文化中心
的文化保守派、全盤西化派和折衷主義派。而他們都是中國知識分子在西方
現代文明的強勢文化的壓力下所作出的文化本土運動的方向選擇。二十世紀
二十年代的中國社會，正是處於一種社會系統全方位解構重組的「過渡時
期」，如果我們放棄「傳統──現代」的簡單二元對立概念，並把這段時期
看作是一個動態的巨大的發展的連續體，而這個歷史時期在文化上最重要的
特徵就是「文化脫序」。對轉型期社會有過深刻研究的學者李維認為：「對於
絕大多數的中國人來說，……傳統的模式已不過是一些死物與過氣的東西，
但是，對於不少的中國人來講，卻只發生很少的變化。……古老的模式已經
消逝，但新的尚未堅實的建立起來。大部分古老的傳統還繼續存在，而繼續
遵古之制或極少改變的人眾，卻遠過於那些完全接受西方方式的人眾的數
目。絕大多數受（西方）影響的人，都在綜合老的與新的（文化價值），各
種不同程度的綜合是有目可見的……」〔註55〕如果我們在這種文化背景的基
礎上用「文化脫序」的概念去闡釋《京報副刊》「青年必讀書」的徵求結果，
我們就會發現，以胡適、周作人為代表的、接受過西方或日本教育的留學生
階層一般所開出的書目都是中西雜陳的。而沒有留學背景的學者則大多都是
從自己的學術研究的專業和情感出發，開列的大多是中文傳統典籍，或是僅
僅開列極少數目的外國書目。當然有魯迅這樣的，要求青年要少看或不看中
國書的思想啟蒙者，也有王頡剛一類用「民族文化中心主義」的思維邏輯來
要求中國青年必讀中國書的學者，當然社會上也有大量的像「王敬軒」一樣
的封建文化的「骸骨迷戀狂」。在二十年代的北京文化界，同一個時期竟然
會有這樣多代表不同文化傾向的觀念展示在「青年必讀書」的徵求活動中，
所呈現出的「混合物」就是「文化脫序」的一個典型的表現。他們互為異質，
看似不和諧卻互不可缺、互為因果的並置在《京報副刊》所提供的文化場域
內。當然，這只是參與「青年必讀書」主體之間的「文化脫序」現象的體現，

〔註54〕金耀基：《從傳統到現代》，中國人民大學出版社 1999 年 12 月版，第 6 頁。
〔註55〕轉引自金耀基：《從傳統到現代》，中國人民大學出版社 1999 年 12 月版，第
　　　72 頁。

而在個人主體之內，也存在著「文化脫序」現象，這尤其是容易出現在一些受傳統封建文化侵蝕過深而不自知的文化守成主義者身上，在 1925 年 3 月 11 日《京報副刊》上刊登了吳曙天祖父吳鏡汪所擬的「青年必讀書目」，在書目之前，有吳曙天介紹其祖父的一段話，「他是一個研究國學的人，現在每天還戴著眼鏡來看書，他也讀魯迅先生的《吶喊》，他曾說《吶喊》陳義很高，我們小孩怕看不懂。」〔註56〕就是這樣欣賞魯迅《吶喊》並贊其「陳義很高」的吳老先生，所選的青年必讀書中第一部就是「《孝經》」，而《孝經》在金耀基眼中就是「中國文化中有些思想觀念，極具正面的價值，但常常墮化爲負面的價值」中一個典型的例子。金耀基曾指出：「我們相信原始的孝是一偉大的人生理念，但是自從《孝經》出現之後，原始的孝的理念卻逐漸消失了，而兩千年來，統治中國社會的卻不是《論語》、《孟子》，而實實在在就是這部《孝經》，《孝經》實成爲古典中國的『十誡』。」〔註57〕徐復觀先生也在《中國孝道思想的形成、演變及其歷史中的諸問題》一文中認爲它的出現是儒家儒道被歪曲的大標誌，是假借孝道以助長專制的總根源。而魯迅現在在《吶喊》中也對宣揚三從四德以及奴役國人思想的孝道給予了猛烈的批判，而就是這樣的一部書竟然出現在了一位欣賞《吶喊》的老先生給青年人所開的必讀書單內，我們在指出當時人們頭腦的混雜和矛盾的同時，也必須指出這是「文化脫序」現象在社會轉型期內必然體現在個體存在的事實。通過《京報副刊》青年必讀書目的徵求，這種出現在主體之間以及主體內部的「文化脫序」現象強烈而鮮明的出現在我們面前。那麼爲什麼會發生「文化脫序」現象的呢？我們知道，鴉片戰爭之後，中國與西方的交流實際上是兩種文明之間的對抗，在充滿了屈辱和挫折的對抗中，古老文明的中國不情願的被拉入了現代化的歷史洪流中，面對西方文明的強勢入侵，中國文化和社會的「形變之鏈」依循三個層次來進行，即首先是器物技能層面，第二是制度層面，最後是思想文化層面。我們可以借用湯因比的「文化放射律」（law of cultural radiation）來認識這個歷史次序的必然，湯因比利用光線的散射來作了一個很形象的比喻，他認爲當一移動的「文化光」因被它所衝擊的一個外國社會體抗拒而反射爲多種的光線，「技術的光線」要比宗教、

〔註56〕吳曙天：《青年必讀書十種書目》附信，《京報副刊》1925 年 3 月 11 日，第 8 版。

〔註57〕金耀基：《從傳統到現代》，中國人民大學出版社 1999 年 12 月版，第 27 頁。

政治、藝術等的光線更深且更快。文化反射「穿越」的力量通常與此光線的文化價值成反比，越是具有重要價值的文化光線越難穿越主體文化。由此，我們可以對先器物，再制度，後文化這個「形變之鏈」的次序有一定的認識，同時，我們也應該認識到西方文化的傳播在五四後的中國社會語境中仍然是有相當難度的。五四後中國社會與文化的變遷，也是由於中西文化接觸所導致的「濡化」作用（acculturation），也就是說傳統文明的價值必將在接受外來文化的考驗並產生一定程度的抗拒之後而作出相應的調整與適應。金耀基在談到兩種文化碰撞時的「濡化效應」後一針見血的指出：「任何一個社會的進展都或多或少地需要『借取』其他社會的『文化特質』，而任何接受外來『文化特質』的行為都可以說是一種『創造』，海根認為在文化的發展中，根本無『消極的模仿』這回事。而在『借取』外來文化的過程中，最重要的是一種『選擇』的功能。經驗告訴我們，『文化的普散』從沒有說是完全的或未受抗拒的，而文化的形成則永遠是『選擇地』。」他更進一步認為：「據我們的觀察，傳統社會的『現代化』過程乃是一種『選擇的變遷』，在經驗上，所有主張現代化的人自覺或不自覺的都是一綜合主義者，亦即旨在將傳統的文化特質與西方的文化特質變成一『運作的、功能的綜合』，這種過程即是『新傳統化過程』，由於『新傳統化過程』不只在『西化』，並且在使喪失的傳統價值得以回歸到實際來，所以它不是單純的『復古』，而是在對傳統的『重估』，因此，新傳統化過程必須看作是現代化過程的一部分。」〔註58〕如果我們把他的這個思想借鑒到《京報副刊》有關「青年必讀書目」徵求的意旨以及結果中來看胡適等人的中西雜糅的書目清單，我們會發覺，這其實是中國現代知識分子自覺的在描畫適合於現代社會的中國啟蒙思想和現代知識體系的藍圖，這也是他們在對中西文化進行「選擇地」汰選後所進行的一種「新傳統化過程」的努力。在這個過程中，他們將自己所認為可以保留並適合於現代的中國傳統思想和他們從西方文明選擇性吸收來的文化特質綜合到一起來，希冀可以「創造」出一種現代化的文化結構和進行知識生產與再生產的知識生產機制，這也是主位文化因為客位文化的衝擊而引起的文化重組活動，人類學家林頓（R.Linton）將這樣的活動稱之為「本土運動」，這樣的文化本土運動又被林頓分為四類，即巫術性的復古、理性的復古和巫術性的存續和理性的存續。後來林頓的觀點經過了華萊士（A.Wallace）

〔註58〕金耀基：《從傳統到現代》，中國人民大學出版社 1999 年 12 月版，第 115 頁。

的補充，華萊士根據文化認同對象的不同將本土運動區分爲三種，即分別以傳統文化爲重整方向的本土運動、以外來文化爲重整方向的本土運動和以烏托邦式的理想文化爲重整方向的本土運動。金耀基認爲在中國的特殊國情下在過渡時期還存在著一種以「世界文化」爲重整方向的本土運動，而這他認爲是「純正的現代化運動的主題」。〔註 59〕事實上，這樣以「世界文化」爲認同目標的文化重組的自覺是五四一代知識分子早就具有的，胡適在 1919年所著的《中國哲學史大綱》導言中談到世界哲學的源流走向時就指出過：「世界上哲學史大概可以分爲東西兩支，東支又分爲印度中國兩系，西支也分希臘猶太兩系，初起的時候，這四系都可算作獨立發生的，到了漢以後，猶太系加入希臘系，成了歐洲中古的哲學，印度系加入中國系，成了中國中古的哲學。到了近代，印度系的勢力漸衰，儒家復起，遂產生了中國近世的哲學，歷宋元明清，直到於今。歐洲的思想，漸漸脫離了猶太系的努力，遂產生歐洲的近世哲學，到了今日，這兩大支的哲學互相接觸、互相影響，五十年後，一百年後，或竟能發生一種世界的哲學，也未可知。」由此可見，胡適早就具有了「世界文化」的眼光和襟懷。當 1925 年《京報副刊》徵求「青年」「必讀書」的時候，胡適等人自然把這當作了本土文化運動中重組「世界文化」架構的一次文化設計活動，而這次活動也是在胡適提倡「整理國故」弄清文化家底之後嘗試著將有價值的文化傳統與西方文化相接合重組而形成一更高文化的有益的探索。在西方的器物和制度已經被國人廣泛接受的同時，對西方思想介入中國社會的要求也隨之而來，在他們看來，西方文化是中國思想現代化轉化的一個非常有價值的參照系統，在五四運動「破」遠遠多於「立」的文化現實下，構建一個適應中國國情和世界潮流的文化系統和學術體系是當務之急，而西方文化的參與將極大地佐助這樣的啓蒙思想文化體系的構建。因此，我們就很容易理解爲什麼那麼多的投票者都是綜合了他們所認爲的中國文化和西方文化的精粹而開出那樣中西雜糅的書目清單了。

但是這也相應的引出了另外一個問題，文化重組的問題並不像數學加法問題一樣，中國文化的精粹加西方文化的精粹就等於理想的現代世界文化，這裡我們不光要問「應不應」，還要問「能不能」。那種從主觀情緒和善良意願出發的想法有很多只是一種烏托邦文化的幻象。金耀基就指出：「我們須

〔註 59〕金耀基：《從傳統到現代》，中國人民大學出版社 1999 年 12 月版，第 129 頁。

知，把中西文化看作是『體、用』、『精神、物質』的對立固然是對文化特質的無識，而隨心所欲的把中西文化的優點揉捏爲一『理想的文化』則更是文字的遊戲與觀念的魔術，……他們最大的錯誤在於把文化的繁複性與有機性否定了，通過個人的形上的思考，不自覺的將一切理想的文化質素都納入到一個自設的『公式』中去。他們從不去思考，他們的『公式『是不是可以運作的，或是不是可以產生功能的。」他在這裡明確的指出了那種把文化問題重組想的過分簡單的幼稚想法，對理想文化的組成結構以及內部運作的複雜性進行了充分的估計，同時他又認爲：「中國現代化運動的『文化再造』工作，將是一項理性的『抉擇』，亦即通過文化分子個體與團體的『創新』、『批判』的過程，而達成一成功的『選擇性的變遷』。……中國的現代化運動的『文化再造』工作，乃是要在新、舊、中、西的四個次元中，選擇其可能（而不僅是應當）抉擇的文化質素，以創造一『運作的、功能的綜合』。此『運作的、功能的綜合』，亦即一世界文化之理想。」〔註60〕可見，要想達到「運作的、功能的綜合」，必須要在深切的體查中西文化的自身特質和文化品行的基礎上，才能有達到世界文化的可能性。尤其是在中國這樣的文化落後國家，在啓蒙的嚴峻壓力下，我們可以借由《京報副刊》的「青年必讀書」的徵求活動來看出在當時的知識分子心目中，啓蒙思想應該有哪些中西思想資源構成，而這樣的「文化再造」的努力是不是讓糾纏於其中的中西文化資源可以達到「運作的、功能的綜合」並進而達到世界文化的思想高度，所以這個視角也是很好的進行美國史華慈教授所謂「整體上未解決的現代性之複雜性」的研究視角。

　　在今天看來，孫伏園利用《京報副刊》來徵求學術大家的「青年必讀書目」的活動作爲一項擴大副刊影響的編輯手段是獲得了成功，但是在思想史的意義上談論這次徵求書目活動的價值卻可以說是失敗的。從那些知名學者所提供的書目中看，中文方面的典籍大多是諸子百家和中國古代文學作品爲多，事實上，中國傳統文化一直有兩個形象（image），第一個是理想的，第二個是現實的，如同金耀基、徐復觀等人在談論中國傳統「孝道」時所指出的那樣，極具正面價值的思想往往在現實中墮落爲負面的文化現實，而那些正面的文化理想也就是梁漱溟先生談到中國文化時指出中國文化是理智早啓、文化早熟的結晶，它是中國傳統文化的精髓所在，是具有正面價值的。而五

〔註60〕金耀基：《從傳統到現代》，中國人民大學出版社1999年12月版，第161頁。

四新文化運動打倒的則是在現實生活中，也就是魯迅所說的擺了兩千年的吃人筵席中發生實在影響的傳統文化的負面文化形象，在魯迅等人看來，所謂的中國傳統文化的正面價值從來沒有在現實生活中存在過，只是封建統治者用來奴化人民的意識形態而已，所以他才決然的提出少讀或不讀中國書的思想。而在書目徵求活動中所提出的代表西方文化的典籍，大多是從西方文明社會發展的歷史實踐中所作出的文化經驗總結，在自發性的現代文明社會語境中它們是實然的「物質」存在，而中國的現代化轉化是一種外發性的應激的轉變，將中國傳統文化中僅僅是幻象的理念同外國的實然的「物質」存在接合在一起的文化藍圖實質上是另外一種變形了的「精神加物質」的努力，當然不是說這樣的構想是沒有價值的，而是說在當時的中國歷史語境下，這樣的努力是收效甚微的。當時就有讀者指出了這個問題的實質所在，讀者滌寰在 1925 年 2 月 26 日在《京報副刊》上撰文指出：「我們應當記住歷史告訴我們的那個公律：思想是時代變遷而有變遷的，這意思就是：某種形式的思想必定在民眾生活發展到某種程度時，才能發生出來；否則絕不會存在的；反之，如果把某種思想——書，介紹給民眾——青年，尤其是中國狀況下的青年，必須適合他的生活——需要，才有益處。」這位讀者的眼光是很敏銳的，他的見解一針見血的指出了選家的努力在當下社會的蒼白無力。

社會學者冷納把轉型期社會的人稱之為「過渡人」，它是指在「傳統——現代」的連續體中，既不生活在傳統世界裏，也不生活在現代世界裏，從另一個方面說，既生活在傳統世界裏，又生活在現代世界裏的人，他們的價值觀念是遊移不定的，他們在雙重價值觀念的影響下是頗為困窘而尷尬的。魯迅的「歷史中間物」的自身定位是與「過渡人」的思想形象頗為吻合的。而且對胡適等人來說，他們不但徘徊在中西、新舊的二元思維困局中，同時他們還面臨著作為思想啟蒙者的啟蒙角色和作為學者的學術角色之間情與理的尷尬選擇。所以我們在「青年必讀書」徵求活動中大量的可以看到選家從自身的學術趣味出發所開列的所謂「必讀書目」，當時的讀者也對這種現象有一定的認識，在 1925 年 3 月 14 日的《京報副刊》中刊登了羅德輝的一封信，信中就指出了這個問題，「我們看胡適之先生所選的書目偏思想——也可以說是偏哲學。梁任公先生偏史學，……周作人先生偏文學，……徐志摩先生解釋了一大篇，仍是偏向文學去了。」而且當時的社會情勢和文化環境所必然要求的啟蒙任務也嚴峻的擺在每一個知識分子面前，可以說「青年必讀書目」

的徵求活動就是啓蒙思想的一次全方位的展現，1925 年 3 月 26 日安世徽先生在所選的十部書後於附注一欄內指出：「我以爲要打破多數染受的奴隸思想，洗去多數青年的暮氣，以上各書，比較相宜。」安世徽的話是很有代表性的。啓蒙的時代要求不可能讓這些選家們平和安穩的去思考「世界文化」的理想構型，與黑暗的文化保守勢力的鬥爭一直是那個時代的主題之一，曾有讀者來信說當時的社會情勢比五四前還要黑暗，啓蒙的歷史壓力是十分大的，讀者當時對有些選家所開列的書目也是十分不滿的，1925 年 2 月 26 日在《京報副刊》上發表了署名爲滌寰的一封信，其中說到：「產業幼稚文化落後的中國之下的青年，他們應有特別的任務；負指導青年的學者們也應當特別注意這一點。料想不到在『青年必讀書』裏面，學者先生們竟選出有這樣的書──什麼新約，舊約，老子，莊子……。中國的社會情形，政治狀況，尤其是思想界──宗法社會及封建制度一切的傳統的思想，不但沒有打倒，且更呈蒸蒸日上的現象了。在這種狀況下的青年，惟他能負這挽救的重大責任。訓練青年的這種活動，學者先生們是應該負的──受『青年必讀書』徵求的學者先生們更應特別注意這一點的！」在「青年必讀書目」於《京報副刊》上連載開始的第四天，也就是在 1925 年 2 月 14 日，周作人就以「問星」爲筆名發表了《讀經之未來》，他假借一個占卜者的口吻來預測到：「據我眞正祖傳的神課的爻象看來，這經是一定要讀的：在民國十五年以後各國學校內當無處不聞以頭作圈而狂喊子曰之聲，朔望則齊集學宮而鞠九躬……察得這幾年來民氣的趨向是在於衛道愛國。運動恢復帝號，是曰尊王；呼號趕走直腳鬼，是曰攘夷；非基督教，是曰攻異端；罵新文化，是曰辟邪說；這些都是聖人陰魂的啓示，更不必說學藝界上的國粹，東方文化，傳統主義等等的提唱了。總而言之，統而言之，這全是表示上流社會的教會精神之復活，熱狂與專斷是其自然的結果，尊孔讀經爲應有的形勢表現之一，其他方面也有舉動可毋庸說。」果然，同年 11 月 2 日，章士釗主持教育部部務會議決議，小學自初小四年級起開始讀經，每周一個小時到高小畢業爲止。對中國社會政治狀況認識的十分清楚的周作人此時早已經洞察到了文化保守主義者的反動與復辟的文化傾向了。

　　在這樣的歷史語境下，在選者特殊的文化心態下，在「青年必讀書」徵求活動中所展現出的那種想綜合中西文明精髓進而產生出一種「世界文化」的努力自然是收效甚微的，在注重建設的文化啓蒙時期內，在舊的價值系統

已經崩潰、新的價值系統尚未確立以前，他們的努力雖然並沒有形成一種完備齊全且達到所謂的「運作的、功能的綜合」的「世界文化」，但是他們有目的的選擇性的文化變遷的路向卻是基本正確的，並且也在一定程度上實現了中國傳統文化的「選擇性變遷」。

（二）布迪厄「場域」理論的引入

以歷史的眼光看來，《京報副刊》徵求「青年必讀書」與文化學術領導權的爭奪密切相關。有資格和能力來將自己指導性的書目開列給「青年」，是需要學術勇氣的，從這個意義上說，這也是自身文化強勢、學術信心的一個體現。而且由於書目是開給「青年」的，因此，這樣的舉動也帶有了指導中國文化學術未來走向的意味。選家們所開列的書單之間的關係，有的是互相補充的，而有的卻是相互牴觸、不能共存的。比如說梁啟超的書單和胡適的書單還有一定的互補性，而魯迅和他們兩位的書單卻是矛盾性的、不可調和的。魯迅書單的出場事實上是對胡適、梁啟超等人的一次思想顛覆和學術顛覆，從另外一個方面來說，也可以看作是魯迅與胡適、梁啟超等人就文化學術的領導權在《京報副刊》這個媒體公共空間上所展開的一種爭奪。為了更好的說明這個問題，我們可以從德國社會學家卡爾·曼海姆開創的知識社會學的角度，在思想和社會互動的視角下來考察在特定歷史語境中的知識分子問題，比如知識分子共同體的形成及其交往規則，它對社會公共空間和關係網絡的建構的影響等問題，結合五四後特殊的歷史情勢和時空條件對知識分子和他所生活的都市空間之間的關係，以及在現代文化生產和文化權力網絡的歷史文化背景上來認識知識分子的文化活動等等問題，將會使我們更好的認識「青年必讀書」的歷史意味和社會內涵。

都市，從現象上來說，是一個陌生人與陌生人相遇的空間，它從很大程度上擺脫了傳統社會以地緣、血緣以及學統關係為交往原則的「熟人社會」的特徵。都市化，也是傳統社會現代化轉變的一個十分重要的指標，在摧毀了傳統生活模式的同時，它所提供的種種便利及可能性將各地的傑出的人才吸引到一起，為知識以及媒介的發展提供了人力、物力和財力上的保證。以大學為代表的知識生產體系不斷的刺激著媒體的發展，同時媒體的普及也在很大程度上刺激了知識的生產與普及，這樣就讓文化的普遍參與成為了可能。在一個陌生化的物理環境中，知識分子之間的社會交往必然的形成了新的關係網絡和公共空間。在這樣一種被人為地建構起來的交往空間中，知識

分子的自我認同在他們對自身文化群體歸屬感的內在要求下不斷的重新組織著一種新的交往規則和認同取向，這樣的交往規則和取向總共有兩類：

第一，就是布迪厄所說的以現代教育體制所形成的以文憑為中心的等級性身份關係，布爾迪厄認為現代教育體系所帶來的必然就是以名校畢業生為精英階層的知識分子等級體制。學歷以及學歷的「出身」就是現代知識分子自我認同和相互認同的第一種交往取向。在中國二十年代的媒體空間內，它甚至已經獲得了一種「准入資格」的色彩。在《京報副刊》的版面上，有相當大的一部分文章後寫著作者的學校名稱，而且絕大多數都是一些知名的高等院校，比如北大、女師大、師大、燕大等等，當時的讀者們也敏銳的發現了這個問題，1925 年 2 月 17 的《京報副刊》上刊等了署名來蘇的一封讀者來信，其中說：「我想現在我們中國新起的著作家，最令人肉麻的，討厭的，就是寫甚麼『女師大』、『南大』、『北大』，『東大』、『西大』的『大』起來！一方面好像是要『狐假虎威』，一方面實在是恐怕非附驥尾而名就不會彰的。」孫伏園在隨後的編者按中雖然不同意「狐假虎威」的說法，但是也承認到：「署名既然是假的，如果後面有一個學校名等等（假定是真的），那麼至少可以給猜想的人有一個憑藉。」孫伏園所謂的這個「憑藉」事實上也就是指的投稿人的學歷「出身」和修養層次。不久就有讀者鏡人指出「某大」的署名格式已經是刊物採納投稿與否的一個標準了，他說：「……我到 T 公寓 S 君處閒談。他正在做投上海申報常識欄的文稿。我便對他像往日一樣的放肆的說：『十篇還登不出兩篇，有甚麼意思？』他說：『可是現在十篇已有九篇著哩！』我不信，追問；他說，『我從前的通信處，是用 T 公寓的，現在改用 P 大，又換了署名，故有這種效果。』我不禁大笑起來，說：『這幾個字有這麼值錢！』。」〔註61〕可見，名校高學歷已經成為了在知識分子等級體系中轉化為了一種「資格准入」標幟。

第二，是在媒體空間構成的意識形態網絡中的選擇性認同。思想的分化是現代知識體系的一個重大的特徵，世界一統的思維格局已經不復存在，在面臨著分化重組的社會全方位轉型中，他們出於對社會現實的文化認同、政治認同的差異而形成了不同的知識分子共同體，這也是他們在都市空間中選擇性交往的原則之一。傅斯年曾經在《新潮》中談到他們同人是如何聚合在一起的時候說：「我們是由於覺悟而結合的。每人覺得以前的生活上，思想上，

〔註61〕鏡人：《一偏之見》，《京報副刊》1923 年 2 月 23 日，第 7 版。

有些不是，決計以後不如此了：因爲彼此都在同一個時代，受同樣教育，所以以前的錯誤大致同類，所覺悟的差不多一樣。這可謂知識上的同一趨向。用這知識上的接觸，做根本，造成這個團體。我以爲最純粹，最精密，最能長久的感情，是在知識上建設的感情，比著宗族或戚屬的感情純粹的多。恩怨造成的感情是不可靠的，因爲恩怨容易變化，容易摻雜；獨有知識造成的感情，隨著知識進化。我們同人結合之先，多沒有什麼交情，若頡剛子俊和我的關係，原是例外。我們當時集合同志的時候，只憑知識上的一致；雖是我們極好的朋友，而覺悟上有不同時，我們並不爲感情而請他。一旦結合之後，大家相敬相諒，團結的很牢，做起事來很有勇氣。」〔註62〕在二十年代中期的中國社會中，由於自身秉性、知識類型、教育經歷、個體環境、理想類型等因素的差異，知識分子群體日益區分爲兩類，一種是關注社會民生、政治環境並注重大眾啓蒙的公共知識分子，他們大多都是通過媒體來發出自己關於公共事務的聲音；另外一種是關注學術並以現代高等教育機構爲活動舞臺，也是通過媒體來發出自己關於自身知識生產的聲音的專業知識分子。這種區分不僅存在於個體之間，而且在當時轉型期的中國社會語境中，很大程度的存在於個體內部並引起他們內心的焦慮和矛盾，胡適就是一個很典型的例子，他一方面有三十年不談政治的決心，同時，自由主義知識分子的責任感和使命感讓他尷尬的徘徊在公共知識分子和專業知識分子之間。魯迅在「青年必讀書」徵求中的表現可以說是一個公共知識分子的典型體現，而梁啓超則可以說是一個專業知識分子的體現，胡適的面影就比較模糊而遊移了，以他們三個爲象徵符號和認同對象，相當多的人在「青年必讀書」徵求活動中就自覺地用選票排起了「認同之隊」。

以上的兩個原則可以說是在當時的歷史語境下知識分子共同體形成過程中起了相當大的作用。那麼不同的知識分子共同體形成之後，它們內部結構及之間的相互作用又是怎樣的呢，我們在這裡引入布爾迪厄的反思社會學的有關理論來進一步展開論述。隨著資本主義的發展，社會化的職業分工、階級利益的分化、思想多元的確立以及現代文化體制的運作導致了傳統的混沌且綜合的世界圖象不斷分崩離析，政治、經濟、文化之間及自身內部不斷分化，不僅是在經濟領域內，尤其是在社會文化領域中，社會分化更爲鮮明，每個領域和學科在分化重組的同時都不斷建構著自身的精神氣質和內部規

〔註62〕傅斯年：《新潮之回顧與前瞻》，《新潮》第二卷第 1 號。

則，自律性的獲得打破了傳統文化他律性的桎梏。布爾迪厄認爲：「在高度分化的社會裏，社會世界是由大量具有相對自主性的社會小世界構成的，這些小世界就是具有自身邏輯和必然性的客觀關係的空間。」〔註63〕由此，他形成了有關「場域」的理論模式，他的場域理論由三個關鍵概念來支撐：場域、習性和資本。布爾迪厄說：「從分析的角度來看，一個場域可以被定義爲在各種位置之間存在的客觀關係的一個網絡，或一個構架。正是在這些位置的存在和它們強加於佔據特定位置的行動者或機構之上的決定性因素之中，這些位置得到了客觀的界定，其根據是這些位置在不同類型的權力（或資本）——佔有這些權利就意味著把持了在這一場域中利害攸關的專門利潤的得益權——的分配結構中實際的和潛在的處境，以及它們與其它位置之間的客觀關係（支配關係、屈從關係、結構上的同源關係，等等）。」〔註64〕這是一個被爭奪的、自律性的空間，在這個空間中，處於不同位置上的行動者們爭奪並重新分配物質和符號資本。而習性被布爾迪厄定義爲：「與存在條件的特定階級相聯繫的條件作用形成了習性：它是持久的、可變換的的一些性情系統，是一些被建構的結構，這些結構傾向於作爲建構性結構而起作用，也就是作爲這樣一些原則而起作用：它們產生和組織了實踐和表徵，從而，即便並未有意識瞄準一些目標，或者並未明確掌握爲達至這些目標必具的運作程序，就可以客觀地適應到其結果中去。」〔註65〕也就是說，習性是根植在共同體成員心智上穩定的、普泛性運作的、在社會條件的限制下也會緩慢變遷的一整套性情系統，比如文化品位、信仰認同等等。場域和習性當然是布爾迪厄「場域」理論模式研究的重點，但是它們又都是圍繞著資本的分佈方式而運作的。習性取決於共同體成員在其場域內所佔據的位置，也就是取決於他所擁有的資本的數量和性質，布爾迪厄說：「資本是積累的（以物質化的形式或『具體化的』、『肉身化的』形式的）勞動，當這種勞動在私人性，即排他的基礎上被行動者或行動者小團體佔有時，這種勞動就使得他

〔註63〕　〔法〕布爾迪厄、華德康：《實踐與反思：反思社會學導引》，李猛、李康譯，中央編譯出版社 1998 年版，第 134 頁。

〔註64〕　〔法〕布爾迪厄、華德康：《實踐與反思：反思社會學導引》，李猛、李康譯，中央編譯出版社 1998 年版，第 133、134 頁。

〔註65〕　〔法〕布爾迪厄、華德康：《實踐與反思：反思社會學導引》，李猛、李康譯，中央編譯出版社 1998 年版，第 171 頁。

們能夠以物化的或活的勞動的形式佔有社會資源。」〔註66〕在布爾迪厄看來資本可以分三類：經濟資本，即各種生產要素、財產等；社會資本，即穩定的、制度化或傳統遺存的社會關係網絡；文化資本，即知識能力的資格總體，尤其是教育資歷。在這三種資本之間存在著可轉化的相互關係，而在場域中的行動者們正是通過各自所擁有的三種資本形式來謀求一種被掩飾的權力資本──符號資本（或稱之爲象徵資本），即被社會所承認的關於聲望、成就和領袖地位的建構且要求別人自願或無意識服從的一種權力資本。這種象徵資本是不可再生的，而其他三種資本卻是可再生的。象徵資本是一種稀缺資源，是場域中的行動者們在交往互動中相互爭奪的一種權力符號。

如果我們用布爾迪厄的「場域」理論模式來反觀《京報副刊》青年必讀書徵求的活動，我們就可以將胡適、梁啓超和魯迅看作是在《京報副刊》所提供的知識分子交往場域內憑藉著自身歷史取得的文化資本和社會資本，有意或無意的就象徵資本所展開的一種文化學術領導權的爭奪。在胡適和梁啓超之間，事實上是有關學術代際之間就文化學術領導權之間的一種爭奪，而魯迅和胡適，一個是在身處大學體制內造就新文化運動的知識分子，一個是身處大學體制外新文化運動所造就的知識分子，胡適所憑籍的不但有造就新文化運動的文化資本，而且他身處大學體制內，他在學術場域中的社會資本是極其雄厚的，而魯迅由於他身處大學體制之外（他在北大、女師大的兼課不能算是身處大學體制內），他的影響更主要的是在文藝場域內，他對胡適等人憑籍著大學體制的制度優勢而想把學術場域的規則應用於青年教育體制中的做法是不滿的，布爾迪厄關於教育體制曾經有非常精闢的論述，他認爲「教育體制隱藏了權力運作的至關重要的秘密：它既是權力運作、傳承和再生產的主要途徑，同時又由於其超越功利相對自主性的形式，掩蓋了權力的支配關係。具體的說，教育系統控制著文化資本的生產、傳遞和轉換，因而乃是支配著社會地位、形塑著社會無意識的重要體制，也是再生產不平等社會結構的主要手段。」〔註67〕同時，「課程的設置、教育學權威的認定、教育體制標準的制定總是有利於特權階層的利益，或者更清楚地說，有利於

〔註66〕〔法〕布爾迪厄：《文化資本與社會煉金術》，包亞明譯，上海人民出版社 1997 年 1 月版，第 189 頁。
〔註67〕朱國華：《權力的文化邏輯》，上海三聯書店 2004 年第一版，第 84 頁。

文化資本。……通過文化資本預設爲教育學標準的這種任意性，通過學校的客觀、中立、公平的表象，教育系統將屬於少數上層人物的文化特權轉換成他們的文化特長，將社會不平等轉換爲教育不平等和個人能力的不平等，從而掩飾了權力關係，並加深了社會區隔。……當教育系統將社會區隔轉化爲學術區隔的時候，它也就將社會區隔合法化了，也就是說，通過技術中立性掩蓋下所強加的認知分類，教育系統再生產了現存的社會分類。教育再生產通過文化再生產實現了社會再生產的功能，也就是說，再生產了社會階級關係，強化了而不是消除了文化資本的不平等分配。由此，教育系統將現存秩序合法化。被剝奪者由於將學校的分類系統視爲當然的、普遍的系統加以接受，意識不到這些合法分類背後隱含的社會意義，意識不到自己的被剝奪。」〔註68〕這段話眞的是極其深刻的揭示了知識分子作爲「統治階級裏面的被統治者」的內在本質，同時也對現代教育制度與國家意識形態的「合謀」進行了鞭闢入裏的分析。布爾迪厄的思想提供了一把鑰匙來認識魯迅在面對二十年代大學體制內「整理國故」的思潮以及胡適等人在「青年必讀書」的表現時所採取的策略，當胡適等人想將「社會區隔學術化」並將自己的學術專長特權化的時候，魯迅認識到了青年學生以及公共知識分子的「被剝奪」的危險，作爲大學體制所造就的學術場域的局外人，他顯然受到了該場域邏輯的壓力，因此，場域內的符號鬥爭也就不可避免的發生了。根據布爾迪厄的觀察，場域中的行動者根據自身的習性和資本的不同，總共有三種行動策略，即保守、繼承和顛覆。「布迪厄借用了韋伯宗教社會學的觀點，將在場上擁有較多資本、具有統治地位的行動者比喻成牧師，他們強調傳統、繼承、連續性和再生產，並自居爲正統；至於雄心勃勃的新秀則被比喻爲先知，他們以回溯到場域的基本信念的根源的名義，宣判了場中現行遊戲規則的死刑。他們強調斷裂、反叛和挑戰性，並以異端自命。正統與異端之爭旨在爭奪對於揭示場域合法遊戲規則的壟斷權。而任何一方對於遊戲規則的制定都是根據自己的位置和利益來進行有意識或無意識的調節的。」〔註69〕如果我們研究參與《京報副刊》青年必讀書的徵求的選家名單，會發現有相當大一批人都是北京大學的文科教授或是北大研究所國學門的成員，他們屬於當時大學體

〔註68〕 朱國華：《權力的文化邏輯》，上海三聯書店 2004 年第一版，第 85～88 頁。
〔註69〕 朱國華：《權力的文化邏輯》，上海三聯書店 2004 年第一版，第 183 頁。

制內學術研究的正統派，顯然他們在學術場域中具有較多的文化資本和社會資本，他們是現行場域規則的積極維護者和衛道者。而魯迅面對他們的學術強勢所採取的策略只能是顛覆現行的遊戲規則，《京報副刊》上青年必讀書的活動就給他提供了這樣的一個機會，我們看看他的選票的顛覆性就不難理解他這樣做的原因了。魯迅這樣的策略主要是出於對現存規則的顛覆，他並不是有意識的要去爭奪象徵資本，他在回答對他的書目質疑的讀者來信中說：「所謂『素負學者聲名』、『站在中國青年前面』這些榮名，都是你隨意給我加上的，現在既然覺得『淺薄無知識』了，當然就可以仍由你隨意革去。我自愧不能說些討人喜歡的話，尤其是合於你先生一流人的尊意的話。」〔註70〕「那時的聊說幾句話，乃是但以寄幾個曾見和未見的或一種改革者，願他們知道自己並不孤獨而已。」〔註71〕魯迅雖然主觀上可能並沒有對場域內的象徵資本進行爭奪的願望，從他沒有開列自己文化資本中文化特長的書目並希冀以之重建現代教育體制的規則就可以看出這一點，但是，客觀上，他的言論已經起到了一種旗幟的作用，在1925年3月31日的《京報副刊》第八版上刊登了趙雪陽的青年必讀書目，之前有他的一封致孫伏園的信，其中說：「魯迅先生繳白卷，在我看起來，實比選十部書得的教訓多，……現在我看不能不振臂疾呼，尤望魯迅先生作主將，不要再守沉默。」本無意來積累自己在社會上象徵資本的魯迅卻獲得了實質上的象徵資本。因此，在這個意義上說來，「青年必讀書目」的開列其實說到底就是在胡適和魯迅之間有關文化學術領導權的一次爭奪，魯迅曾說自己在1924年12月15日的《語絲》上發表文章《「音樂」？》來阻止徐志摩對《語絲》的滲透是與胡適派文人的第一次「結怨」的話，那麼，他在《京報副刊》上有關「青年必讀書目」徵求中的表現無疑就是第二次的「結怨」了。

　　同時，如果我們把胡適、魯迅的表現放在「大學體制——學會、社團——現代報紙副刊」這個文化序列和更寬泛的文化場域中來考察，我們可以認為這是現代知識分子借助於《京報副刊》這個公共空間在以思想認同與知識認同為導向而形成知識分子共同體的同時，在大學教育體制和報紙副刊之間所展開的雙向交流互動。而《京報副刊》的編輯孫伏園顯然是站在魯迅一邊

〔註70〕魯迅：《報「奇哉所謂……」》，《京報副刊》1925年3月8日，第7版。
〔註71〕魯迅：《聊答「……」》，《京報副刊》1925年3月5日，第8版。

的，他引導下的《京報副刊》對魯迅在公共空間內資本爭奪中象徵資本的獲
得起了重要的作用。在中國現代知識分子共同體的形成過程中運作規則不光
是前文所說的學歷認同和意識形態的選擇性認同兩類，傳統社會的血緣、地
緣和學統關係也是很重要的一個方面，尤其是地緣和學統關係。因爲這些關
係在現代都市陌生人社會中可以有效地降低交往成本，迅速的產生相互認
同。魯迅和孫伏園不但是老鄉，而且早在紹興的時候就是師生關係，尤其是
孫伏園主編《晨報副刊》時對魯迅經濟資本、文化資本和社會資本的助力都
是有目共濱的，而魯迅也是孫伏園手中的一張王牌。可以說在他們二人之間
的文化資本和社會資本之乃於象徵資本之間都存在著一種互築同構的關
係。魯迅在場域中資本的獲得在某種程度上說也就是孫伏園資本的獲得。孫
伏園在「青年必讀書」徵求活動中對魯迅的支持主要是通過他的編排技巧實
現的，所有質疑魯迅書目的文章都是在前，而魯迅批駁的文章在後，而且都
是在同一天「一先一後」的刊登出來，這顯然是讀者來信後孫伏園拿給魯迅
批駁的結果，不然不會在同一天刊登出來，而「一先一後」的編排方式非常
重要，這就讓魯迅在論辯中永遠處在一個批駁者的地位，比如在 1925 年 3 月
5 日刊登了讀者柯伯森質疑魯迅書目的文章《偏見的經驗》，隨後就是魯迅的
批判文章《聊答「……」》；而在 1925 年 3 月 8 日，也是先發了讀者熊以謙的
質疑文章《奇哉！所謂魯迅先生的話》，隨後就是魯迅的文章《報「奇哉所
謂……」》來進行反駁，不但如此，隨後還發表了署名爲 ZM 的一篇文章《魯
迅先生的笑話》，這是魯迅的一個學生所記錄的魯迅在課堂上所講的一個笑
話，這則笑話諷刺的就是中國傳統文化瀕死的掙扎，值得我們注意的是隨後
還有魯迅就該笑話致孫伏園的一封確認信，「伏園兄：來信收到。那一篇所記
的一段話，的確是我說的。迅。」從魯迅的信中我們可見，孫伏園對有關魯
迅的言論在媒體上的發表都是謹慎入微的，而這則笑話也形象而有力的支持
了魯迅的觀點。我們從魯迅對孫伏園的稱呼和信後的署名也可以看出，他們
之間關係的非同尋常。在《京報副刊》上「青年必讀書目」活動中，基本上
沒有批評魯迅的文章單獨的出現過，一般都是作爲「靶子」受到後面文章的
批判。

　　將布爾迪厄有關「場域」的理論模式引入「青年必讀書目」的探討可能
對我們更全面的認識和理解當時的社會文化語境、更深入的探討知識分子共
同體中行動者的文化選擇。

第三節　時代的風潮中——從一系列「刊中刊」
　　　　看《京報副刊》的轉向

一、孫伏園和《京報副刊》政治化轉向的歷史可能性和必然性

　　二十世紀二十年代早期的中國社會，在政治上來說是典型的軍閥政治，在費正清等人看來，軍事技術的發展和政治管理職能的萎縮同時存在的局面是中國特有的「一種不平衡的現代化的產物」〔註72〕。割據一方的軍閥最終的目的是政治性的，他們拼命爲擴充地盤而常年爭鬥以至於無瑕他顧，在支撐並生產政治思想的各種制度化的機構和途徑被切斷之後，各種傳播媒介廣泛的參與到了政治輿論的生產機制之中。1924年10月第二次直奉戰爭期間，直軍第三路總司令馮玉祥在北京發動了軍事政變，囚禁了賄選總統曹錕，解散了豬仔國會，知識分子關於社會的理想願景加上相對寬鬆的政治局面，「使得思想自由以一種眞正自由的方式盛極一時」。〔註73〕這個判斷可以說是存在並表現於《京報副刊》整個的生命形態中。馮玉祥發動北京政變的時候，也正是孫伏園因爲發表魯迅《我的失戀》而被迫離開晨報館的時候。可以說，政治因素也是導致孫伏園離開研究系把持下的晨報館的一個因素。五四一代學生知識分子有關刊物與政治的之間關係的看法是一個值得我們深思的問題。在1919年1月28日的《北京大學日刊》上發表的「本刊啓事」中說：「凡不犯下列各項之稿件無論論者譯者或紀事者均在歡迎之列：（1）談論現實政治及宗教問題。（2）攻擊他人。」而同一個時期問世的《新潮》在發刊辭中也提出自己辦刊的旨意是「一則以吾校眞精神喻於國人，二則爲將來之眞學者鼓動興趣」，同時，「本此精神，循此途徑，期之以十年，則今日之大學，故來日中國一切新學術之策源地；而大學之思潮，未必不可普遍國中，影響無量。」從它的發刊辭就可以看出，它是避免直接介入政治的。而傅斯年在《新潮之回顧與前瞻》一文中也提到：「中國的政治，不特現在是糟糕的，就是將來，我也以爲是更要糟糕的。兩千年專制的結果，把國民的責任心幾乎消磨盡了。……所以在中國是斷不能以政治改政治的，而對於政治關心，有

〔註72〕〔美〕費正清、賴肖爾：《中國：傳統與變革》，江蘇人民出版社1995年3月版，第443頁。
〔註73〕〔美〕費正清、賴肖爾：《中國：傳統與變革》，江蘇人民出版社1995年3月版，第452頁。

時不免是極無效果，極笨的事。我們同社中有這個見解的人很多，我雖心量偏狹，不過尚不至於對於一切政治上的事件，深惡痛絕！然而以個人的脾胃和見解的緣故，不特自己要以教書匠終其身，就是看見別人做良善的政治活動的，也屢起反感。同社中和我抱同樣心思的正多。」〔註74〕可見新潮社中有很多人跟傅斯年一樣是凡對直接參與政治的，也就是不願意「以政治改政治」的，甚至對別人從事「良善」的政治活動，也都是不贊成的。所以新潮對北大學生救國會機關刊物《國民》是頗有微詞的。因為「國民雜誌社的一群，始初以反抗國際帝國主義（日本）之壓迫這點愛國的政治熱情相結合。在雜誌上可以看出他們對於政治問題、社會問題是特別注意的。」〔註75〕《國民》雜誌的宗旨是：一，增進國民人格；二，灌輸國民常識；三，研究學術；四，提倡國貨。《新潮》同人與《國民》同人本來頗有些針鋒相對的味道的。但是隨著中國社會政治局面的急劇變化，尤其是在帝國主義壓迫日緊的局面下，在外交、國事等等矛盾越來越突出的情勢下，新潮同人內部對自身以前的觀念在認識上也有了一定的改變，羅家倫在《新潮》二卷四號上發表的《一年來我們學生運動底成功失敗和將來應取的方針》一文中就說：「從前我們中國的學生，口裏法螺破天，筆下天花亂墜；到了實行的時候，一個個縮頭縮頸。」這也可以看作是他們有意識的對自己以前思想的一種反省，他們也就是在這個基礎上同國民雜誌社同人達成了思想上、甚至是組織形式上的一致。而當時跟羅家倫來往密切的孫伏園顯然是贊同新潮社投入社會改造的努力的。那種「到校園圍牆外」的思想顯然對孫伏園是很有吸引力的，在羅家論自我反省的文章之前，在《新潮》二卷三號上，孫伏園就發表過《海外中國大學為什麼不成輿論》一文，文中他就引用了杜威在《大學與輿論》中結論性的話，「只憑了憲法和種種規律來治理國家，這個時代過去了。近世國家，無論什麼事情的處理，都要依趨輿論的方向，輿論就是真實的政府，真實的指揮。大學自然是個養成專門知識和技能的人才府好地方，他還要養成製成輿論的『領袖』，憑他們去指導人民，使全國人民對於政府各樣事情的處理，有明白的贊成，也有明白的反對。然後才能有社會的『力』，才能有真實的民治。」從孫伏園對杜威言論的推崇中可以看出孫伏園對社會媒體的政治性抱

〔註74〕 傅斯年：《新潮之回顧與前瞻》，《新潮》第二卷第一號。
〔註75〕 黃日葵：《在中國近代思想史演進中的北大》，參見《北京大學二十五週年紀念刊》，1923 年 12 月 17 日。

負是極其遠大的，他對經由輿論形成「輿論的領袖」從而實現「眞實的民治」是充滿信心的，尤其是在孫伏園看來，在二十年代初的中國，並不存在一個以法律爲準繩的強有力的政府，所以他在 1921 年 6 月 23 日的《晨報》第七版上發表的《有政府主義》一文中對有人認爲中國是有政府的，他卻認爲「未敢深信」，他是要提倡「有政府主義」的。而他在 1921 年 7 月 9 日和 14 日相繼發表了《青年的不煩悶》和《新信仰》兩篇文章，他接用了羅素的話，要求青年作一個「征服社會而不被社會所征服」的社會活動家，將「對於社會的義務」作爲青年的新信仰。當然，我們也要認識到孫伏園的思想也是有過變遷的，尤其是在五四運動之後，知識分子自覺的展開了對青年學生投身於社會運動的反思，尤其是對群眾運動對思想革命、啓蒙運動產生的負面影響的反思。所以胡適、羅家倫等人在談到五四運動從文化運動到社會運動的轉向時，都是不無遺憾的。甚至胡適在 1960 年談到這個問題的時候，仍然很有感慨的回憶到：「要是從民國六年正月一號算起吧，有兩年的功夫，這兩年功夫就變了質啦，變成了一個政治力量啦，糟糕啦！這樣一來，以後的局面也變啦。所以我們現在回到『五四』這一天，只能說『五四』本身決不是文藝復興運動，而『五四』本身是愛國運動，完全是青年人愛國思想暴露啦，事先沒有一點計劃，不是一種運動，在這一陣當中，對付中國國家的民族危險的問題，就是我們眼看見山東、青島發生大問題，權利要掉啦，這是愛國問題。不過同時他們一方面幫助我們的文藝復興思想的運動，同時也可以算是害了我們這純粹思想運動變成政治化了，可以說變了質啦，在我個人看起來誰功誰罪，很難定，很難定，這是我的結論。」〔註 76〕在這種對青年學生投身於社會運動而忽視思想學術的反思潮流中，孫伏園的思想也發生了一定的變化，他在 1921 年 10 月 30 日發表在《晨報副鐫》上的《答費覺天君》一文中說明了自己思想的轉變，「我以前覺到了中國沒有政府之苦，所以介紹胡君的那句『有政府主義』的話，以爲有些意義。但我近來又覺到中國沒有人之苦了，所以癡想把功夫用些在造人的上面。不消說，創造自然就是將舊材料重新布置，但是基礎沒有鞏固，如何創造得上去呢？所以我又在這裡想鞏固基礎的念頭。」〔註 77〕從一個深受啓蒙思想影響的自由主義知識分子的角度出發，他極其重視的是「民治政府」與教育之間的關係，在 1921 年 12 月 18

〔註76〕 胡適：《胡適學術文集·新文學運動》，中華書局 1993 年版，第 308 頁。
〔註77〕 孫伏園：《答費覺天君》，《晨報副鐫》，1921 年 10 月 30 日，第 3 版。

日他在《晨報副鐫》頭版發表了《民治與教育的關係》一文，詳細的論述了自己對教育啟蒙、造就民治基礎的深刻認識。重視文化運動、注重學術思想啟蒙、注重文藝改造民眾趣味一直貫穿在孫伏園編輯《晨報副鐫》的始終。

　　如果我們要認為孫伏園此後就閉口不談政治了，那就大錯特錯了。1925年孫伏園在第 52 期《語絲》上發表的《語絲的文體》中曾談到：「語絲同人對於政治問題的淡漠，只限於那種膚淺的紅臉打進黑臉打出的政治問題，至於那種替政治問題作背景的思想學術言論等等問題還是比別人格外留意的。說的加重一點，倒是語絲同人最熱心於談政治，那種紅臉打進做一條評論，黑臉打出再做一條評論的人們才真淡漠於談政治呢。」顯然，如同胡適所說《新青年》是想要在思想文藝上替中國政治建築一個革新的基礎，《語絲》和前期的《京報副刊》上在思想學術方面的努力也可以看作是有明顯政治情懷的思想文化建設。可是在前期的《京報副刊》上，孫伏園不光注意學術思想，風雲激蕩大時代下的他，對現實政治是極其關心的，我們只要看看 1924 年 12 月剛剛創刊的《京報副刊》上孫伏園發表最多的就是關於社會政治方面的言論就不難理解這一點。在 1924 年 12 月中，《京報副刊》共發表了 9 篇關於社會政治的批評文章，幾乎有一半都是孫伏園以柏生為筆名發表的，我們只要看看這些文章的標題就知道孫伏園關注的重心所在了：《公府裏面只有一個曹錕嗎？》（12 月 10 日），《「和平門」怎麼了？》（12 月 13 日），《中流社會那裡去了？》（12 月 18 日），《李彥青槍斃了！》（12 月 19 日）。如此高密度的刊發自己對社會政治的批評文章，表明了孫伏園在新的歷史形勢、政治局面下對他在新潮時期就形成的「輿論是真正的政府」觀念的秉持和堅守，不但要在《京報副刊》上代表輿論、指導輿論，而且要創造輿論來發揮報紙的社會政治效能。事實上，孫伏園對政治輿論的強調也是有社會原因和歷史原因的，就如同傅斯年所說的那樣，兩千年的封建專制把中國人民的責任心消磨乾淨了一樣，孫伏園認識到當時的人民在多年的軍閥混戰的政治局面下早已對政治心灰意冷了，就連知識分子也將「不談政治」奉為圭臬。我們知道，中國傳統的政治文化，被奧門（G.Almond）稱作是「臣屬文化」（Subject Culture），在這種環境下，人民對政治根本不存在「投入取向」和「參與取向」，有關「政治主體的自覺」根本是不存在的，存在的只是「產出取向」，也就是說人們只是對政府行政舉措在道德意義上的賢良與否給予一定的關注。而到了二十年代中期，隨著教育的普及、由報刊等傳播媒介構築成的民意溝通網

的進一步完善，整個社會已經從一個「非動員的」社會漸變爲「半動員的」的社會，人們在不知不覺中已經普遍參與到了這個龐大的交流場域之內並完成了產生了相應的政治主體的自覺觀念。政治的現代化的一個很重要的標誌就是由大家來決定國家政治政策觀念在國民頭腦中的確立，一種在政治上「普遍參與」的現象在現代社會中鮮明的展現了出來。正是在這樣的歷史背景下，孫伏園認爲自己主編的《京報副刊》應當發揮一定的作用來推動這一局面的進一步發展。針對有的讀者不贊同胡適參加 1925 年 2 月 1 日召開的善後會議，孫伏園談了自己的看法，「學問的含義如果單指書本子上，研究室裏，實驗室裏的那些知識而言，那麼學者可以不必問政治；如果除了上述三處以外還有活的學問，那麼參與政治未始不是學者的任務。對於胡先生個人，記者二年前也曾進過忠告，以爲不但不必去干政治，連談政治都可以不必。不過近來的意見也略略改變了，以爲中國民眾對於政治太無趣味，爲民眾領袖的學者們，不妨相對的犧牲一點他研究學問的寶貴時間，引導民眾改變從前的舊見解，增加對於政治的新注意。」〔註 78〕從孫伏園自身對政治輿論的重視和關心以及對胡適參加政治活動的支持中，我們不難發現孫伏園自身思想的變化，當然，這種對知識分子社會角色的重新定位也必然影響到他所主編的《京報副刊》中來。不光是對作爲知識分子領袖政治化轉變的要求，這個時期的孫伏園也渴望激發起民眾對政治的「投入取向」，在 1925 年 1 月 31日的《京報副刊》第八版，孫伏園在讀者平平的文章《希望於今後之京副》之後的「記者附言」中說：「現在無論是責備我的，無論是恭維我的，這些人都只是讀者中對於本刊最熱心的少數人。還有那不開口的大多數人的意見，我們還沒有知道哩。共和國體的真正基礎，就在大多數人都能說話發表意見這一點上。雖然不能希望全體如此，但數目越多便越接近於真。」並且他還提出之所以不談社會政治等大問題，是因爲藉此來練習討論者的態度並築就「實際社會政治諸大問題的根基」，可見在孫伏園心目中的思想主線主要由兩部分構成，一個是文化運動，一個是社會政治運動，它們之間並不存在一個取代另一個獨立存在的可能，只是隨著社會情勢的緩急和思想潮流的轉變而相應的發生側重性的位移而已，而讓那些「不開口的大多數」都能發表意見這個觀點尤其是他這個時期的思想亮點，值得我們給予相當的注意。

突發性的社會政治事件、尤其是外交事件在中國社會發展史、思想史、

〔註 78〕孫伏園：《伏園附注》，《京報副刊》，1925 年 2 月 8 日，第 8 版。

文化史的發展軌迹上的影響是十分顯著的，就如同主旨迥異的新潮社同人和國民雜誌社同人在五四運動中會攜手而側重於社會政治運動一樣，《京報副刊》在主編孫伏園思想傾向、關注重心的轉變下，由於五卅運動的突然爆發，也發生了劇烈的刊物角色定位的變化，當然對這種突然的「形象位移」也應該放在前面所說的背景文化的思想底色中加以認識。

二、一系列政治思想「刊中刊」的問世

有關民國副刊「刊中刊」的研究，長期以來處於空白狀態。在筆者看來，五四文藝副刊上大量出現的「刊中刊」現象是十分值得研究的，我們不妨以發生在五卅時期出現在《京報副刊》上的這種「刊物嵌套」的文化現象爲對象做一番研究，這對於我們深入認識「後五四時期」的社會文化景象、知識分子的思想分化狀況以及文化場域內刊物角色認定等問題，都具有十分重要的歷史意義和作用。

孫伏園在整合報紙媒介和大專院校、進步團體的基礎上，積極謀求《京報副刊》從關注社會文化思想啓蒙到參與政治運動宣傳的轉變，體現了中國現代知識分子謀求思想文化建設和政治言說的時代衝動的兩難抉擇。以周作人、顧頡剛爲代表的自由主義知識分子在民族主義高漲的二十年代，在《語絲》這片「自己的園地」裏繼續貫徹自己的思想文化建設的理念，同時，又在《京報副刊》「刊中刊」上發表了大量的政論性批評文章，在本節我們將通過對他們兩個文化面影的比對，揭示他們看似矛盾卻並行不悖的心路歷程，同時闡述了在當時文化場域內《京報副刊》「刊中刊」的政治色彩以及歷史定位。

五卅慘案發生後，由於上海租界工部局封鎖了媒體傳播，所以關於五卅慘案的消息最早在《京報副刊》上出現已經是在 1925 年 6 月 4 日，署名爲「東壁」的作者從上海寄來了稿件《上海的空前的大殘殺》，作者在文章中痛陳了五卅慘案的發生經過，並且在文章的最後說：「此事變化不可測，待得他耗，當立即再報告於京中的讀者。上海報紙言論極不自由，故不能不披露於北京的報紙。」《京報副刊》主編孫伏園在發表於 6 月 5 日《京報副刊》上的《遊行示威以後》一文中提到這位隱匿了眞名的「東壁」先生的文章讓他感到「一種說不出的悲痛」，對上海租界當局鉗制新聞自由以至於「申報只能將小樣分送各報」的做法表示了強烈的譴責，並提出「我們應該繼續的爲自由而奮鬥，

最先的還是言論的自由」。同時，他又指出由於普通民眾缺乏最基本的政治常識，所以群眾運動容易形式化而難以起到「促起外人之覺悟」和「徵求民眾的附和與同情」的效果，因此，他大聲疾呼，「智識階級對於民眾的幫助還欠盡力！智識階級對於表率群倫這一點上也還欠盡力！」孫伏園從民眾愚昧的現狀中看到了智識階級由於對社會運動、政治啓蒙的冷漠所導致的嚴重後果，孫伏園對自己手中的《京報副刊》作為社會公共媒介資源的政治作用是有清醒而充分的認識的。作為自身也是「欠盡力」的智識階級的一分子，孫伏園從一個自由主義知識分子必然具備的道德要求和社會責任感出發，在駐京各院校學生、進步團體先進分子的要求下，將本關注文化、思想啓蒙的《京報副刊》改造成了一系列的政治性色彩極強的「刊中刊」：

　　　　1925 年 6 月 8 日，由清華學生會主撰的《京報副刊》「刊中刊」
——《上海慘劇特刊》正式與讀者見面了（這也是《京報副刊》上
第一種「刊中刊」），其後又相繼於 1925 年 6 月 9、10、11、12、13、
14、15、16、17、19、24 日共出 12 期。

除了《上海慘劇特刊》外，又相繼在《京報副刊》中「嵌套」了以下刊物：

　　　　《滬漢後援專刊》（北大學生會主撰），於 1925 年 6 月 18、20、
23、25、30 日，7 月 2、7 日共出 7 期。

　　　　《救國特刊》（救國團主撰），於 1925 年 6 月 21、28 日，7 月
5、13、19、26 日，8 月 2、9、16、23、30 日，9 月 6、13、20、27
日，10 月 5 日共出 16 期。

　　　　《反抗英日強權專刊》（女師大附中學生會主撰），於 1925 年 6
月 29 日出 1 期。

　　　　《鐵血特刊》（中華民國鐵血救國團主撰），於 1925 年 7 月 15
日出 1 期。

在孫伏園看來，五卅慘案是「我國民族興亡的大樞紐」，並且「我國民族如果因為這一回的大創痛而根本覺悟了，自政治以次的一切制度都洗心革面的從頭來過，那麼此後中華民國在地球上站的住腳也說不定」，否則「只能往死路上走以外沒有別法了」。〔註79〕正是由於認識到五卅慘案具有這樣重大的歷史意義，所以孫伏園才毫不猶豫的把《京報副刊》「租借」了出去。

〔註79〕 孫伏園：《引言》，《京報副刊上海慘劇特刊一》，1925 年 6 月 8 日，第 1 版。

　　與此同時，《晨報副刊》也刊發了一系列的「滬案特號」，但是它沒有像《京報副刊》那樣完全由各個學校主撰，保留了充分的編輯權利。在 1925 年 6 月 14 日《晨報副刊》第一期的《本刊滬案特號》上登出了學藝部為這一系列晨報副刊所主撰特號的啟事，「本刊嗣後關於滬案所有特約及外來稿件或彙成專號特刊，或隨時在副刊披露，或移登第三第六兩版，一視材料出入與來稿性質為衡，不拘格式，其有苦心著作願受酬金者，請注明受酬字樣。」〔註80〕在 6 月 15、20 兩天分別為「滬案特號」之二、三而停《文學旬刊》與《藝林旬刊》各一次。這個刊中刊總共出了八號。這是《晨報副刊》社所辦的特刊，而晨報學藝部等人也可能看到了《京報副刊》把媒介「租借」給高等學校學生會的做法，在 6 月 13 日就刊出了由北京師範大學學生會編輯的《滬案專號》（共出三號），在 6 月 19 日又刊發了由北京法政大學學生會主撰的《滬案特刊》（共出兩號）。可見，在五卅運動後，受到時代風潮影響下的北京報紙副刊上「刊中刊」的文化現象已經蔚然成風。

　　我們再來看《京報副刊》的「刊中刊」，《上海慘劇特刊》有關稿件的撰述是以清華學校同人為主體，而學術界的投稿也是接收並歡迎的。這個刊物的政治啟蒙色彩十分濃重，它的目標讀者群體就是受過一定教育的普通民眾，談到這個刊物可能不適應於智識階級閱讀時，孫伏園認為「無妨」，因為「第一，智識階級中有特識而無常識的人並非沒有；第二，於此危急存亡的時代，智識階級的任務也重在撰述並閱讀淺顯的文字；三，讀者如有對於智識階級打算宣佈什麼意見者，盡可自己動手，本特刊無不樂為宣佈。」在這裡面的三點，第一第二兩點都是以前孫伏園副刊編輯思想中就有的，而第三點則是他以前所希望那些「不開口的大多數」能開口說話的編輯理念的體現。王造時在《本刊的緣起及使命》一文中感謝孫伏園和邵飄萍把《京報副刊》交給清華學生會編輯，並且提出《上海慘劇特刊》的使命就是「喚醒民眾、抵抗英日」。而在內容方面既不能太深奧，也不能太膚淺。即使是高深的學理，也要用「極簡易、極明瞭、極生動的筆墨寫出來」。

　　在這裡我們要注意的是孫伏園由於思想認識的轉變和社會救亡事業的緊迫願意將《京報副刊》「租」出去還好理解，那麼，《京報》老闆邵飄萍為什麼也同意孫伏園將《京報副刊》讓於這些名不見經傳的學生呢？其實也就是

〔註80〕可參見《晨報副刊》，1925 年 6 月 14 日「學藝部啟事」。

在 1925 年，邵飄萍經過李大釗、羅章龍等人介紹秘密的加入了中国共產黨，羅章龍曾在上世紀七十年代末的《回憶五四運動和北京大學馬克思學說研究會》等文章中提到邵飄萍當時向黨組織提供北洋政府政治、軍事、經濟和外交等方面情報的情況。而 1925 年 1 月 11 日到 22 日在上海舉行了中国共產黨第四次全國代表大會，會議提出要號召工人、農民和其他被壓迫人民起來反對帝國主義的侵略，反對軍閥的壓迫，會議更是通過了一系列關於民族革命運動、工人運動、婦女運動、學生運動的決議案。而五卅慘案還未發生的時候，5 月 28 日中共中央就作出了進一步動員群眾開展反對帝國主義的政治運動的決議。那麼，當時已經是共產黨員的《京報》老闆邵飄萍當然是樂意看到《京報副刊》積極參與到發動群眾政治運動宣傳的行列中來。

在《上海慘劇特刊》出到第十期之後，也就是在 1925 年 6 月 18 日，由北大學生會主撰的《滬漢後援專刊》也問世了，北大學生會特刊編輯處刊發啟事申明：「（一）本會特刊茲從第十期起，改由京報副刊出版，編輯，仍由本會特刊編輯處負責。（二）凡本校同學和教職員及校外人士投稿，一律歡迎。稿件請直接寄至北大第三院學生會特刊編輯處。」〔註81〕可見，《滬漢後援專刊》與《上海慘劇特刊》一樣是本來就已經出版的刊物，《上海慘劇特刊》也是在已經出了第一期之後才借用了《京報副刊》的媒體空間的。同時它們都是歡迎校外投稿的，這樣就在一定程度上保證了媒體空間的開放性和多樣性。從 1925 年 6 月 8 日到 17 日，連續十天都是《上海慘劇特刊》佔據了《京報副刊》的媒體空間，而由於《滬漢後援專刊》的問世，孫伏園不得不把《京報副刊》的媒體空間在兩者之間予以劃分，他在《滬漢後援專刊》第一期上發表了《伏園啟事》聲明：「自本日起，每星期一三五出清華學生會主撰之《上海慘劇特刊》，二四六出北大學生會主撰之《滬漢後援專刊》。」

而到了 1925 年 6 月 21 日，由新近成立的救國團主撰的《救國特刊》也在《京報副刊》上面世了。在發刊辭中救國團主撰者闡述它們的宗旨，一是要用淺顯的語言文字來供給演講員的應用，二則是要由五卅慘案來求得中外關係史上「多少件積案」的總解決。從主撰者隨後發表的《救國團成立宣言》中我們瞭解到這個愛國團體是由於受到了五卅慘案的刺激而自發產生的。由於已經作出了媒體資源的劃分，孫伏園只好決定讓《救國特刊》在每星期日

〔註81〕參見《北大學生會特刊編輯處啟事》，《滬漢後援專刊（一）》，1925 年 6 月 18 日，第 7 版。

出版。孫伏園將《京報副刊》的版面從周一到周日完全的「租借」給大專院校和進步團體，這顯然與《晨報副刊》之前所宣稱的「本刊嗣後關於滬案所有特約及外來稿件或彙成專號特刊，或隨時在副刊披露，或移登第三第六兩版」的保守做法，形成了鮮明的對比。

　　1925 年 6 月 29 日，由女師大附中學生會主撰的《反抗英日強權專刊》也作爲《京報副刊》「刊中刊」的一種出版了。在發刊辭中主撰者聲明他們的宗旨是要在宣傳五卅眞相和討論解決辦法之外，「打算在本刊多登些關於滬案的文藝作品，使讀者增加興趣而有深刻的印象。」

　　1925 年 7 月 15 日，由中華民國鐵血救國團主撰的《鐵血特刊》作爲《京報副刊》「刊中刊」也問世了，就如同這個刊物的名字一樣，主撰者堅決主張「用武力便是對英國人唯一的辦法」。他們在大聲疾呼「軍人呵！你們那兒去了？」的同時，出於對自身學識、思想能力不足的認識，對智識階級作了政治性動員，「假如知識階級的先生們肯到這個團體來指導我們，我們甘願立刻把這執行委員會改組，而服從知識階級先進們的命令去努力工作。……我們現在極盼望民眾指導者的知識階級，來協助我們，指導我們，使我們能在救祖國滅亡的戰線上，克盡我們所有的戰鬥能力。」〔註82〕

　　由於大量「刊中刊」的湧入，而且這些刊物從思想內容上來看都是大同小異，隨著對五卅慘案社會關注度的降低以及作爲自由主義知識分子思想啓蒙使命的先天要求，孫伏園從《京報副刊》自身發展的角度出發，在 1925 年 6 月 22 日刊發的《京報副刊》中提出了「收回租界」的口號，孫伏園這個挺時髦的口號其實是要收回被以上「刊中刊」佔據的媒體空間。因爲孫伏園一直認爲，「即使在戰爭狀況之下，科學家依舊不離開實驗室，藝術家依舊謳歌，依舊繪畫，依舊雕刻，哲學家依舊探討高深的學理，這才是有希望的國家，健全的民族所幹出來的事。」他這樣的認識，其實也就是他心裏一直存在的「思想文化運動是一切社會運動基礎」認識的復蘇。而且從《京報副刊》文化形象和編輯事務的連續性出發，他認爲有必要對這樣的局面作出調整。他說：「本刊天天忙國家大事，把一切學術文藝的稿件按下不提，倏忽也半個月了。現在全國人趁全國人都板起面孔，大嚷『收回租界』的時候，記者也要對北大學生會、清華學生會，救國團等各友邦說一句笑話，本刊也要慢慢的

<hr>

〔註82〕參見《本團執行委員會對全國知識階級宣言》，《京報副刊鐵血特刊》，1925
　　　　年 7 月 15 日，第 8 版。

設法收回租界了。」〔註 83〕孫伏園這封公開信發表沒幾天，清華學生會賀麟就給他寫了一封信，正式通知孫伏園由清華學生會主撰的《上海慘劇特刊》決定停辦了。原因有兩個方面，第一，清華學生會準備系統的出一個關於五三慘案的小冊子——《上海慘殺案紀實》——來代替《上海慘劇特刊》；第二，主撰者決定「放下筆的宣傳，去作口的宣傳；放下靜的宣傳，去作動的宣傳」，由於賀麟本人作為特刊編輯部的負責人，所以他一走，就找不到繼續負責的人，所以只好停辦《上海慘劇特刊》。賀麟所說的問題，其實就是五四時期以及後五四時期學生從事文化宣傳運動的一個特點，由於學生自身思想的轉變和組織上的不健全，加上學校學制的特點，一旦人員發生變動，一個刊物便難以為繼。從《新潮》的歷史流變中我們也很容易看出這個特點。

孫伏園自然對他們交還「租界」是表示感謝的，同時他也想早日收回由北大學生會主撰的《滬漢後援專刊》的媒體空間，他說：「北大學生會向以有實際的活動和宣傳的能力著名，清華賀先生所說的各種情形，北大學生會一定都有。所以從下星期起，《滬漢後援專刊》也許不能逢二四六準出。我可以先在這裡報告一聲。」果然，孫伏園從此打破了他自己定下的媒體空間分配計劃，並且將收回來的《京報副刊》媒體資源又分配了一部分給隨後誕生的《反抗英日強權專刊》和《鐵血特刊》。

這一系列「刊中刊」的主撰者大多都是在校學生，他們繼承並發揚了五四學生的愛國熱情和鬥爭經驗，就如同費正清所說的，「舊社會的這種崩潰驅使新的學生階層挺身而出，成為領導者和拯救者。他們繼承了士大夫們向當權者進諫和效命於社稷文化的傳統，感到只有他們才有資格通過學習來『拯救』國家並使國家現代化。」〔註 84〕當學生的這種投身社會政治的熱情和孫伏園對《京報副刊》角色的重新認定結合在一起的時候，就出現了這麼多的「刊中刊」現象。這也是《京報副刊》社會化轉型的一次努力，孫伏園在這次轉型中，積極利用社會思想資源、尤其是大學學生和進步團體的思想資源的優勢，充分發揮了《京報副刊》作為社會公共媒體空間的動員組織功能，在一系列的刊中刊內部及相互之間，充滿了「多聲部」的特色，以政治救亡為共同目的而實際路向迥異的「眾生喧嘩」是這些「刊中刊」的一個顯著特色。

〔註83〕孫伏園：《收回租界！》，《京報副刊》，1925 年 6 月 22 日，第 8 版。
〔註84〕〔美〕費正清、賴肖爾：《中國：傳統與變革》，江蘇人民出版社 1995 年 3 月版，第 450 頁。

在這些「刊中刊」中所提出的問題以及展開的討論大致有以下一些，怎樣處理五卅慘案的善後事宜，對英日以及帝國主義列強應採取什麼鬥爭策略，國人由這次慘案應該有什麼覺悟，領事裁判權問題和租界問題，國家主義問題，軍事反抗強權可行性問題，抵制外國貨物問題、新形勢下的青年運動問題和知識分子問題等等。從他們所討論的問題來看，基本上是沒有什麼新話題的，就如「太陽下沒有新的事物」一樣，這些問題在中國也絕不是新問題，在副刊這個公共空間內，早在 1923 年 7 月 10 日孫伏園主編的《晨報副鐫》上就有署名為「浩然」的讀者發表了《日本貨》並引發了一場關於國人是否應該使用日本貨的爭論，在 1923 年 7 月 19 日周作人就為了當時有人借用群眾運動的名義壓制個人自由而發表了《還不如軍國主義》，在文章中周作人明白的提出自己反對「排斥日貨」，他聲稱：「我的反對不是對抗，只是不服從，因為我要買什麼貨是我的自由，不是群眾所得干涉。」〔註 85〕周作人認為排斥日貨的做法完全是國家主義的產物，「現在似乎以為被本國人殺不算什麼，被外國人殺才非報復不可：那非國家主義的思想而何？……但如果有人提倡軍國主義，主張以武力對外解決一切，我倒是贊成他的，……奴隸是誰也不願做的。無論是什麼人物，怎麼樣的奴隸，都不應該做。倘若一定要跪在舊主人的皮鞭底下，得了他的許可去罵間壁的奴主，那個人未免奴隸根性長的太深了。」周作人的這個思想我們在兩年之後作為《京報副刊》「刊中刊」出現的《滬漢後援專刊》上再次看到，在他發表的《對於上海事件之感言》、《文明與野蠻》、《講演傳習所》等文章中可以發現他的思想與兩年前幾乎是一模一樣的。不光是有關抵制外貨的問題，我們如果接合以前媒體上對其他話題的討論與民眾在五卅運動後《京報副刊》「刊中刊」上發表的言論來看，基本精神和思想傾向是相差無幾的。

　　從歷史的角度來看，一系列的《京報副刊》「刊中刊」的思想表現只是在被政治事件激發起來後對「歷史話題」的再次接續。當然，這類的「話題接續」是有一定的社會意義和時代意義的，但是，我們也不可對它估計過高，一方面，這些刊中刊打破了孫伏園和《京報副刊》一直以來所構建的以思想學術文藝為宗旨的文化運動的思想結構和角色定位，在五卅慘案發生以前，《京報副刊》上推出的文化核心熱點是關於妙峰山進香的話題，孫伏園為了推動和經營這個話題，分別在 1925 年 5 月 13 日、23 日、29 日三天專門刊發

〔註 85〕周作人：《還不如軍國主義》，《晨報副鐫》，1923 年 7 月 19 日，第 4 版。

了三個專號，這在《京報副刊》的歷史上是比較少見的。在《妙峰山進香專號（一）》的引言中，顧頡剛談起他們調查妙峰山香會的動機時說：「第一，在社會運動上著想，我們應該知道民眾的生活狀況。……我們在這上，可以看出他們意欲的要求，互助的同情，嚴密的組織，神奇的想像，可以知道這是他們實現理想生活的一條大路。……給與我們以觀察他們思想的一個好機會。第二，在研究學問上著想，我們應當知道民眾的生活狀況。……在現在的時候，稍微知道一點學問的人都覺得學問上的一尊的見解應該打破，但至今還沒有打破。所以然之故，只因爲打破一尊的話單是一句空話，實際上加入的新材料並不多，造不起一般人的新見解，所以舊見解還是占勢力。加入的新材料何以不多，只因爲大家沒有提起親身搜集材料的興致，翻來覆去總是這一點；……這次的專號，我們算做一個榜樣。朝山進香的事，是民眾生活上的一件大事。他們儲蓄了一年的活動力，在春夏間作出半個月的宗教事業，發展他們的信仰，團結，社交，美術的各種能力，這眞是宗教學，社會學，心理學，民俗學，美學，教育學等等的好材料，這眞是一種活潑潑的新鮮材料！」〔註86〕我們從顧頡剛的話中可以看出，《京報副刊》上刊登出《妙峰山進香專號》的主旨是跟孫伏園對《京報副刊》文化思想啓蒙的角色定位是一脈相承的，而一系列「刊中刊」的問世顯然顛覆了這種角色定位。

同時，如果我們把這一系列的刊中刊的出現放在一個更廣大的文化場域和媒體序列中來考察，即放在由「現代大學體制與精神——同人刊物、社團——報紙副刊日刊」的文化場域中來考察，從《妙峰山進香專號》到一系列的政治「刊中刊」的轉變，也就是從「北京大學——北大研究所國學門——京報副刊」這個文化場域結構轉變爲「北大、清華——各校學生會——京報副刊」這個政治場域結構了。而五卅前在《京報副刊》上從事思想文化建設的知識分子，比如周作人、顧頡剛、魏建功等人都是北大研究所國學門的成員，他們在五卅慘案爆發後也把關注點迅速轉移到了政治運動方面，在一系列「刊中刊」上發表了大量的政論性的文章。在五卅以前，孫伏園跟北大研究所國學門之間存在著很密切的合作，按照 1925 年 12 月 23 日出版的第十一期《北大研究所國學門周刊》內的學術界消息一欄的說法，這個時候他在國學門內負責編輯風俗書目的學術工作，而這些風俗共有三種：妙峰山、東嶽廟和北

〔註86〕 顧頡剛：《妙峰山進香專號（一）引言》，《京報副刊》，1925 年 5 月 13 日，第 3 版。

京市招。孫伏園在轉換《京報副刊》角色定位的同時，事實上也暫時放棄了自身對文化學術路向的堅持。而在這個政治性的場域中，在報刊和以學生運動為代表的大學精神之間的互動也是值得反思的。周作人在 1925 年 6 月 29日發表了《五四運動之功過》，借著探討歷史問題來指出由於五四運動政治上的成功而給青年學生帶來的兩個幻覺和迷信，「（1）有公理無強權，（2）群眾運動可以成事：……憑了檄，代電，宣言，遊行之神力想去解決一切的不自由不平等，把思想改造實力養成等事放在腦後。」並且深刻的指出：「單是公理決不能戰勝強權，單是口號遊行也不能打倒帝國主義；這種迷信的報酬只是機關槍。五四以來前後六年，國內除兵匪起滅以外別無成績，對外又只是排列赤手空拳的人民為亂七八糟的國家之後盾，結果乃為講演 —— 遊行 ——開槍 —— 講演……之循環，那個造因的五四運動實不能逃其責。」我想周作人在「三一八」慘案後一定要感歎「教訓之無用」並對五四運動所產生的負面影響有更深刻的認識了。而青年學生在感情用事和愛國激情下對社會媒介資源的接管，在充分發揮了報刊的社會政治動員組織機能「養成群眾」的同時，一種虛幻的成就感肯定會油然而生。而由這樣的社會媒介資源所鼓動起來的社會思潮反過來也必然影響到學苑之中而產生羅家倫後來反省五四的時候所說的「學生萬能」的意識，進一步固化周作人所說的兩種認識上的迷信。

三、五卅風潮中的知識分子共同體與《京報副刊》及其刊中刊

由一系列「刊中刊」所體現的知識分子在文化思想啓蒙與參與政治言說兩條發展路向之間的彷徨與選擇，進一步直接導致了後五四時期知識分子思想的內在矛盾與知識分子共同體的分化。這也是非常令人深思的一個問題。對這個問題的考察，將明確我們對《京報副刊》「刊中刊」在當時的文化生態、媒介環境中的定位。

（一）

民族主義思潮的回潮是二十世紀二十年代中國思想界的一個顯著特徵，尤其是在社會政治、外交事件的刺激下五四後已經出現分化端倪的知識分子共同體再次面臨著考驗。魯迅在談到五四運動後知識分子群體的分裂時說，「後來《新青年》的團體散掉了，有的高升，有的退隱，有的前進，我又經驗了一回同一戰陣中的還是會這麼變化，並且落得一個『作家』的頭銜，依

然在沙漠中走來走去，不過已經逃不出在散慢的刊物上做文字，就做隨便談談。」〔註87〕魯迅的話是對知識分子共同體外部的分裂表相而作的較感性的認識，費正清等人則從學理上分析了中國知識分子共同體走向分裂的必然以及民族主義思想回潮的必然，費正清等人認為：「隨著思想和文化革命戰勝了傳統觀念，它在其目標上出現分歧，在那些傾向於學術研究、改革和漸進變化的人和那些傾向於政治行動、造反和暴力革命的人之間發生分裂，人們部分的根據他們的背景和個人脾性站到其中的某一邊來。……胡適的長期教育計劃中沒有短期的政治措施，它只能產生要求軍閥政府保障民權的自由主義宣言，但毫無用處。中國的個人主義擁護者們無法訴諸如同西方自由主義那樣的關於個人權利和自由的現成學說，後者源自西方關於天賦人權和法律至上的學說，而中國則缺乏與之相適應的能夠支持真正的中國自由主義學說。相反，在軍閥統治的中國，那些潛在的自由主義者在他們能夠『自私地』要求得到其民權之前就不得不去幫助創立一個現代民族國家，因為他們還被要求對國家重新效忠。」〔註88〕費正清等人的分析是很深刻的，他在這裡所說的「人們部分的根據他們的背景和個人脾性站到其中的某一邊來」其實也就是布迪厄在場域理論中所說的「習性」，它只是部分的、但卻是十分重要的行使了知識分子共同體內的聚合功能，在聚合的同時也在共同體之間發揮著分裂作用。正是由於中國現代知識分子學理上的先天不足和軍閥政治下帝國主義侵略的加深，自由主義知識分子很大一部分人後來都極不情願的轉向了民族主義，尤其是在國勢危急的緊要關頭。正是在這個意義上，費正清等人才認為在 1921 年後，在中國社會上民族主義思潮壓倒了自由主義，「試圖動員和控制個人及其文化活動的政治運動不久便再度興起。」〔註89〕1925 年 1 月12 日第 9 期的《語絲》上發表了周作人的《元旦試筆》，周作人在文章中回顧了自己思想的轉折，他說自己「最早是尊王攘夷思想」，「後來讀了《新民叢報》、《民報》、《革命軍》、《新廣東》之類，一變而為排滿（以及復古），堅持民族主義者計有十年之久，到了民國元年這才轉化。五四時代我正夢想著世

〔註87〕 魯迅：《〈自選集〉自序》，《魯迅選集》第三卷，人民文學出版社 1983 年 12月版，第 140 頁。
〔註88〕 〔美〕費正清、賴肖爾：《中國：傳統與變革》，江蘇人民出版社 1995 年 3 月版，第 458 頁。
〔註89〕 〔美〕費正清、賴肖爾：《中國：傳統與變革》，江蘇人民出版社 1995 年 3 月版，第 458 頁。

界主義，講過許多迂遠的話，去年春間收小範圍，修改爲亞洲主義，及清室廢號遷宮以後，遺老遺少以及日英浪人興風作浪，詭計陰謀至今未已，我於是又悟出自己之迂腐，覺得民國根基還未穩固，現在須得實事求是，從民族主義做起才好。」因此，「我的思想到今年又回到民族主義上來了。」周作人政治思想的轉變是很有代表意義的，但出於對文化啓蒙思想信念的堅守，周作人在關住社會政治現實的同時，也始終沒有忘記思想啓蒙和改造國民性的重要性。那麼這種徘徊在文化運動和政治運動之間的兩難心理和思維矛盾直接影響了這個時候他們對《京報副刊》「刊中刊」和《語絲》兩個刊物社會形象的認定。由於言說對象的不同和思想間不可調和的矛盾，他們將《京報副刊》「刊中刊」定位爲自己發表政治性言說的刊物，而依舊在《語絲》上保持了「自己的園地」的文藝風味，雖然「……明知我過去的薔薇色的夢都是虛幻，但是我還在尋求──這是生人的弱點──想像的友人，能夠理解庸人之心的讀者。」〔註90〕

　　我們只要可以對比一下五卅慘案後《京報副刊》「刊中刊」和《語絲》的反應，就會清楚的看到以周作人爲代表的自由主義知識分子在刊物定位上的傾向：

　　1925 年 6 月 8 日，這時五卅慘案已經在北京輿論界引起了軒然大波，但是第 30 期的《語絲》上卻發表了以下一些文章：

　　　《話》（林語堂），《文訓》（平伯），《曬開鵝肉》（川島），《論性道德的一封回信》（雨村），《春雨的主人公》（靜貞、周作人通信），《良心》（囂我作、雪林譯）。

而同日的《京報副刊》已經由清華學生會主撰而刊發《上海慘劇特刊》，在第一期的《上海慘劇特刊》上發表的文章是：

　　　《引言》（伏園），《本刊的源起及使命》（王造時），《駁蠻不講理的第一次「使團覆牒」》（王造時），《一個對於外捕槍殺華人的切實辦法》（莊澤宣），《怎樣援助滬案》（陶葆楷），《國民應有之覺悟》（慘），《同胞快醒》（沛東孟），《洋官（獨幕劇）》（賀自昭），《我親眼所見之上海英捕虐殺華人》（胡家枚），《上海英日人八次慘殺我國同胞始末》（蔭麟）。

1925 年 6 月 15 日第 31 期《語絲》上終於有了點政治時事的影子，該期共發

〔註90〕周作人：《自己的園地・自序》，《晨報副鐫》，1923 年 8 月 1 日，第 2 版。

表文章如下：

　　《關於反抗帝國主義》（錢玄同），《俄文譯本阿 Q 正傳序及著
　者自敘傳略》（魯迅），《漢代方音考》（林語堂），《虞初小說回目考
　釋》（顧頡剛），《黑背心》（凱明），《勸文豪歌》（語堂），《偉大是能
　死》（仲平），《漫語》（衣萍），《哭》（川島），《塔的故事》（同力），
　《野有死麕死的討論》（顧頡剛、胡適、俞平伯通信）。

從這個目錄中可以看出雖然《語絲》上也對突發政治事件作了一定的回應，
但是主流仍然是關於學術思想文藝的。同日的《京報副刊》之《上海慘劇特
刊》上則是發表了：

　　《民眾運動的四要素》（羅懋德），《上海慘劇（三）》（劇本）（何
　一公），《心聲社的宣言與建議》（黎錦暉），《北大教授爲上海慘劇宣
　言（英文稿）》（王世杰）。

　　1925 年 6 月 22 日第 32 期《語絲》上發表了以下的一些文章，似乎對政
治的關注更進了一步：

　　《赴敵》（冰心），《雪恥與禦辱》（平伯），《失掉的好地獄》（魯
　迅），《墓碣文》（魯迅），《愛國》（川島），《陀螺序》（周作人），《上
　場與預備》（春臺）。

同日的《京報副刊》屬於是從一系列「刊中刊」中被孫伏園收回的「租界」
之一，當日沒有「刊中刊」，而當日的《京報副刊》上發表的文章總共有：

　　《清末思想界狀況的再現》（伏園），《第三文化之建設》（申
　府），《咱們自己站起》（平伯），《西湖畫信》（孫福熙），《收回租界》
　　（伏園）。孫福熙的文藝散文《西湖畫信》的出現可以看作是一個信
　號，即孫伏園不滿於政治性「刊中刊」的急峻和「話語霸權」，所以
　他才會提出來「收回租界」的口號。

　　而 1925 年 6 月 29 日第 33 期《語絲》發表了以下文章：

　　《柿頭陀》（凱明），《福生》（沈從文），《詩篇第八章》（江紹
　原），《道德途說》（楊雪竹），《關於野有死麕底卒章》（錢玄同）。

同日的《京報副刊》刊出的「刊中刊」——《反抗英日強權專刊》（一），它
是由女師大附中學生會主撰的。從周作人的作品也在這期上刊出可以知道，
這些「刊中刊」是一個開放的政治文化空間。在這期刊物上有以下的幾篇文
章：

《宣言》（羅素好），《主張與英絕交》（呂其光），《思痛》（蕭
會極），《五四運動之功過》（益噤即周作人），《滬案聲中之我見》（趙
奇），《英日貨品的商標》（振武）。

當然以上在《京報副刊》「刊中刊」中用來跟《語絲》進行對比的選擇標準都
是因爲它們是同一天出版的，這樣的挑選具有一定的隨機性，可也正是這樣
的隨機性選擇充分說明了《京報副刊》「刊中刊」在以《語絲》爲文化標尺的
對比下閃露出的政治色彩，之所以要挑選六月份的目錄來作對比，是因爲六
月份是北京輿論界、文化界關於五卅慘案而引發的反響最強烈的時期。以上
所說的是刊物的整體特色，而這種整體特色是通過個人而表現出的，《語絲》
社同人將他們思想上關於文化運動和政治運動的內在衝突外化爲兩種不同色
彩的刊物活動，其一是在《語絲》上進行的文化活動，其二是在《京報副刊》
「刊中刊」之內的政治活動。我們以周作人和顧頡剛在 6 月份的刊物活動所
表現出的不同自我形象來說明這個問題，《語絲》在 1925 年 6 月份受到五卅
運動影響的總共是 4 期刊物，也就是從 6 月 8 日的第 30 期到 6 月 29 日的第
33 期。周作人在這 4 期《語絲》中總共發表：6 月 8 日的《春雨的主人公》（與
靜貞通信）、6 月 15 日的《黑背心》、6 月 22 日的《陀螺序》、6 月 29 日的《柿
頭陀》，都是以思想啓蒙和文藝批評爲主的作品。而他 6 月份在《京報副刊》
及其「刊中刊」上就五卅慘案這個話題相繼發表了：6 月 13 日的《罷工持久
的方法》（作），6 月 20 日的《對於上海事件之感言》（凱明），6 月 23 日的《文
明與野蠻》（義經），6 月 25 日的《講演傳習所》（乞明），6 月 29 日的《五四
運動之功過》（益噤）。他在這些文章中不但提出了具體的罷工舉措〔註91〕，
而且充分的利用副刊的社會動員功能大聲疾呼「事之成敗，全在我們自己努
力去做，同心協助，同胞們，快快起來，援助上海不幸的同胞呵！」他在這
些政論文章內尤其注意宣傳不可由反抗英日的帝國主義暴行發展爲盲目的排
外主義和文化復古主義，他的文章體現出一種將冷靜的、理性的聲音注入到
群眾運動宣傳工作中去的努力。所以在這個階段的知識分子公共空間內實際
上存在著兩個「周作人」的形象，一個是在《語絲》上用平和沖淡的文字繼
續著自己「薔薇色」的文藝理想，一個卻在《京報副刊》「刊中刊」上發表著
淩厲急峻的政論文章。

〔註91〕周作人：《罷工持久的方法》，《上海慘劇特刊（六）》，1925 年 6 月 13 日，第
6 版。

　　我們甚至從周作人在不同刊物上不同的署名策略是就可以看出這一點，他在《語絲》這塊「自己的園地」上發表文章的時候絕大多數都是用「凱明」、「開明」或者「周作人」這三種署名，包括在五卅時期他在《語絲》上發表文章也基本上是這幾種，這也是他展示自身思想傾向、宣傳自己有關社會、政治、文化的一種標識性署名，是對自己公開形象、社會形象的一種主觀認同。而他在說那些不得不說的政治性言論的時候，他一般都換了其他的不習見的筆名，比如他在《京報副刊》「刊中刊」發表關於政治性言論的時候經常採用的「疑今」、「一擒」、「義阱」、「夷斥」、「疑今」、「益嗓」、「義經」、「已驚」、「怡京」、「異襟」、「易金」、「乙徑」、「曳脛」、「亦荊」、「乞明」等筆名，以及後來發表關於女師大風潮的政論文章時經常採用的「宜禁」、「儀京」、「衣錦」、　「星命」、「辛民」、「信明」、「京紳」等等。他這個階段的筆名已經脫離了他以前在《晨報副刊》上經常用「仲密」、「槐壽」、「陶然」之類筆名的時代，這已經是一個「疑今」的時代了。「疑今」是這一系列筆名之母，其他筆名絕大多數都是它的同音字詞，這個「疑今」的「元筆名」是周作人仿造錢玄同「疑古」的筆名而造的。在詼諧之中也透露著周作人面對新的社會情勢一種思維態度和批判取向。從這些大多是即用即拋的一次性筆名來看，孫伏園有著強烈的政治言說欲望，但是愛惜羽毛的他也不願意破壞自己的社會公共認知形象，因此他對自身思想矛盾的媒體顯現採取了技術性處理從而產生了這一系列的筆名，而這一系列同音筆名的採用又顯示了他希望留下標識和痕迹讓別人對另外一個自己——「疑今」這個「人」的整個的政治觀念、傾向有所認識，可以這樣說，「疑今」筆名群在《京報副刊》及其「刊中刊」上的出現標誌著周作人在 1925 年對社會政治的關注達到了一個新的高度。

　　不光是周作人，顧頡剛的媒介表現也很有代表性。顧頡剛在 1925 年 6 月份共在《語絲》上發表了以下文章：6 月 15 日的《虞初小說回目考釋》和與胡適、俞平伯的學術通信《野有死麇死的討論》。同期他在《京報副刊》及其「刊中刊」上卻發表了：6 月 6 日的《妙峰山的香會》，6 月 12 日在《上海慘劇特刊（五）》上發表了《上海的亂子是怎麼鬧起來的？》和《傷心歌》。其中的《妙峰山的香會》是按照孫伏園「救國不忘學術」的思想而發出的，而顧頡剛在《上海的亂子是怎麼鬧起來的？》一文中顯露了他在學問之外關心於社會政治的另一面，他在文章中提倡「不用他們（指英日，作者注）開的

銀行發出來的鈔票」的經濟抵抗的措施，甚至他用開名單的方式列舉出在京的英日銀行，「英國人在北京開的銀行。是滙豐銀行。麥加利銀行。查達銀行。有利銀行。日本人在北京開的銀行。是正金銀行。橫濱銀行。大東銀行。三井銀行。朝鮮銀行。中華彙業銀行。大家記著。」〔註92〕如同周作人在《語絲》和《京報副刊》及「刊中刊」上的不同的個體表現一樣，顧頡剛也是把這兩個刊物當作自己徘徊在思想啓蒙和政治言說之間看似矛盾卻並行不悖的思想展露的兩個舞臺。我們不但可以在《京報副刊》「刊中刊」與《語絲》的對比中來給《京報副刊》「刊中刊」定位，而且，我們更可以由此來深入考察知識分子在當時徘徊歧路的思想軌迹以及由此而認清《京報副刊》「刊中刊」迴異於常的歷史色彩。

（二）

隨著五卅慘案的爆發，在政治救亡與文藝創作、思想啓蒙之間的權衡與取捨也導致知識分子共同體之中出現了分化和重組。在《京報副刊》「刊中刊」和《語絲》等刊物所形成的媒體空間內，以周作人爲思想後盾的俞平伯和文學研究會的鄭振鐸等人產生了思想上的衝突，不但標誌著周作人與文學研究會知識分子的分裂，而且爲後來京派的形成起到了催生作用並奠定了其思想基礎。京派的思想基礎就是對個人自由的堅守以及對任何形式壓制的自覺反抗。以這種思想觀念作爲一種共同認識，再加上在個體氣質、文化修養、學統傳承等屬於布迪厄場域理論中習性範疇方面的相互投合，在京派的形成過程中發揮了重要的因素。而五卅運動的突然爆發，知識分子共同體由於政治傾向、文化傾向的不同自然發生著分裂，同時也在發生著新的聚合。

周作人與鄭振鐸結識並交往還要回溯到 1920 年 6 月 8 日，鄭振鐸給周作人寫信請周作人確定爲社會實進會第四次講演會講演的題目，並向周作人爲《人道》月刊邀約有關「新村」問題的稿件。當年 6 月 19 日，周作人在北京青年會爲社會實進會演講，首次與鄭振鐸相見。這個階段周作人的文藝思想可以從他在 1920 年 11 月 8 日在北京師範學校的演講《文學上的俄國與中國》中看出來，他在演講中宣稱：「相信中國將來的新興文學當然的又自然的也是社會的、人生的文學。」並且「我們如能夠容納新思想，來表現及解釋特別

〔註92〕顧頡剛：《上海的亂子是怎麼鬧起來的？》，《上海慘劇特刊（五）》，1925 年 6 月 13 日，第 1 版。

國情，也可望新文學的發生，這可由藝術界而影響於實生活。」〔註 93〕正是在這樣的思想基礎上，周作人積極參加了文學研究會的籌備工作並在同年 11月 23 日在東城萬寶蓋胡同耿濟之家中的文研會籌備會議上被選爲「文學研究會宣言」的起草人。在這之後，鄭振鐸也就文學研究會的組織事宜多次與周作人進行過協商，並且鄭振鐸於 1921 年 8 月 4 日、9 月 3 日以及 1922 年 10月 3 日在給周作人的信中多次提出聯合對「星期六派」給予痛擊，在 1922 年10 月 3 日的信中鄭振鐸說到：「上海方面，極爲齷齪，禮拜六派的勢力，甚爲盛大，……我們想在上海攻擊一下。先生在北京方面，也應該給他們些教訓才好。」〔註 94〕可見這個時候在面對社會上惡俗的文化勢力的時候，周作人同鄭振鐸等文學研究會成員是並肩作戰的。可是，1921 年也是周作人思想上矛盾紛雜的一個時期，他自己也說：「我近來的思想動搖與混亂，可謂以至其極了」。〔註 95〕文學研究會本來就是一個鬆散的文學團體，周作人後來也自覺地同它拉開了一定的距離，他在 1922 年 1 月 22 日《晨報副鐫》上發表《自己的園地》中說：「我們自己的園地是文藝」，「『爲藝術的藝術』將藝術與人生分離，並且將人生附屬於藝術」，「固然很不妥當」，然而，「『爲人生的藝術』以藝術附屬於人生，將藝術當作改造社會的工具而非終極，也何嘗不把藝術與人生分離呢」，「總之藝術是獨立的，卻又原來是人性的，所以既不必使它隔離人生，又不必使它服侍人生，只任他成爲渾然的人生的藝術便好了。」這就使他跟在文學研究會中流行的「爲人生而藝術」有了一定的距離，周作人認爲經由個人的解放才能造就個人主義的文藝，也就是人道主義的文藝。在 1922 年 2 月 19 日他在《晨報副鐫》上發表《貴族的與平民的》一文，進一步提出了在文藝上「平民的精神可以說是淑本好耳（通譯叔本華）所說的求生意志，貴族的精神便是尼採所說的求勝意志。前者是要求有限的平凡的存在，後者是要求無限的超越的發展」。「求生意志固然是生活的根據，但如沒有求勝意志叫人努力的去求『全而美』的生活，則適應的生存容易是退化

〔註93〕 周作人：《文學上的俄國與中國》，《晨報‧副刊》，1920 年 11 月 15、16 日，第 7 版。

〔註94〕 參見《鄭振鐸致周作人信》，轉引自《周作人年譜》，天津人民出版社 2000 年4 月第 1 版，第 214 頁。該信載《中國現代文藝資料叢刊》1980 年 4 月第五期。

〔註95〕 周作人：《山中雜信（一）‧致孫伏園》，《晨報‧副刊》，1921 年 6 月 7 日，第7 版。

的而非進化的了」。在這個基礎上他認為:「文藝當以平民的精神為基調,再加以貴族的洗禮,這才能夠造成真正的人的文學」。這種對「貴族的精神」的提倡更進一步的拉開了與文研會文藝思想之間的距離。

五卅運動爆發後,在俞平伯、周作人和鄭振鐸之間圍繞著「雪恥」和「禦侮」孰輕孰重的問題在《語絲》、《文學周報》和《京報副刊》「刊中刊」上第一次公開的展開了辯論,我們也可以把這場辯論看作周作人與文研會分化之肇始。在1925年6月22日第32期《語絲》上俞平伯發表的《雪恥與禦侮》一文中,俞平伯認為五卅慘案中英日殘殺中國民眾不是中國人之恥辱,「但卻是英國人的,日本人的,推而廣之是人類的恥。」他認為:「外國人殺害我們罪既不可恕,何以我們自殺就大可容恕乎?……然雪恥的步驟,必先從定內亂入手,斷斷乎無可疑。……勇者自克,目下正是我們自克的機會。我主張先撲滅自己身上作寒作熱的微菌,然後去驅逐室內的鼬鼠、門外的豺狼。已上床的癆病鬼不肯上床養病,反想出去遊獵,志誠美矣,然我不信他能。」針對俞平伯「禦外須先定內」的觀點,鄭振鐸在第180期的《文學周報》上表示:「如引國內的殘殺,以減輕英人的對於這次大殘殺案的責任,或叫大家眼光向內,不必向外,則我們雖極知說這話者之心無他,卻至少須說他們的話是說得太隨便了」。而俞平伯的思想跟周作人是基本一致的,早在1925年6月20日的《京報副刊》「刊中刊」之《滬漢後援專刊(二)》上頭版就刊發了周作人的《對於上海事件之感言》,文章中周作人的意見跟俞平伯非常接近,周作人認為:「古人所謂『自作孽,不可活。』我們如不將這個拿自己當奴隸,豬羊,器具看,而不當人看的習慣改掉,休說什麼自由自主,就是存活也不容易,即使別人不來迫壓我,歸根結蒂是老實不客氣地自滅。……不覺悟自己的缺點而專怨恨別人,絕不是正當辦法,也決不會勝利成功。這是我的感想。」周作人的這篇文章本來不願意發表,因為他覺得這篇文章「不是很及時」,而且「我並不以為必須對於這事件照例說一番話才算愛國而做別的事便都不算。」但是後來他覺得不管它「合時宜與否」都是自己「真實的感想」,所以才刊登出來。也就是在同期刊物上,俞平伯又發表了《一息尚存一息不懈》,在宣稱自己「血尚未全冷」的同時,又表示「對於學生們群眾們抱十二分的同情,卻不因此抱十二分的同意。」這主要是由於俞平伯對學生運動、群眾運動的一個看法導致的,他認為:「我有一種很狂妄的見解,凡是千人萬

人以上的集合，都無非在那邊發泄孩子氣罷了。即使那千萬人一個個分析開來，確盡是實足的成人，但是當他們的集合，當他們整隊遊行，還依然變了一大隊的小孩子。」〔註96〕我們必須說，在民眾還未充分接受思想啓蒙之前，這樣大規模的群眾運動確實是存在俞平伯所說的這樣的弊病的，他的認識是很深刻的。但這也就同鄭振鐸等人所認爲的首要的任務是「喚醒群眾，群眾的力量是不可侮的」產生了衝突。俞平伯所說的群眾運動的「幼稚病」以及群眾運動對自由主義知識分子所堅守的思想自由的壓制是周作人一直極其警惕的，早在 1922 年「非基督教大同盟」運動如火如荼的在北京展開的時候，周作人就敏銳的覺察到了這個運動對個人思想自由、信仰自由的壓制，他在 1922 年 4 月 6 日寫給陳獨秀的信中就聲稱：「我們承認這回對宗教的聲討，即爲日後取締信仰以外的思想的第一步，所以要反對。……這不能不說是對於個人思想自由的壓迫的起頭了」，「不必一定要用政府的力，人們用了多數的力來干涉少數的異己者也是壓迫。」〔註 97〕雖然「非基督教大同盟」是反對基督教對中國的文化侵略，五卅群眾運動是反對帝國主義對中國民眾的武力迫害，但是鄭振鐸等人反對俞平伯的做法與陳獨秀反對周作人、錢玄同等人發表《主張信教自由者的宣言》的做法在本質上是一樣的，都是借群眾政治運動的力量來對自由主義知識分子個人思想自由的一種壓制。或許在周作人看來，這也是「故鬼重來」的一種現象。在 1925 年 6 月 15 日第 31 期《語絲》上周作人就發表了《黑背心》一文，周作人在文章中再次提到了寬容的重要性以及對「群眾壓制」的警惕，他說：「我覺得中國現在最切要的是寬容思想之養成。此刻決不是文明世界，實在還是兩百年前黑暗時代。所不同者以前說不得甲而現今則說不得乙，以前是皇帝而現今則群眾爲主，其武斷專制卻無所異。我相信西洋近代文明之精神只是寬容，我們想脫離野蠻也非從這裡著力不可。」〔註98〕周作人這時的思想與他在 1922 年因爲主張宗教自由而給陳獨秀的信中所表露的思想何其相像。儘管俞平伯、周作人和鄭振鐸等人的論辯後來不了了之，但是從中我們可以看出自由主義知識分子在現代中國的

〔註96〕俞平伯：《一息尚存 一息不懈》，《滬漢後援專刊（二）》，1925 年 6 月 20 日，第 5 版。

〔註97〕周作人：《周作人覆陳仲甫先生信》，《周作人年譜》，天津人民出版社 2000 年 4 月第 1 版，第 202 頁。

〔註98〕周作人：《黑背心》，《語絲》，1925 年 6 月 15 日。

尷尬處境。中國現代自由主義知識分子的所遭受的雙重威脅，一個是來自專制政府對自由言論的鉗制，一個是來自不覺悟民眾的「愚民的專制」，即用多數的力量來限制少數個體的思想自由，在周作人看來保護少數人思想自由的權利是極其重要的。而正是在對社會突發政治事件的回應中，周作人為代表的自由主義知識分子與文研會存在著分裂的態勢，而在這種分裂中，以周作人和俞平伯為代表的自由主義知識分子進一步確認了捍衛個體思想自由的重要性和必要性，同時更加堅定了他們從事極具個體化特色的文藝創作、學術研究的信心，也就是周作人所說的「我並不以為必須對於這事件照例說一番話才算愛國而做別的事便都不算。」在這裡所說的「做別的事」自然就是廣義上的文化運動，尤其是包含並綜合了「平民精神」與「貴族精神」並以「個人的解放與自由」為思想基礎的「人的文學」的建設工作。就如同馮文炳（廢名）經過五卅運動以後所感言的那樣，「前年我預備出小說集子的時候，頗躊躇不決，我覺得這不像我所做的事了。然而人世的經驗，我一天多比一天了，我所見的革命志士，完全與我心裏的不一樣，我立刻自認我已經是一個革命志士！……從此我毫不躊躇的大膽的踏上我的『戰地』，—— 這兩個字我用來眞是充分的愉快，對得起血肉橫飛的戰地上的我的朋友。我依然住在兩年前的一間房子，捏著兩年前的一支禿筆。」〔註 99〕豈止是馮文炳一個人，包括周作人、俞平伯等人不都是在這樣「人世的經驗」中形成了一種對群眾運動自覺的疏離姿態、警惕心理以及以「捏著一支禿筆」為「戰地」的思想觀念嗎？馮文炳所謂的「戰地」也就是他們「自己的園地」的雛形，沒有「戰地」在後來的中國怎麼會有「自己的園地」呢？我們從布迪厄的場域理論中知道政治傾向是場域中的知識分子形成知識分子共同體的重要規則，就是在對政治潮流的堅拒和對「做別的事」的共同認同中，形成了後來京派的思想基礎和結合前提。

　　總之，基於抵禦外辱、民族救亡思潮而興起的《京報副刊》「刊中刊」這個文化現象出現在五卅慘案後的北京媒介生態中，通過對這個看似狹小的歷史對象的研究，將有助於我們更全面的去認識當時北京的社會歷史文化狀況，瞭解大時代風雲激蕩下報紙副刊應對急遽變化的社會政治事態的知識應對能力和政治言說衝動，更充分的認知思想界在從五四階段到後五四階段思

〔註99〕馮文炳：《作戰》，《京報副刊》，1925 年 12 月 31 日，第 7 版。

想演進的軌迹以及那個時代知識分子的心路歷程。

（三）

　　五卅運動的爆發，打斷了正在處於發展態勢的「女師大」鬥爭。借著政治上民族主義的擡頭，孫伏園有意想彌合陳西瀅和周氏兄弟之間因爲「女師大」事件而引發的矛盾。五卅風潮驟起，孫伏園在 25 年 6 月 7 日《京報副刊》上就發表了《此後的中國》一文，其中第一部分的標題就是「中國從此無內爭！」在文章中孫伏園稱：「這幾天的報紙上，一版，兩版，三版……載滿了上海事件的新聞，熱鬧固然熱鬧了，但是老實說，我所感到的只是苦痛。……對於這類事件（指五卅慘案，筆者注）所感到的，除了憤激以外，是不是只有苦痛？但是，我卻在無意中得到了苦痛中的快樂。這就是報紙上原有的關於內爭的新聞幾乎沒有了。……我卻不妨如此奢望：中國國民因這一次的外患而頓然覺悟，此後無論是奉直呀，直皖呀，馮張呀，乃至無論東西南北的什麼人對什麼人呀，乃至軍隊以外的什麼東大校長案呀，女師大校長案呀，國立大學教育家分金案呀，都因爲兩方同時中國國民而和平解決。凡事一到衝突的時期，以後大抵只有四條路可走：一，甲讓步，二，乙讓步，三，甲乙都讓步，四，甲乙都不讓步。走前三條者解決，走後一條者繼續衝突。在個人道德和國際道德上，是不是應該繼續鼓吹叫人單走前三條自然還是疑問，但在風雨飄搖的國家如今日之中國，其解決內部的衝突，因外患之壓迫而頓起新覺悟者，除了單走前三條路以外還有什麼別的法子呢？唯一的理由就因爲我們都是被人欺負的中國國民。」孫伏園在這裡鼓吹的是一種在民族存亡關頭的矛盾調和論，他號召矛盾衝突雙方走「前三條路」而不是「甲乙都不讓步」的第四條路，也就是要雙方或某一方主動讓步，以此來達到「中國從此無內爭」而一致對外的局面。當然孫伏園的願望是單純而且善良的，只是他沒有認清楚「女師大」鬥爭的深刻內涵，而想通過五卅慘案的發生後民族主義思想的回潮來達到讓陳西瀅和周氏兄弟合好的目的。可是就在同期的《京報副刊》上，就有魯迅的《咬文嚼字（三）》、亞俠的《西瀅與楊蔭榆》以及劉亞雄的《致汪懋祖先生書》三篇針對「女師大事件」的鬥爭文章。孫伏園的這篇文章直接的效果就是在此後的整個 6、7 兩個月內《京報副刊》再也沒有發表過一篇關於「女師大事件」的文章。

　　不但是不發表「女師大事件」的批評文章和相關報導，孫伏園在「從此

中國無內爭」的思想指導下，在《京報副刊》上發表了直接導致魯迅對他以及《京報副刊》態度轉變的一篇文章，這就是在 1925 年 6 月 13 日《京報副刊》之刊中刊《上海慘劇特刊（六）》上的《救國談片》。在文章中孫伏園借用一個朋友的話表達了自己的觀點：「『大學教授同事中有能撕去大學教授的面幕而與一般平民接近替他們做事者，有徐旭生，陳通伯，周鯁生諸君。他們的身體到底薄弱，步行散傳單等事一時也還不能做到。』說這話的一位先生，他自己平素雖甚少預聞國事，這一回我們的傳單倒是他親自派送的數目最多。……《語絲》，《現代評論》，《猛進》三家是兄弟周刊。對於這一回上海時間最賣力氣的是小兄弟《猛進》。……《現代評論》裏也有許多時事短評，社員做實際活動的更不少。」〔註 100〕孫伏園在這裡並沒有指出這個誇讚陳通伯、周鯁生這些現代評論派的朋友是誰，大概他也知道如果他直陳其名的話，魯迅會對其人有所批評。所以他用了很模糊的「一位先生」這個人稱代詞。但是如果我們細心在《京報副刊》裏去尋找，就不難看出，這個所謂的「一位先生」必是顧頡剛無疑。除了顧頡剛跟現代評論派良好的個人關係（他直認陳西瀅是他所最佩服的兩個人之一，另一個是胡適）之外，孫伏園在文章中談到的派送傳單一事，就是他於 6 月 12 日《上海慘劇特刊（五）》上發表在顧頡剛《傷心歌》之後的「伏園敬按」中所提到的派發傳單一事，孫伏園在「伏園敬按」中提出：「以上兩篇（指顧頡剛的一篇講演稿和一篇救國民謠，筆者注）是我們十幾個朋友捐資用中國紙印刷五萬張分送的，是顧頡剛先生主的稿，有不合北京話的口氣的又經潘介泉先生修改過的。……願意分送的請寫信到大石作三十二號顧宅去要，能仍用中國紙翻印者更所歡迎。」〔註 101〕從這裡可見顧頡剛當然就是那個派送最多的一個人，同時孫伏園在《救國談片》中又引用了那「一位先生」的話，「他說，『我們的傳單還有不能順口的地方，可見做文真不容易呵！』」這樣看來，這「一位先生」也必然是顧頡剛無疑。

孫伏園的做法引起了魯迅和許廣平對他態度的轉變，早在孫伏園還沒有登《此後的中國》和《救國談片》之前，魯迅在 1925 年 5 月 30 日寫給許廣平的信中說，「至於《京報》事，據我所聞卻不止秦小姐一人，還有許多人運動，結果是兩面的新聞都不載，但久而久之，也許會反而幫它們（男女一群，

〔註 100〕孫伏園：《救國談片》，《上海慘劇特刊（六）》，1925 年 6 月 13 日，第 8 版。
〔註 101〕孫伏園：《伏園敬按》，《上海慘劇特刊（五）》，1925 年 6 月 12 日，第 2 版。

所以只好用「它」），辦報的人們，就是這樣的東西。其實報章的宣傳於實際上也沒有多大關係。今天看見《現代評論》，所謂西瀅也者，對於我們的宣言出來說話了，裝作局外人的樣子，眞會玩把戲。我也做了一點寄給《京副》，給他碰一個小釘子。但不知於伏園飯碗之安危如何。」〔註102〕從中我們可以看出魯迅對孫伏園是十分關心的，同時，在魯迅看來《京報副刊》是「自己人」，因爲魯迅對「碰小釘子」這樣的語言一般都是出於維護「自己的園地」的純潔性的時候才使用的，之前他在徐志摩「入侵」《語絲》的時候才用過一次。孫伏園因爲《我的失戀》而被迫離開晨報社的往事讓魯迅又一次擔心孫伏園會被態度曖昧的京報社排擠出來。許廣平在25年6月1日給魯迅的信中則提到：「昨日（星期）看了西瀅的《閒話》，造了一篇「六個學生該死」，本想痛快的層層申說該死的各方，但寫了那些就寫不下去，頭涔涔的倒下床上了！今早打算以之還《婦周》評梅所約之債，但不見來，先生閱之，如伏園老子不害怕，而稿子可以對付，可否仍送《京副》。」〔註103〕許廣平的稿件在6月3日以「傷時」爲筆名在《京報副刊》上刊出。這時候許廣平對「不害怕」的孫伏園很是讚歎，她在隨後給魯迅的信中說：「伏園老大賣氣力於《京副》，此時此境，此君究算難得，是知有其師必有其弟。」〔註104〕對孫伏園的褒獎之情溢於言表。

而孫伏園的兩篇「主和」的文章一經刊出，就引起了魯迅的強烈不滿，他在6月13日，也就是孫伏園《救國談片》刊出的當天給許廣平的信中說：「伏園的態度我日益懷疑，因爲似乎已與西瀅大有聯絡。其登載幾篇反楊之稿，蓋出於不得已。今天在《京副》上，至於指《猛進》、《現代》、《語絲》爲「兄弟周刊」，簡直有賣《語絲》以與《現代》拉攏之觀。或者《京副》之專載滬事，不登他文，也還有別種隱情，（但這也許是我的妄猜）《晨副》即不如此。我明知道幾個人做事，眞出於「爲天下」是很少的。但人於現狀，總該有點不平，反抗，改良的意思。只這一點共同目的，便可以合作。即使含些「利用」的私心，也不妨，利用別人，又給別人做點事，說得好看一點，

〔註102〕魯迅：《兩地書·24》，《魯迅全集》第七卷，人民文學出版社1981年版，第96頁。

〔註103〕許廣平：《兩地書·二十五》，《魯迅全集》第七卷，人民文學出版社1981年版，第99頁。

〔註104〕許廣平：《兩地書·二十七》，《魯迅全集》第七卷，人民文學出版社1981年版，第105頁。

就是「互助」。但是，我總是「罪孽深重，禍延」自己，每每終於發見純粹的利用，連「互」字也安不上，被用之後，只剩下耗了氣力的自己而已。我的時常無聊，就是爲此，但我還能將一切忘卻，休息一時之後，從新再來，即使明知道後來的運命未必會勝於過去。」〔註105〕魯迅在給許廣平的信中抱怨被孫伏園「利用」後，許廣平在給魯迅的回信中說：「《京副》有它不得已的苦衷，也實在可惜。從它所沒收和所發表的文章看來，蛛絲馬迹，固然大有可尋，但也不必因此憤激。其實，這是人情（即面子）之常，何必多責呢。吾師以爲『發見純粹的利用』，對□□有點不滿（不知是否誤猜），但是，屢次的『碰壁』，是不是爲激於義憤所利用呢？橫豎是一個利用，請付之一笑，再浮一大白可也。」〔註106〕許廣平也意識到了孫伏園是因爲職業所引發的人情和面子才這樣做的。

　　這已經是第二次魯迅對孫伏園表示出不滿之意了。第一次是在孫伏園創發《語絲》之後，魯迅就有了被孫伏園利用的感覺。魯迅在《我和〈語絲〉的始終》一文中就提到：「至於對於《晨報》的影響，我不知道，但似乎也頗受些打擊，曾經和伏園來說和，伏園得意之餘，忘其所以，曾以勝利者的笑容，笑著對我說道：『真好，他們竟不料踩在炸藥上了！』這話對別人說是不算什麼。但對我說，卻好像澆了一碗冷水，因爲我即刻覺得這『炸藥』是指我而言，用思索，做文章，都不過使自己爲別人的一個小糾葛而粉身碎骨，心裏就一面想：『真糟，我竟不料被埋在地下了！』我於是乎『彷徨』起來。……從我這裡只要能擠出——雖然不過是擠出——文章來，就擠了去罷，從我這裡只要能做出一點『炸藥』來，就拿去做了罷，於是也就決定，還是照舊投稿了——雖然對於意外的被利用，心裏也耿耿了好幾天。」〔註107〕我們可想而知魯迅在看到孫伏園在《京報副刊》上發表的這兩篇「主和」的文章後必定也是「好像澆了一碗冷水」一樣吧，或許要比這個感覺更強烈。在魯迅看來，這個時候的孫伏園已經沒有了「於現狀，總該有點不平，反抗，改良的意思」，這一點合作的基礎也不存在了。同時，魯迅也對《京報副刊》只是關

〔註105〕魯迅：《兩地書·二十九》，《魯迅全集》第七卷，人民文學出版社 1981 年版，第 109 頁。

〔註106〕許廣平：《兩地書·三十》，《魯迅全集》第七卷，人民文學出版社 1981 年版，第 113 頁。

〔註107〕魯迅：《我和〈語絲〉的始終》，《魯迅選集》第二卷，人民文學出版社 1983 年 12 月版，第 496、497 頁。

注於五卅慘案表示不滿，因爲作爲對手的《晨副》「即不如此」。魯迅從此之後便對孫伏園產生了相當的懷疑。〔註108〕

魯迅雖然沒有在公開發表的刊物上直接對孫伏園的思想與編輯工作展開批評，但是他用自己稿件的走向表示了自己的不滿。一個最鮮明的例子就是他把自己的稿件在接下來的兩個月中再也沒有寄送給孫伏園，甚至於將原本在《京報副刊》上專欄性質的思想隨筆《忽然想到》（10）轉到《民眾文藝》周刊上發表，《忽然想到》（1～9）連續的 9 篇文章都是在《京報副刊》上發表的，《忽然想到（一）》是發表在 1925 年 1 月 17 日，《忽然想到（九）》發表在 1925 年 5 月 19 日，這系列的文章可以說是極具魯迅文風的，這也是《京報副刊》上不多的幾個「賣點」之一。而且《忽然想到（十）》是創作於 6 月 11 日，這個時候孫伏園尚未發表《救國談片》一文，很可能這個文章當時已經或即將送給孫伏園了，魯迅又重新把這個文章送到了 6 月 16 日出版的《民眾文藝》周刊上去發表的。《忽然想到》的後續文章後來都是在《民眾文藝》上發表的。

同時，他把自己在 6 月 1 日發表在《京報副刊》上的《並非閒談》的後續文章也以《並非閒話》爲標題在《猛進》與《語絲》上發表。

魯迅在幾乎兩個月之內沒有在《京報副刊》上發表一篇文章！

當然，後來出於與現代評論派鬥爭的需要，魯迅又在《京報副刊》上發表文章了，之所以魯迅發生這樣的轉變，有一個原因是極其重要的，在 1925 年 7 月 13 日魯迅接待了李霽野和臺靜農的來訪，李霽野回憶到這次訪問的時候說：「一九二五年七月，我們聽說要出版一種《民報》，並且也有副刊，正在物色一個編輯人。我們想素園若去作這個工作，可能會得到魯迅先生的支持，因此就去問先生的意見。我們說，我們並不清楚這個報紙的政治背景，也只聽說有出副刊的擬議，不知他是否贊成進行。他說得很簡單明確：報紙沒有一家沒有背景，我們可以不問，因爲我們自己絕辦不了報紙，只能利用

〔註108〕 魯迅在 1926 年 11 月 7 日寫給許廣平的信中仍然對被孫伏園「利用」保持著警惕與反感，他說：「中大的薪水比廈大少，這我倒並不在意。所慮的是功課多，聽說每周最多可至十二小時，而作文章一定也萬不能免，即如伏園所辦的副刊，我一定也就是被用的器具之一，倘再加別的事情，我就又須吃藥做文章了。」可參見《兩地書·六十九》，《魯迅全集》第七卷，人民文學出版社 1981 年版，第 221 頁。

它的版面，發表我們的意見和思想。不受到限制、干涉，就可以辦下去；沒有自由，再放棄這塊園地。總之，應當利用一切機會，打破包圍著我們的黑暗和沉默。」1925 年 8 月 5 日《民報》副刊出版後，「因為有魯迅先生的支持，立刻就轟動一時，民報館增加了好幾個臨時工作人員寫訂報單，訂報的讀者還是擁擠不堪，排成長蛇陣，魯迅先生雖然極不樂意報館稱他為『思想界的權威』，實際上他確已成為思想界的領導人。」〔註 109〕

　　從李霽野的話中，我們不難看出魯迅在當時左翼知識分子共同體中的領袖地位，用布迪厄的概念來說就是魯迅的「象徵資本」在知識分子共同體中有很大的影響力。孫伏園在長期報刊編輯經歷中所形成的與魯迅「象徵資本」同構的關係經過了這次矛盾面臨著解構的危險。魯迅在長期的思想運動、文化運動中所形成的社會資本讓他超越了只能依靠某個單一文化媒介單元而言說的階段，隨著《語絲》、《民眾文藝》、《猛進》、《莽原》以及他與張定璜共同擔任編輯的《國民新報副刊》的相繼問世，魯迅擺脫了長期以來只能依靠孫伏園為端口的思想輸出模式。他在當時由期刊、報紙副刊編織成的言論空間內，擁有了充分自主的權利來選擇發出自己聲音的端口。他用自己稿件的流向表達著自己對各個刊物定位的同時，也顯示出了自身在知識分子共同體場域內的強勢地位。這也是他在場域內以文化資本為基礎，以社會資本為網絡，充分行使自己象徵資本的一種表示。

　　在魯迅看來，在由報刊、副刊、期刊所構成的場域內他作為場域內的行動者與這一系列刊物之間是以思想自由為基礎的「互助」關係。一旦談不到「互助」的時候，他也絕對不想自己被別人當作「炸藥」而被利用。他以兩個月不給《京報副刊》發稿件、同時卻大力支持其他刊物的場域行為，明明白白的傳遞給孫伏園一個信息，那就是「道不同不相與謀」。隨著魯迅稿件在《京報副刊》上的絕迹，孫伏園一定感覺到了魯迅在文化場域內帶給自己的壓力。老於世故但卻昧於政治的他在五卅風潮漸漸平息，把一系列政治刊中刊——他所謂的「租界」收回之後轉而想投入思想文化建設的時候，女師大事件的爆發給了他以及《京報副刊》與魯迅再次「互助」關係的確立提供了契機。

〔註 109〕李霽野：《回憶魯迅先生·民報副刊及其它》，《李霽野文集》，百花文藝出版社，2004 年 3 月版，第 26 頁。

第四節　《京報副刊》與「一報一刊」的鬥爭

　　魯迅在 1926 年 4 月 16 日的《京報副刊》上發表了《大衍發微》一文，在文章中魯迅將 48 位被段祺瑞、賈德耀等人所通緝的人物身份、職務等等一一列出，尤其是他注意了這些被通緝者在報紙、期刊等媒體界的職務。通過對這份名單的分析他認爲「早可以看出許多秘密來」，也就是當政者想通過這次通緝達到五個方面的效果：「甲，改組兩個機關：1，俄國退還庚子賠款委員會；2，清室善後委員會。乙，『掃除』三個半學校：1，中俄大學；2，中法大學；3，女子師範大學；4，北京大學之一部分。丙，撲滅四種報章：1，《京報》；2，《世界日報》及《晚報》；3，《國民新報》；4，《國民晚報》。丁，『逼死』兩種副刊：1，《京報副刊》；2，《國民新報副刊》。戊，妨害三種期刊：1，《猛進》；2，《語絲》；3，《莽原》。」北洋政府的這五項欲達成的效果中，有三項都是對進步媒體的鉗制與扼殺，我們不難發現，其中的很大一部分都是與魯迅有關係的報刊、雜誌。在這個名單中《京報》與《京報副刊》赫然在列，而且，周氏兄弟和邵飄萍、孫伏園都是在被通緝的名單上，那麼當權者何以會必欲致《京報副刊》於死地而後快呢？

　　在語絲派同人與現代評論派同人沒有正式決裂以前，孫伏園同現代評論派、尤其是陳西瀅之間的關係也並不壞，甚至於陳西瀅限於篇幅的原因而把讀者投給《現代評論》的稿件轉寄給孫伏園，讓他在《京報副刊》上刊出。在 1925 年 3 月 18 日的《京報副刊》上就在吳西屏的文章《我所要說的幾句話》前登載了陳西瀅給孫伏園的一封信，其中說到：「伏園兄：送上一篇文章，是吳西屏先生從法國里昂寄給《現代評論》的。這篇文章有一萬數千字，如在《現代》一次登全，未免太長，如分三四次登，那麼未免太久，不登罷，又未免負了吳先生的盛意，並且未免對不起這篇文章——這文的主張我們也許不贊成，做實在是做得好的。副刊是日刊，逐日登，分了幾此還無妨。所以呈上一覽。如中選，登載時請聲明一句。瀅，三月十五日。」〔註110〕吳西屏的這篇文章的主旨是就國內、國際的政治、外交、軍事等問題發表自己的觀點。陳西瀅之所以把這篇文章送到《京報副刊》上來發表也是有原因的，因爲在孫伏園離開《晨報副刊》後，《晨報副刊》上基本上很少有對社會政治發表言論的文章。作爲北京當時的兩個最大的副刊之一的《京報副刊》當然

〔註110〕陳西瀅：《給孫伏園的信》，《京報副刊》，1925 年 3 月 18 日，第 3、4 版。

就進入了陳西瀅送稿的視野之內。當然，孫伏園和陳西瀅都是編輯，編輯這個職業，人緣和口碑是構築社會關係網絡很重要的一部分，共同的職業心態多少也讓他們之間存在著一種職業上的「同情的理解」。所以，從職業習慣方面我們不難理解孫伏園爲什麼沒有魯迅那樣疾惡如仇的性格。直到後來他想在魯迅、語絲社和陳西瀅、現代評論社之間調和矛盾而遭到魯迅在《京報副刊》上「遁形」抵制之後，孫伏園在不斷激化的女師大問題上也提高了自身的認識，從此以後，孫伏園和《京報副刊》緊密的團結在魯迅周圍，同現代評論派以及徐志摩主編的《晨報副刊》展開了激烈的鬥爭。

一、《京報副刊》在女師大風潮中

國立北京女子高等師範學校的前身是光緒三十四年設立的京師女子師範學堂，在辛亥革命勝利後改名爲北京女子師範學校，直到 1919 年 4 月才正式定名爲國立北京女子高等師範學校。楊蔭榆是在 1924 年 2 月接替了許壽裳而出任校長職務。1924 年 11 月改稱爲國立北京女子師範大學。楊蔭榆接任校長後，在 1924 年 4 月就因爲不尊重學校立法機關評議會，不按章程分配學校領到的俄國庚子賠款的經費，不遵守大學行政制度等等事由而引起了 15 位教師的抗議和辭職，後來又由於她排斥異己、任用朋黨、破壞學生團體等等原因，與學生之間結怨頗深。在 1924 年 11 月又因爲無理勒令 3 位女生退學進一步激化了學生與她之間的矛盾，終於在 1925 年 1 月 18 日全校學生召開會議，議定不再承認楊蔭榆爲女師大校長，從此女師大風潮便時起時伏，遷延兩年多之久。

《京報副刊》在女師大風潮中發揮了積極的作用。在當時的日報副刊中，它是最積極最有效地配合了周氏兄弟的鬥爭活動。我們可以對比一下《京報副刊》與《晨報副刊》的表現就可以很清楚的看到這一點。

在孫伏園 1924 年 10 月離開《晨報副鐫》後，《晨報副鐫》對社會政治的關注度有所下降，基本上只是以學術、思想和文藝爲主，即使是談社會問題也多是學者從學術的眼光來考量之。《晨報副刊》1925 年基本上沒有對女師大風潮給予關注，甚至於有關學潮的文章也只有爲數不多的幾篇，比如 1925 年 1 月 10 日鍾子健《南開風潮與教育問題》，其中作者也只是以爲：「這一次風潮至少可以引起來幾個重要的教育問題，值得大家來討論。所謂重要的問題是（一）師資問題，（二）教材問題，（三）派遣留學生問題，（四）畢業生的

職業問題。」〔註111〕在《晨報副刊》之《五四運動紀念號》上有汪典存所作的《每逢五月便傷神》，其中也沒有提到女師大事件，而是特意提到了五四運動對青年學生之負面影響時談到：「教育牽入政潮，爲所腐化，學生習爲政客，教育之新生機安在？……共和國民，不容不問政治。而今之學校，平日對於政治問題不加研究，臨時受少數人之暗示鼓動，便爲搖旗吶喊，以其本不知底細，中無主宰，故易爲人所利用，而卒至於腐化爲可歎也。」〔註112〕張維周也在同日的紀念號上發表了《噫，五四運動！》一文，其中作者也是宣揚青年學生讀書論，尤其是警告青年不要被政黨政治所利用。他提出今日之學生應當：「（一）須要切切實實求眞學問。……（二）一面固要使群眾不再沉迷酣睡，一面尤須養成適當的領袖人才。……（三）超然於任何政黨之外。」〔註113〕梁啓超在《學生的政治運動》中在一方面表示對於學生的政治運動「不反對」的同時，用了相當大的篇幅來警告青年學生「現在所謂政治是萬惡深淵」，「中國現在並沒有政治，現在凡號稱政治活動的人，做的都不是政治活動。……你有志氣，有魄力，便自己造出十年後的政治土臺，在自己的土臺上活動。」〔註114〕梁啓超所宣揚的其實還是一種青年不參與政治的觀點。《晨報副刊》在當時風起雲湧的學生運動面前採取了不發言的策略，而這種不發言其實也是一種「發言」，它的政治傾向性是不言而喻的。陳平原把圍繞副刊而形成的讀者分爲兩類，一類是參與型的讀者，他們會以自身的個體行爲，比如投稿、建議等舉措來參與到副刊的日常編輯中來；另一類則是照例沉默的大多數。前一類參與型的讀者的投稿有時候就很能說明在讀者心目中一個報紙副刊的取向和特色。我們在這裡舉兩個參與型讀者在 1925 年 8 月——也就是女師大風潮最激烈的時期——的投稿來看《京報副刊》和《晨報副刊》在讀者心目中的不同定位。這兩個參與型讀者一個是金滿成，另一個是汪震。他們兩個人歷來都是這兩大副刊的參與型讀者。

金滿城在 1925 年 8 月給《晨報副刊》的稿件是：

8 月 2 日 《享樂園（十六）》（法朗士作，金滿城譯）

8 月 29 日 《客觀》（雜感）

〔註111〕鍾子健：《南開風潮與教育問題》，《晨報副刊》，1925 年 1 月 10 日，第 2 版。

〔註112〕汪典存：《每逢五月便傷神》，《晨報副刊》，1925 年 5 月 4 日，第 2 版。

〔註113〕張維周：《噫，五四運動！》，《晨報副刊》，1925 年 5 月 4 日，第 4 版。

〔註114〕梁啓超：《學生的政治運動》，《晨報副刊》，1925 年 5 月 4 日，第 5 版。

　　8月5日《西山夜雨》(詩與文藝散文復合體)《晨報副刊》之《文學旬刊》。

　　同期，他給《京報副刊》的稿件是：

　　8月17日～19日《中國的女修道院》。

　　1925年8月汪震在《晨報副刊》上只發表了一篇文章：

　　8月27日《古文與科學》。

　　而投給《京報副刊》的稿件是：

　　8月21日《魯迅先生的免職》(汪震)

　　8月28日《虎之自縛》。

事實上，我們光看題目也可以知道投給《京報副刊》與《晨報副刊》文章內容上的差異了。比如金滿城在《客觀》中也只是隱約其辭的說：「經過了長期的忍耐不說話，我在這裡學了些什麼？我知道了！原來『客觀』就是壓迫別人的主觀使他不能說話，使他無法表示他的不滿。我知道了！原來最準確的批評便是根據於大多數。我知道了！原來一個人受了人的指謫或讚揚而無法反對時，便是他在人群中的地位了。」〔註115〕我們不難從他的話裏看出來他是意有所指的，只不過是相當隱晦而已。而當他在《京報副刊》發文時，就顯得那麼直抒胸臆、明白了當了。他在《中國的女修道院》中列舉了一系列女學校管理者的頑固不化、倒行逆施的守舊做法，並且分析了讓那些守舊人物把持教育機構的原因：「你們要請舊腦筋的先生們來替你辦學校的緣故，是因為這類人奴氣十足，服從性大，他們只知依照著他們的腐敗思想，傳統觀念與狗一樣忠實的替你做事。假如你們用了新人物，新人物便會揭穿你們的陰謀，便會革命，便會打倒你們這一大批沽名釣譽的流氓。」同時，他自己也感覺到了自身發言角色的變化，「我這篇文章，不但在我這本散文集裏是不倫不類的東西；就是在一切文章中，恐怕也是不倫不類的東西。」金滿城同時對青年學生大聲疾呼：「我希望你們要比我更徹底地『作去！』『說去！』『革命去！』你假如沒有勇氣，你至少也的要與我一樣：『痛快地罵去！』」。〔註116〕汪震的文章更能說明問題，在8月27日他投給《晨報副刊》的文章中還談的是「古文與科學」的問題，而到了第二天在給《京報副刊》的投稿中就大談

〔註115〕金滿城：《客觀》，《晨報副刊》，1925年8月30日，第8版。
〔註116〕金滿城：《中國的女修道院（三）》，《京報副刊》，1925年8月19日，第8版。

章士釗主編的《甲寅》是如何的「開倒車、返古道、興科舉、廢國語」,並且斥責道「呸!不要放了!」。汪震的表現與在一天前的《晨報副刊》的表現判若兩人。

金滿城與汪震的態度是有代表性的,《京報副刊》上對時事的關心是同一階段《晨報副刊》難以比擬的。早在女師大風潮尚處於萌芽狀態的時候,署名為蕭度的作者就在 1924 年 12 月 28 日的《京報副刊》上發表了《女子教育未必重要》一文,在文章中就對楊蔭榆在女師大十六週年紀念特刊上發表的《本校十六週年紀念對於各方面之希望》中「本校且為國民之母之母」的說法給予了詼諧的批駁。這是《京報副刊》第一次對女師大風潮以及楊蔭榆本人發表意見。在 1925 年 2 月 22 日《京報副刊》上又發表了《看重一字忘卻全篇的批評家》,署名為平江的作者在文章中對第一卷第九期上陳西瀅發表在「時事短評」欄目內的文章《北京的學潮》進行了針鋒相對的批駁,文章對陳西瀅將女師大學生驅楊宣言中的「圖飽私囊」改成「欲飽私囊」在進行披露的同時也揭發了陳西瀅是楊蔭榆「貴同鄉貴至好」的私人關係。所以作者一開頭就一針見血的指出:「我急欲……一看現代評論記者究竟『公平』到什麼地步?哪知讀了下去,倒覺所謂『公正平允』的,也免不了『黨同伐異』,遠大目光的,也免不了『吹毛求疵』。讀完之後,我才覺得:各個都是『公正平允』的話,也未必盡然。」〔註 117〕這也是最早出現在《京報副刊》上批評《現代評論》和陳西瀅的文章。

魯迅對女師大的事情也相當的關心,在 1925 年 3 月 11 日他寫給許廣平的信中說到:「對於社會的戰鬥,我是並不挺身而出的,我不勸別人犧牲什麼之類者就為此。……中國多暗箭,挺身而出的勇士容易喪命,這種戰法是必要的罷。但恐怕也有時會逼到非短兵相接不可的,這時候,沒有法子,就短兵相接。」〔註 118〕在 1925 年 4 月初,章士釗執掌的教育部介入女師大風潮之後,許廣平就給魯迅寫信求援了。在 4 月 6 日的信中許廣平說:「魯迅師!現時已到「短兵相接」的時候了!老實人是一定吃虧的,臨陣退縮,勇者不為,無益犧牲,知者不可,中庸之法,其道為何敘先生世故較後生小子為熟識,

---

〔註 117〕 平江:《看重一字忘卻全篇的批評家》,《京報副刊》,1925 年 2 月 22 日,第 7 版。

〔註 118〕 魯迅:《兩地書·二》,《魯迅全集》第七卷,人民文學出版社 1981 年版,第 31 頁。

其將何以教之敘」〔註119〕

　　但在魯迅看來，現在還沒有到「短兵相接」的時候，在北洋軍閥政府執政期間，行政人事的變動是極其頻繁的，1924 年 11 月王九齡被任命爲教育總長，馬敘倫是教育次長。王九齡 1925 年 3 月到任，4 月 13 日就辭職。1925 年 4 月 14 日，因爲教育總長王九齡辭職，章士釗被段祺瑞任命爲教育總長並且要求他整頓學校。在 4 月 22 日魯迅給許廣平的信中，魯迅就說：「今之教育當局，則我不知其人，但看他挽孫中山對聯中之自誇，與對於完全『道不同』之段祺瑞之密切，爲人亦可想而知。所聞的歷來言行，蓋是一大言無實，欺善怕惡之流而已。……此人之來，以整頓教育自命，或當別有一反以前一切之新法（他是大不滿於今之學風的），但是否又是大言，則不得而知，現在鬼鬼祟祟之人太多，實在無從說起。」〔註120〕可見在章士釗上任伊始，魯迅等人更多是取一種觀望態度。

　　章士釗一上任，提出一整套「整頓」方案：規定小學生從四年級恢復讀經，大學教授要受到考覈，合併北京八所大學，解聘進步教師，禁止學生集會遊行，規定在「五一，五四，五七」紀念日，嚴禁露天講演、結隊遊行、散發傳單。同時提出設立考試院計劃，由教育部執行對學生的入學、升級、畢業考試等管理，目的是要鉗制學生思想，掌握教育領導權。1925 年 5 月 4 日，周作人以「宜禁」爲筆名，這篇題爲《論章教長之舉措》的文章是在《京報副刊》上第一次對章士釗的「整頓」舉措提出自己的看法，尤其是對章士釗「禁止白話」一項頗多譏諷，他說：「我想，秋桐先生未必會這樣笨，來幹這個無意思的愚事，雖然我不能保證，因爲我與他無一面之緣，他的大作我也只讀過一冊爛柯山人的雙枰記。只有故林畏廬孝廉相信反對白話即是衛道，秋桐先生一定明白古文也可以做淫書，白話也可以注聖諭廣訓，文章與思想原是兩件事。秋桐先生大約不至於想取締思想。倘若想取締，那可以說是乖謬。倘若更想取締文章，那麼這眞是乖謬而至於滑稽了。」〔註121〕周作人的批判還是主要集中在章士釗的文化復古主義思想上的。

　　女師大風潮事實上是和章士釗整頓學風緊密相連的。我們從《章士釗年

〔註119〕許廣平：《兩地書·九》，《魯迅全集》第七卷，人民文學出版社 1981 年版，第 51 頁。
〔註120〕魯迅：《兩地書·十五》，《魯迅全集》第七卷，人民文學出版社 1981 年版，第 71 頁。
〔註121〕周作人：《論章教長之舉措》，《京報副刊》，1925 年 5 月 4 日，第 8 版。

譜》中看到由於章士釗整頓學風而把女師大風潮置於怎樣的社會政治環境並且一步步把由女師大風潮導致的矛盾導引到不可調和的階段：

1925 年 5 月 2 日章士釗起草了教育部爲查學校校長不得兼任他項職務咨文。

1925 年 5 月 7 日北京各校學生及社會各界人士準備在天安門前集會紀念「五七」國恥並追悼孫中山先生。北洋軍閥教育部卻命令不許學生參加愛國運動，事前就訓令各校不得放假。5 月 7 日上午警察廳派遣巡警在各校門口巡邏戒備，禁止學生外出。仍然有部分學生衝出包圍前往會場，在天安門一帶被警察與保安隊馬隊衝擊，受傷多人，下午三時許，各校學生被迫在神武門開會，會後約三千多人整隊前往東四魏家胡同十三號的章士釗住宅抗議，章士釗拒而不見，學生憤而搗毀了章宅門窗用具，又與守衛在章宅的軍警發生衝突，被捕者 18 人，7 人受傷。

同日，楊蔭榆上午在學校玩弄陰謀，借開會之名想維持校長地位而被學生趕走。下午她在西安飯店設立飯局，召集黨羽，策劃陰謀，陷害學生。

5 月 9 日，北京各校學生五千餘人再次遊行，並赴執政府請願。要求釋放被捕學生，廢除出版法、治安警察法，罷免章士釗及肇事當局。同日，楊蔭榆借女師大評議會名義開除六位學生自治會領導成員。

隨後上海全國學生總會、天津學生聯合會、武漢學生聯合會紛紛發表宣言，要求釋放學生並追究章士釗、朱深等人責任。

5 月 11 日，被捕學生獲釋，北洋政府司法總長兼教育總長章士釗當晚向段祺瑞提出辭呈。

5 月 14 日、29 日段祺瑞兩次挽留章士釗。18 日章士釗赴北戴河。

在這個階段，魯迅在思想上給女師大學生指出了鬥爭的策略，他在 1925 年 5 月 12 日的《京報副刊》上發表了《忽然想到（七）》，在文章中他斥責了楊蔭榆及其同黨利用反動軍警來恫嚇學生的下劣行徑，並且號召女師大學生勇敢的同學校當局展開鬥爭，鬥爭的策略就是「對手如凶獸時就如凶獸，對手如羊時就如羊！那麼，無論什麼魔鬼，就都只能回到他自己的地獄裏去。」〔註 122〕魯迅後來在《〈華蓋集〉後記》中說：「我的對於女師大風潮說話，這是第一回。」

不但在精神上給予幫助，魯迅還在實際行動中支持女師大學生的合理行

〔註 122〕魯迅：《忽然想到（七）》，《京報副刊》，1925 年 5 月 12 日，第 8 版。

動。他在 1925 年 5 月 12 日出席了女師大學生自治會召開的師生聯席會議，並且爲女師大學生代擬了送交教育部的呈文。5 月 18 日，魯迅在給許廣平的信中說：「我現在愈加相信說話和弄筆的都是不中用的人」，因爲當權者「無論怎樣無理，事實上卻招招得勝」。〔註123〕同時大概魯迅認爲現在已經是到了不得已要「短兵相接」的時候了，他表示：「我要反抗，試他一試」。同月 27 日，魯迅就同馬裕藻、沈尹默、李泰棻、錢玄同、沈兼士、周作人共同簽署了《對於北京女子師範大學風潮的宣言》，有力的揭露了楊蔭楡等人的妄誣。

　　魯迅在這個階段不但是在指導著女師大學生展開對章士釗、楊蔭楡教育當局的鬥爭，而且在另外一條戰線上展開鬥爭，這就是跟《現代評論》陳西瀅等人的鬥爭。

　　《現代評論》周刊是由一幫留學英美的自由主義知識分子主辦綜合性刊物。它的成員主要包括王世杰、周鯁生、高一涵、陳西瀅等人。在 1924 年 12 月 13 日第一期《現代評論》的《本刊啓事》上，現代評論派同人聲稱：「本刊內容，包含關於政治、經濟，法律，文藝，科學各種文字。本刊的精神是獨立的，不主附和；本刊的態度是研究的，不尚攻訐；本刊的言論趨重實際問題，不尚空談。凡對於本刊，願賜佳作者，無論爲通信或論著，俱所歡迎。本刊同人，不認本刊純爲本刊同人之論壇，而認爲同人及同人的朋友與讀者的公開論壇。」〔註124〕就是這樣一個自稱公正平和的刊物，在女師大問題上卻有了不和諧的聲音，這就是陳西瀅對女師大風潮中的「閒話」。《現代評論》上的《閒話》最早出現是在 1925 年 4 月 18 日第 1 卷第 19 期，作者是張奚若。文章內容也是政治批評和社會批評爲主。到 1925 年 5 月 9 日，同樣的標題下卻署了陳西瀅的名字。在 5 月 30 日陳西瀅抛出「女師大的風潮，有在北京教育界占最大勢力的某籍某系的人在暗中鼓動」的言論後，魯迅在當天寫給許廣平的信中說：「今天看見《現代評論》，所謂西瀅也者，對於我們的宣言出來說話了，裝作局外人的樣子，眞會玩把戲。我也做了一點東西寄給《京副》，給他碰一個小釘子。」〔註125〕這篇讓陳西瀅「碰小釘子」的文章就是發表在 6 月 1 日《京報副刊》上的《並非閒談》，同日周作人也在《京報副刊》上發

〔註123〕魯迅：《兩地書‧二十二》，《魯迅全集》第七卷，人民文學出版社 1981 年版，第 92 頁。

〔註124〕參見《本刊啓事》，《現代評論》，1924 年 12 月 13 日，第 2 版。

〔註125〕魯迅：《兩地書‧二十四》，《魯迅全集》第七卷，人民文學出版社 1981 年版，第 96 頁。

表了《京兆人》一文，這也標誌著周氏兄弟聯手對陳西瀅、楊蔭榆展開了鬥爭。

在今天看來，女師大風潮至少在兩個層面上存在著權力鬥爭問題，第一個方面是從政治層面看，女師大問題是國民黨與北洋軍閥之間就高等教育領導權而展開的爭奪。張耀傑在《〈兩地書〉中的魯迅與許廣平》中就提到了這個層面的權力爭奪，「女師大學潮之所以愈演愈烈，就是因為以國民黨元老、北京大學教授兼辦理清室善後委員會委員長、中法大學代理校長李石曾為首的法日派，想讓另一位國民黨高層人士易培基取代楊蔭榆的校長職位。『某籍某系』的馬裕藻、沈尹默、沈兼士、錢玄同等人，既是國民黨的資深黨員又是法日派的中堅力量。」〔註126〕張耀傑的這個說法在一定程度上闡明了女師大風潮在政治層面上的動因，由政治觀點和學統差異導致的矛盾是一個很關鍵的因由。同時，我們也必須看到，魯迅和陳西瀅所爭奪的在這個層面上是牽涉較少的，魯迅、周作人對章士釗、陳西瀅的不滿主要集中在知識分子共同體分裂後對政治當權者的態度層面上，也可以說，知識分子立場問題在女師大事件中是魯迅所最為關注的一個方面。按照布迪厄的場域理論，場域中的行動者所爭奪的就是作為稀缺資源的象徵資本，象徵資本的獲得必須要依靠行動者自身的文化資本和社會資本去在場域內獲得。所以陳西瀅在《粉刷毛廁》這篇閒話中所指出的「我們自然還是不信我們平素所很尊敬的人會暗中挑剔風潮，但是這篇宣言一出，免不了流言更加傳佈得厲害了」這種「潑污水」的說法，在本質上也就是對魯迅在思想界權威地位的一種攻擊。陳西瀅所憑藉的就是自身本來具有的文化資本以及通過在教育、政治問題上與行政當權者合作而編織的社會關係網來向魯迅發起挑戰。知識分子共同體以對待政府當局的立場為界，又產生了新的分化。有分化就會有鬥爭，陳西瀅就是以《現代評論》為陣地，而魯迅由於自身象徵資本處於優勢的原因，他可以在多個不同的「兄弟」刊物上來構築陣地。而由於《京報副刊》作為報紙日刊具有快捷、靈敏以及影響力廣泛的性質，〔註127〕所以魯迅想要給陳西瀅「碰一個小釘子」的時候，第一個就想到了《京報副刊》。五卅運動的突然爆

〔註126〕轉引自韓石山：《少不讀魯迅老不讀胡適》，中國友誼出版公司2005年10月版，第141頁。

〔註127〕《莽原》與《猛進》都是星期五出版，而《語絲》是星期一出版，《現代評論》則是在星期六出版，因此，《京報副刊》作為報紙日刊，在及時回應話題方面有著得天獨厚的媒介優勢。

發以及隨後孫伏園的「主和」舉動一度打斷了《京報副刊》對女師大事件的關注，同時也讓魯迅對孫伏園產生了很大的不滿。因為《京報副刊》在向一系列政治刊中刊轉向以前，可以說在支持女師大學生運動、反對楊蔭榆、陳西瀅的鬥爭中是發揮了很大作用的。從 1925 年 6 月 1 日到 7 日，除了 6 月 6 日的《妙峰山進香專號（四）》以外，總共 6 天時間在《京報副刊》上就發表了批判陳西瀅和楊蔭榆的文章 14 篇！這個階段的《京報副刊》無疑就是批判陳西瀅和楊蔭榆最集中、最有力的一個刊物。孫伏園卻在五卅後猛然把它轉向了，難怪魯迅會對他很有意見。

可是隨著女師大風潮的發展，孫伏園對於自己當初「主和」的思想也一定有了提高，同時，基於魯迅象徵資本的對社會的影響力和號召力，孫伏園在五卅風潮過後，主動調整了《京報副刊》的鬥爭指向，從 1925 年 8 月起，《京報副刊》又接續了女師大風潮的鬥爭任務，同時也展開了對再次上臺的章士釗的鬥爭。如果我們看看這幾個月內發生了什麼就不難想像《京報副刊》會以什麼姿態出現在鬥爭中了：

1925 年 6 月 17 日，章士釗重新回北京就司法總長之職。

7 月 18 日，《甲寅》復刊了，改為周刊。它在封建復古主義立場上維護封建道德，提倡尊孔讀經，公開提倡恢復舊禮教、反對白話文和新文化運動。

7 月 28 日，段祺瑞恢復了章士釗教育總長職務，繼續要他整頓學風。

7 月 31 日，楊蔭榆到教育部去見章士釗，提出解散女師大風潮中最堅定的四個班級：大學預科甲、乙兩部，高師國文系三年級，大學教育預科一年級。楊致函京師警察廳要求「照派保安警察三四十名來校，借資保護」她解散風潮各個班級。

8 月 1 日，楊蔭榆在武裝警察的保護下到校就職。

8 月 6 日，章士釗在國務會議上，以女師大學生「不受檢制，竟體忘形，嘯聚男生，蔑視長上……學紀大紊，禮教全荒」為由，提請通過停辦女師大令。

8 月 7 日，章士釗派視學張邦華等人接收女師大，消息傳出，女師大學生群情激憤，立即召開會議決定「（一）拒絕解散令；（二），驅逐章、楊；（三）請社會上熱心教育人士，共起維持。」當天下午校務委員會成立。魯迅於當日到女師大維持會，對學生鬥爭密切關注。同日北京各校滬案後援會、學聯會、救國團等 83 團體派代表至政府遞交了請願，提出取消停辦女師大之議案，

並要求即日罷免章士釗、楊蔭榆等人。

8月8日，因為女師大學生反對楊蔭榆佃任改校校長，章士釗向段祺瑞政府提交了《停辦北京女子師範大學呈文》。

8月14日，章士釗親自出面免去了魯迅的教育部僉事一職。

8月15日，《京報》刊出《周樹人免職之裏面》，揭露：「自女師大風潮發生，周頗為學生出力，章士釗甚為不滿，故用迅雷不及掩耳手段，秘密呈請執政准予免職。」

8月17日，章士釗主持教育部部務會議，正式決定將女師大改組為國立北京女子大學。並自任女大籌備處長。

8月18日，針對章士釗的倒行逆施，北京大學評議會決議北大與北洋軍閥政府教育部脫離關係，胡適等五位教授則因反對捲入政潮而向北京大學評議會提出抗議。

8月19日，教育部專門教育司司長劉百昭來女師大張貼教育部接受布告，與女師大學生發生衝突。

8月20日，段祺瑞政府內閣通過了章士釗擬定的「整頓學風令」，其中威脅說：「本執政敢先父兄之教，不博寬大之名，依法從事，絕不姑貸。」

8月22日，教育部專門教育司司長劉百昭率軍警及三河縣老媽子一百餘人，強行進入女師大，將三十多個不肯離校的女學生拖入汽車，拉到報子街女師大補習科安置。次日上午，《京報》、《世界日報》等迅疾刊出《昨日女師大演出空前之慘劇》和《國立女師大萬急啓事》。

同日。魯迅向平政院起訴章士釗。

8月25日，魯迅好友許壽裳、齊壽山在《京報》上發表《反章士釗宣言》，宣稱「自此章士釗一日不去，即一日不到部，以明素心而張公道」。

9月5日，胡適在《現代評論》上發表文章《愛國運動與求學》，引用了易卜生的話說：「這個世界就好像大海上翻了船，最要緊的是救出我自己。」

9月12日在《甲寅》周刊第一卷第九號上，重新發表他反對新文化運動的代表作《評新文化運動》。並且在文章前面加了按語，繼續攻擊新文化運動，為自己錯解典故辯解，說：「北京報紙，屢以文中士與讀書人對舉。為不合情實。意為二桃之士。乃言勇士。非讀書人。此等小節。寧關謀篇本旨。」

同日，陳西瀅在《現代評論》第二卷第四十期上發表的《閒話》中為章士釗、楊蔭榆辯解並攻擊魯迅寫的《並非閒話（二）》。

9 月 23 日，郁達夫寫的《咒〈甲寅〉十四號〈評新文化運動〉》在《現代評論》第 47 期上發表。

11 月 11 日，徐志摩發表《守舊與「玩舊」——孤桐先生的思想書店》，批判章士釗在思想上沒有基本信念。

11 月 25 日，北京臨時政府財政、外交、內政、陸軍、海軍、教育諸部長集體辭職，段祺瑞政府處於癱瘓狀態。

11 月 28 日，北京各界為了要求關稅自主而舉行大規模遊行示威活動，提出了「驅逐段祺瑞」、「打死朱深、章士釗」的口號，並再次搗毀了章士釗的住宅，章士釗逃到天津。女子大學學生代表歡迎女師大從宗帽胡同返回石駙馬大街。

11 月 29 日，研究系的喉舌——晨報館被焚毀。

12 月 24 日，段祺瑞明令恢復女師大。

12 月 31 日，段祺瑞任命易培基接任教育總長一職。

1926 年 1 月 16 日，魯迅控告章士釗初步獲勝，教育部發佈魯迅「復職令」。

……

從這個歷史時期的社會語境看來，《京報副刊》在孫伏園的主持下不可能不投入到對章士釗、陳西瀅等人的鬥爭中去，與章士釗的鬥爭主要是兩個方面的，一個是對章士釗這個階段借助於《甲寅》週刊推行的文化復古主義的批判，另一個是對章士釗在女師大風潮中的官僚行徑的鬥爭。而對陳西瀅，則主要是針對他在《現代評論》上以知識分子的「名份」去依附反動軍閥政府、鉗制學生運動的卑劣文人行徑。

在這裡，我不再詳細的舉出《京報副刊》上周氏兄弟為首引領的鬥爭浪潮，也不舉出具體的作品篇目（筆者已作《京報副刊》的目錄索引並附於文後，可參看），我主要想結合布迪厄的知識分子問題以及場域理論來談談周氏兄弟對章士釗、陳西瀅等人的鬥爭策略問題。

8 月 12 日，北京學生聯合會在《北京學生》第十五期上發表了《為章士釗楊蔭榆摧殘女師大宣言》，其中指出：「楊蔭榆是章士釗的走狗，章士釗是某軍閥的走狗，而某軍閥又是英日帝國主義的走狗，因此……女師大的問題不是一個單純的教育問題，而且是一個政治問題。……女師大的問題不是單純的北京一隅的問題，更不是女師大一校的問題，乃是全國有關的問題。」

既然女師大風潮的實質是一個政治性問題，那麼，周氏兄弟以及陳西瀅在這個時期在由副刊、雜誌編織成的知識分子場域內大量的政治性發言的合法性何在，換句話說就是他們是憑藉著什麼資源來在政治領域內進行這樣的表述的。

我們首先來看知識分子問題，根據布迪厄看來，首先要詢問的並不是什麼是知識分子，而是誰定義了知識分子。在他看來，誰在知識分子場域內佔據了支配地位，誰就能夠把自己關於知識分子的定義強加為普遍的標準。他認為現代知識分子的誕生與文化生產場密切相關，也就是說，跟知識分子符號生產的相對自主性、自律性相關，在場域內活動的知識分子必須去捍衛場域內部的遊戲規則，對真理、正義、進步的維護以及對經濟、政治諸場域邏輯的排斥。「知識分子之所以有這樣的訴求，乃是因為他們可以借助於專業領域內的權威，將文化生產場共同遵守的信念建構為全社會的信念。布迪厄說：「他們將其權威建立在倫理普遍主義和科學普遍主義的不成文法則的基礎上，以便充當某種道德領袖的職責，並在某種情勢下為了鬥爭而進行集體動員，鬥爭的目的是向整個社會世界傳佈自己的界域中所通行的種種價值。」〔註128〕知識分子場域的興起在布迪厄看來是知識分子干預政治的基礎，他說：「只是到了19世紀末，只是在文學場、藝術場和科學場獲得了極高程度的自主性的時候，各種自主場域的最為自主的行動者們才認識到，自主性並不就等同於對政治的拒絕，他們甚至可以以藝術家、作家或科學家的名義在政治場域進行干預。與那些轉化為政客的文化生產者（例如基佐或拉馬丁）不同，他們是憑藉著一種權威進入政治場域的，這種權威源於他們自己場域的自主性，並且強調構成其存在基礎的全部價值，諸如倫理上的純潔和技能。」〔註129〕

同時，「任何一個場域，其發生發展都經過了一個為自己的自主性而鬥爭的歷程，這也就是擺脫政治、經濟等外部因素控制的過程，在此過程中，場域自身的邏輯逐漸獲得獨立性，也就是成為支配場域中一切行動者及其實踐活動的邏輯。一個場域越是具有自主性，越是能夠把權力場的友／敵邏輯轉換成場域自身的真／偽邏輯，也越是能夠把自己的規則強加到每個場域的成員身上，而外部資源要想滲透到場域內部，必須『先通過場域特有形式和力量的特定中介環節，預先經歷一次重新型塑的過程』，即只有轉換成場域本身

〔註128〕轉引自朱國華：《權力的文化邏輯》，上海三聯書店2004年3月版，第44頁。
〔註129〕轉引自朱國華：《權力的文化邏輯》，上海三聯書店2004年3月版，第50頁。

的結構元素，才能發揮作用。但是任何一個場域說到底都受到元場——權力場、政治經濟場——的制約。」〔註130〕

　　聯繫 1925 爆發的女師大風潮以及後來的北京大學脫離教育部的舉措，我們可以認為這就是高等院校爭取獲得教育場域的自主權的一種努力。而以社團、報刊、雜誌的迅猛發展為標誌的知識分子場域的興起則為知識分子介入社會奠定了基礎，周氏兄弟之所以在報刊、雜誌上對陳西瀅等人猛烈的攻擊並把他定義為「無恥文人」顯然是對知識分子場域的一種純潔化的「清場」行為。這也就是魯迅在 1925 年 3 月 29 日覆徐炳昶的信中堅決反對與現代評論派合作並進一步主張：「我想，現在沒奈何，也只好從智識階級——其實中國並沒有俄國之所謂智識階級，此事說起來話太長，姑且從眾這樣說——一面先行設法，民眾俟將來再談。」〔註131〕我們可以把魯迅的「清場」行動看作是「從智識階級一面先行設法」的第一步。堅決拒斥政治場域邏輯對知識分子場域的滲透在周氏兄弟批判陳西瀅依附教育總長章士釗的言論中是很明白體現出來的。

　　同時，我們從布迪厄的知識分子干預社會政治的前提中可以看出，知識分子一定是要帶著自身場域的資本——也就是一定的權威——才有資格介入到社會政治中來，那麼如果我們考察周氏兄弟在這個時期批駁章士釗和陳西瀅的戰術策略，我們就會發現周氏兄弟在條分縷析的批駁他們的政治觀點、文化傾向的同時，緊緊的抓住了他們在學識上的缺陷，痛擊他們作為文人但卻缺乏學術底蘊的虛假知識分子面目，也就是從根本上剝奪了章士釗和陳西瀅（尤其是後者）進行政治性表述的權力。

　　章士釗當時之所以被段祺瑞看中來作司法總長，一方面是因為段祺瑞對章士釗在 1922 年歸國後在《新聞報》上發表的否定代議制、要求毀棄法統的言論十分讚賞，同時也是因為章士釗「能文善思，有聲南北」，所以段祺瑞的公子段駿良才一再邀請章士釗入閣。章士釗作為當時的司法總長和教育總長當然對政治和教育具有發言權，可是當他以教育總長的身份在《甲寅》上號召文化復古主義的時候，顯然是要將政治場域的內部邏輯帶入了文化教育場域之中，所以他辦的《甲寅》也被人們稱作「政府公報」。面對章士釗的封建復古倒退行為，魯迅在批駁時卻抓住了章士釗國學太差，而且文筆不

〔註130〕朱國華：《權力的文化邏輯》，上海三聯書店 2004 年 3 月版，第 185 頁。
〔註131〕魯迅：《通訊（二）》，《猛進》週刊，1925 年 4 月 3 日第 5 期。

行，他不但老早就嘲笑了章士釗對「二桃殺三士」的誤解，而且在 8 月 20 日寫了《答 KS 君》中說：「《甲寅》第一次出版時，我想，大約章士釗還不過熟讀了幾十篇唐宋八大家文，所以模仿吞剝，看去還近乎清通。至於這一回，卻大大地退步了，關於內容的事且不說，即以文章論，就比先前不通的多，……尤其害事的是他後來又念了幾篇駢文，沒有融化，而急於撏撦，所以弄得文字龐雜，有如泥漿混著砂礫一樣，即如他那《停辦北京女子師範大學呈文》中有云，『釗念二女乃家家所有良用痛心；為政而人人悅之亦無是理』，旁加密圈，想是得意之筆了，但比起何拭《齊姜醉遣晉公子賦》的『公子固翩翩絕世未免有情少年而碌碌因人安能成事』來，就顯得字句和聲調都怎樣陋弱可哂。何拭比他高明的多，尚且不能入作者之林，章士釗的文章更於何處討生活呢？……我委實至今還想不出來。」而且「倘說這是復古運動的代表，那可使只見得復古派得可憐，不過以此當作訃文，公佈文言文的氣絕罷了。」這是魯迅對章士釗的攻擊，而陳西瀅則是在吹捧章士釗學問之深精廣博了，他在《現代評論增刊》中在自誇「三十多個大學，不論國立私立，還不及我們私人的書多」的同時，聲稱章士釗在德國的時候「幾乎滿床滿架滿桌滿地，都是關於社會主義的德文書」。

針對陳西瀅的「某籍某系」的說法，魯迅在《莽原》第 7 期第 15 版）1925 年 6 月 5 日，《我的「籍」和「系」》就說：「我常常要『挑剔』文字是確的，至於『挑剔』風潮這一種連字面都不通的陰謀，我至今還不知道是怎樣的做法。」陳西瀅言論連字面都不通的現象是首先進入魯迅視野並作為攻擊切入點的。陳西瀅在 1926 年 1 月 1 日《〈現代評論〉第一週年紀念增刊》上發表《做學問的工具》一文中提到：「就以『四書』來說罷，不研究漢、宋、明、清許多儒家的注疏理論，『四書』的真正意義是不易領會的。短短的一部『四書』，如果細細的研究起來，就得用得了幾百幾千種參考書。」魯迅對傳統文化是何等的精通，他在 1926 年 1 月 3 日寫了《雜論管閒事・做學問・灰色等》一文來嘲笑陳西瀅，他說：「那『短短的一部』四書，我是讀過的，至於漢人的『四書』注疏或理論，卻連聽也沒有聽到過。……但我所參考的，自然不過是通常書，北京大學的圖書館裏就有，見聞寡陋，也未可知，然而也只得這樣就算了，因為即使要『抱』，卻連『佛腳』都沒有。由此想來，那能『抱佛腳』的，肯『抱佛腳』的，的確還是真正的福人，真正的學者了。」魯迅在文章中指出現代評論派做的學問看起來是五光十色，但是性質卻是「灰色」

的，尤其是嘲笑了陳西瀅不懂裝懂的學術態度。魯迅後來不遺餘力的宣揚陳西瀅不知道「四書」的學識上的缺陷，比如魯迅直到 1926 年 1 月 14 日發表在《國民新報副刊》上的《有趣的消息》中仍然說到：「倘使有一個妹子，如《晨報副刊》上所豔稱的『閒話先生』的家事似的，叫道：『阿哥！』那聲音正如『銀鈴之響於幽谷』，向我求告，『你不要再做文章得罪人家了，好不好？』我也許可以藉此撥轉馬頭，躲到別墅裏去研究漢朝人所做的『四書』注疏和理論去。」並且嘲笑教育部司長劉百昭，「人的眼界之狹是不大有藥可救的，我近來覺得有趣的倒要算看見那在德國手格盜匪若干人，在北京率領三河縣老媽子一大隊的武士劉百昭校長居然做駢文，大有偃武修文之意了；而且『百昭海邦求學，教部備員，多藝之譽愧不如人，審美之情差堪自信』，還是一位文武全才，我先前實在沒有料想到。」其實，陳西瀅是在 16 歲的時候就去了英國學習英文，後來又在倫敦大學獲得了政治經濟學的博士學位，那麼他不知道四書的確切時間也無可厚非，但是魯迅卻抓住這一點大做文章，結合上面對知識分子介入政治的前提的分析我們不難猜測魯迅這樣做的深意了。不但是魯迅嘲諷過劉百昭的駢文，周作人也諷刺過，在 1926 年 1 月 12 日，也就是在魯迅攻擊劉百昭駢文的前兩天，周作人在《京報副刊》上就發表《劉百昭的駢文》，周作人很幽默的說到他看到劉百昭的駢文的感覺是「這真嚇死我也！」，周作人認為劉百昭和楊蔭榆等人的駢文已經表明了駢文的氣數已盡了。有讀者署名「庶常」的寫信到《京報副刊》讓周作人不要跟劉百昭計較，周作人專門在 1 月 17 日，又在《京報副刊》上發表了《關於駢文的通信》，文中說：「……唯某雖不肖，向知自奮，擬此後將平分光陰，兼做『學匪』及讀書二事，不敢拋荒任何一面也。……本擬直接奉覆，因不知尊寓何處，特商請京副記者借予篇末一角，在報上發表，諸希鑒察。」在這裏，我們就可以發現周作人是想把這些不學無術卻假裝斯文的偽文人的面具在更多的讀者面前撕得粉碎，其實只要問問孫伏園就可以知道這個讀者的地址，但是周作人偏不這樣做，他一定要在報紙上發表出來，顯然也是有深意的。

　　魯迅在《無花的薔薇》中也揭露了徐志摩和陳西瀅相互吹捧，藉以擡高影響，積聚文化資本的做法，比如陳西瀅在《現代評論》第 63 期中說：「中國的新文學運動，方在萌芽，可是稍有貢獻的人，如胡適之，徐志摩，郭沫若，郁達夫，丁西林，周氏兄弟等等都是研究過他國文學的人。尤其是志摩他非但在思想方面，就是在體制方面，他的詩及散文，都已經有一種中國文

學裏從來不曾有過的風格。」魯迅的對此的回應是「雖然抄的麻煩，但中國現今『有根』的『學者』和『尤其』的思想家及文人，總算已經相互選出了。……我總算已經被中國現在『有根』的『學者』和『尤其』的思想家及文人協力踏倒了。」

雙方類似的攻擊還有很多，這裡就不一一舉出了。如果把我們對雙方在學識、文化方面的互相攻擊按照布迪厄的知識分子場域理論來看的話，確實是可以看作雙方始終是在通過打擊對方的知識分子資本來爭奪著知識分子場域內的領導權，並希望藉此來增加社會干預時所擁有的影響力。後來陳西瀅誣衊魯迅《中國小說史略》是抄襲鹽谷溫的《支那小說概論講話》中「小說」一部分的，我們千萬不能小看這一點，魯迅對這種誣衊知識分子學術品格的卑鄙行徑極其憤慨，甚至在十年之後的 1935 年 12 月他在《且介亭雜文二集‧後記》中還說到：「現在鹽谷溫的書早有了中譯，我的也有了日譯，兩國的讀者，有目共見，有誰指出我的『剽竊』來呢？嗚呼，『男盜女娼』，是人間大可恥事。」1936 年 12 月胡適在給蘇雪林的信中也說陳西瀅的這種做法「就使魯迅終身不能忘此仇恨！」也難怪魯迅終身不能忘此仇恨，因為在知識分子場域中，對公平、正義、道德的要求是場域中每個行動者必須遵守的規則，而抄襲行為就如同魯迅所說的是「男盜女娼」一類的舉動，是嚴重違反了知識分子場域規則的行為，如果讓陳西瀅這個說法得逞的話，魯迅不要說通過發揮自身影響力來干涉政治了，就是在文化藝術界恐怕也難以立足了。

流言自歸流言，周氏兄弟依靠這種從文化學術上否定對方在社會政治領域內言論權威性的做法是很有效果的，女師大風潮中雙方勢力的起伏消長也有力的說明了這一點。

二、《京報副刊》與《晨報副刊》的鬥爭

《京報副刊》在積極介入女師大風潮的同時，《晨報副刊》上面基本沒有對這個在當時轟動一時的學潮進行報導，表現出了一種超脫政治的姿態，其實在那種社會政治局面下，不對政治發言的態度其實也就是一種政治態度。這種表面上的「不說話的自由」隨著徐志摩在 1925 年 10 月主編《晨報副刊》的開始，也發生了變化。徐志摩身上集合了中國傳統文人的趣味與情致的同時，也在很大程度上受到了西方現代文明以及知識分子理念的影響。

　　早在徐志摩還未入主《晨報副刊》一年以前，晨報社陳博生、黃子美等人就多次邀請徐志摩來主編《晨報副刊》，徐志摩出於自己個性的原故屢次拒絕了邀請。他的很多朋友也都不贊成徐志摩主編副刊，有的說他「只配東飄西蕩的偶而擠出幾首小詩來給他們解解悶也就完事一宗；有人進一步說不僅反對我辦副刊並且副刊這辦法根本就要不得，早幾年許是一種投機，現在可早該取消了。那晚陳通伯也在座，他坐著不出聲，聽到副刊早就該死的話他倒說話了，他說得俏皮，他說他本來也不贊成我辦副刊的，他也是最厭惡副刊的一個；但為要處死副刊，趁早撲滅這流行病，他倒換了意見，反而贊成我來辦晨報副刊，第一步逼死別家的副刊，第二步掐死自己的副刊，從此人類可永免副刊的災殃。」〔註132〕徐志摩其實老早就想辦報了，加上陳博生以實利相勸，〔註133〕徐志摩終於決定接手《晨報副刊》了。同時徐志摩也宣稱自己「決不是一個會投機的主筆，迎合群眾心理，我是不來的，諛附輿論界的權威者我是不來的，取媚社會的愚暗與偏淺我是不來的；我來只認識我自己，只知對我自己負責任，我不願意說的話你逼我求我我都不說的，我要說的話你逼我求我我都不能不說的：我本來就是個全權的記者，但這來為他們報紙營業者卻是一個問題。」〔註134〕徐志摩的言論是很有自身文化品格特色的，也充分體現了徐志摩的辦刊思想和編輯理念，充分體現了一個自由主義知識分子的思想特色。他在文章中聲稱「我自己是不免開口的，並且恐怕常常要開口，不比先前的副刊主任們來得知趣解事，不到必要的時候是很少開口的。」果然，徐志摩不但自己經常「開口」，而且他在1925年10月5日的《晨報副刊》上發表了《「迎上前去」》一文，在文章中表露了他的主編副刊的視野，他說：「……我這次從南邊回來，決意改變我對人生的態度，我寫信

〔註132〕徐志摩：《我為什麼來辦我想怎麼辦》，《晨報副刊》，1925年10月1日，第1版。

〔註133〕參見徐志摩：《我為什麼來辦我想怎麼辦》，《晨報副刊》，1925年10月1日，第1版。
　　　　陳博生對徐志摩說「你還不是成天想辦報，但假如你另起爐竈的話，管你理想不理想，新月不新月。第一件事你就準備貼錢，對不對？反過來說，副刊是現成的，你來我們有薪水給你，可以免得做游民，豈不是一舉兩得！」徐志摩考慮後覺得「這利害實在是很分明，我不能不打算了。」

〔註134〕徐志摩：《我為什麼來辦我想怎麼辦》，《晨報副刊》，1925年10月1日，第1版。

給朋友說這來要來認眞做一點『人的事業』了，── 我再不想成仙，蓬萊不是我的份；我只要這地面，情願安分的做人。在我這『決心做人，決心做一點認眞的事業』，是一個思想的大轉變；因爲先前我對這人生只是不調和不承認的態度，因此我與這現世界並沒有什麼相互的關係，我是我，它是它，它不能責備我，我也不來批評它。但這來我決心做人的宣言卻就把我放進了一個有關係，負責任的地位，我再不能張著眼睛做夢，從今起得把現實當現實看：我要來察看，我要來檢查，我要來清除，我要來顚撲，我要來挑戰，我要來破壞。……是的，我從今起要迎上前去！生命第一個消息是活動，第二個消息是搏鬥，第三個消息是決定；思想也是的，活動的下文就是搏鬥。搏鬥就包含一個搏鬥的對象，許是文，許是問題，許是現象，許是思想本體。」〔註 135〕我們從徐志摩的言論中不難看到《晨報副刊》在他主編後向關注政治、社會轉變的思想基礎了。

1925 年 10 月 6 日，在徐志摩接手《晨報副刊》沒幾天，這第一次的「搏鬥」就開始了。搏鬥是由陳啓修在《晨報副刊》的刊中刊《社會周刊》上發表《帝國主義有白色和赤色之別嗎？》而引起的，在文章中陳啓修駁斥了當時社會上有人誣衊誕生不久的蘇聯是一個赤色帝國主義國家，而且是一個同英國、日本一樣侵略中國的帝國主義國家。陳啓修在文章中說：「蘇聯用盡他的力量，到世界上各國去宣傳共產主義，到各被壓迫的民族中去宣傳反帝國主義，這是事實。這種事實是根據他們的信仰和他們無產階級專政國家自己利害打算而來的，是他們自衛手段，是他們的生存策略。我們加入信仰不同，利害迥異，那麼我們盡可反對他，稱他爲赤色革命主義或赤色共產主義。但是決不能稱爲赤色帝國主義。何以呢？因爲帝國主義是我們的敵人，我們即或不認蘇聯爲友，也不應該因爲不認其爲友而失掉了我們眞正的敵人。」〔註 136〕應該說陳啓修的文章在當時是有很強的針對性的，將英、日帝國主義誣衊中國「赤化」的眞正原因有力的揭示了出來。而張奚若卻不這樣看，

〔註 135〕徐志摩：《「迎上前去」》，《晨報副刊》，1925 年 10 月 5 日，第 2 版。
〔註 136〕陳啓修：《帝國主義有白色和赤色之別嗎？》，《晨報副刊》之《社會周刊》，1925 年 10 月 6 日，第 2 版。
當時的《晨報副刊》的有三種刊中刊：《社會周刊》每星期二出版，由劉勉己主編；《國際周刊》每星期五出版，由淵泉主編；《家庭周刊》每星期天出版，由德言主編。其餘四天由徐志摩主編。

他在 1925 年 10 月 8 日的《晨報副刊》上發表《蘇俄究竟是不是我們的朋友？》，在文章中張奚若堅稱：「帝國主義者，用不著問，固然是我們的敵人；但同時共產主義者許也是我們的敵人；假共產之名，為自己的私利，在我們情形迥不相同的國家，利用判斷力薄弱的青年、知識寡薄的學者，和唯個人私利是圖的政客，大搞其亂的人們，更是我們的敵人。陳先生說蘇聯不是帝國主義者，所以不是我們的敵人。但如有人說蘇聯雖不是帝國主義式的敵人，其為害與我們中國的地方更甚於帝國主義式的敵人，我們防備它比防備帝國主義式的敵人更應該嚴密一點。我不知陳先生有什麼回話答他。」〔註 137〕戰端一起，陳啓修、張奚若、李璜、梁啓超、陳翰笙、抱樸、常燕生、陶孟和、丁文江、張榮福、張慰慈、劉侃元等人紛紛在《晨報副刊》、《社會周刊》上發表文章，儘管徐志摩一再聲稱自己是秉持「赤子之心」來編輯副刊的，而且認為「本副刊撰稿選稿是我個人完全除外的特權，和責任」。但是如果我們檢查這個階段《晨報副刊》關於「蘇俄是敵是友？」的討論文章就可以發現，除了陳啓修、陳翰笙和張榮福等少數人以外，絕大多數文章都是反對蘇聯的。張慰慈更是翻譯了英國開痕斯的《論蘇俄》一文，大力宣揚：「我們除非把列寧主義看做是一種傳道的和逼迫人民的宗教，同時又是一種試驗的經濟技術，我們就不能懂得它。」〔註 138〕而就是這個英國學者的文章在 11 月 4 日於《晨報副刊》連載之時，徐志摩在文章前特意提到了他是一位「論事如神」的學者。可以毫不誇張的說，這個階段的《晨報副刊》已經成為了反蘇言論的大本營。那麼在這樣的局面下有挺身而出與《晨報副刊》對抗的刊物嗎？

　　在徐志摩接手《晨報副刊》展開關於蘇俄問題討論之後，高長虹在 1925 年 10 月 9 日的《莽原》上發表《弦上》指出：「秋天來了，我的屋裏已不再看見蒼蠅。……無聊，便拿起晨報附刊來看。聽說是改良了，還不是如一般之所謂改良吧！附刊本來便不容易辦好，何況又是徐志摩，一個惡劣的話匣子呢？看下去──話匣子在動作了。辦，為什麼，想怎麼──不會有的事！話匣子動作下去──刮刮，肥料，刮刮，陳通伯，刮刮，流行病，刮刮，油話──話匣子也生油了！……過幾年，也許有妓女而假充思想家者出現嗎？

〔註 137〕張奚若：《蘇俄究竟是不是我們的朋友？》，《晨報副刊》，1925 年 10 月 8 日，第 1 版。

〔註 138〕〔英〕開痕斯：《論蘇俄》，張慰慈譯，《晨報副刊》，1925 年 11 月 14 日，第 1 版。

中國的思想的事業呵！然而，這只是話匣子的事業！秋天來了，我的屋裏已不再看見蒼蠅了！」〔註 139〕

高長虹的話實在是有點感情取代理性分析的色彩，而《京報副刊》則在學理上以及歷史事實上就蘇俄問題與《晨報副刊》展開了堅決的鬥爭！

張榮福在寫給《晨報副刊》之《社會周刊》編輯劉勉己的信中就說：「勉己先生：相識年餘，口辨筆戰，不曾幹過一次，現在機會到了，非常高興。我要請教先生這三點，都是和先生爲難，反面說來，就是替共產主義解釋，爲蘇俄辯護。」我們可以看到，在《京報副刊》上最早回應《晨報副刊》反蘇言論的人物，就是這個張榮福！他在 1925 年 10 月 12 日就在《京報副刊》上發表了《蘇俄眞是中國的敵人嗎？》一文，來反駁張奚若的反蘇文章。以此開頭，蔣曉海、陳啓修、陳黃生、陳鍾琴、天廬、賀凱、劉侃元、荊有麟等人在《京報副刊》上相繼發表了大量與《晨報副刊》針鋒相對的文章，如果說《晨報副刊》爲了表示自己所謂的「公正平允」的刊物立場而刊登了一兩篇贊同「聯蘇」的文章，那麼《京報副刊》則標明的就是鮮明的傾向性和政治立場，在《京報副刊》上發表的文章，全部都是批駁《晨報副刊》「反蘇」思想的，沒有一篇是贊成「反蘇」的！

沒有「騎牆」，更不要鄉愿，《京報副刊》在「談赤色變」的社會語境下就是這樣旗幟鮮明的傳達著自己的政治態度和精神傾向。其實徐志摩又何嘗不是旗幟鮮明呢？陳毅曲秋在列寧忌日之前給徐志摩發的一封油印談話稿，頌揚了俄國革命影響下的中国共產黨的歷史責任和偉大抱負。而徐志摩在1926 年 1 月 21 日《晨報副刊》上發表《列寧忌日——談革命》中說：「青年人，不要輕易謳歌俄國革命，要知道俄國革命是人類史上最慘刻苦痛的一件事實，有俄國人的英雄性才能忍耐到今天這日子的。這不是鬧著玩的事情，不比趁熱鬧弄弄水弄弄火搞些小亂子是不在乎的。」〔註 140〕面對徐志摩的所謂「忠告」，陳毅曲秋選擇了在《京報副刊》上發表回應，在 1926 年 2 月 4日的《京報副刊》上發表了《答徐志摩先生》，文章中不但揭露徐志摩被人稱爲詩哲的假面，而且宣稱自己的行動與其說是與徐志摩辯駁，不如說是要促成徐志摩的警醒。在陳毅曲秋的文章中也提到了一個很有趣味的現象，那就

〔註 139〕高長虹：《弦上》，《莽原》，1925 年 10 月 9 日，第 8 版。
〔註 140〕徐志摩：《列寧忌日——談革命》，《晨報副刊》，1926 年 1 月 21 日，第 3版。

是《晨報副刊》慢慢沾染上了正刊的色彩,「他(指徐志摩,筆者注)坐在研究系的報館裏,拼命宣傳共產主義,染了晨報的惡習,他完全研究系化了。可見環境於人之關係是很重大的,徐先生自己或者會否認盲從了任何黨派。但是『不識廬山眞面目,只緣身在此山中』,徐先生實不能有以自解。」事實上,隨著女師大風潮的爆發,《晨報副刊》、《京報副刊》都有向各自正刊靠攏的迹象,這是考察這兩大副刊精神變遷中很重要的一個對比方面。在社會政治局面趨向緊張、雙方斗爭趨向高潮的時候,這個現象尤其明顯。我們在這裡就不展開論述了。

在兩大副刊還未就「蘇俄問題」展開爭論之前,《京報副刊》就已經結怨於《晨報副刊》了。在 1925 年 10 月 8 日,當時由於跟孫福熙關係密切而經常在《京報副刊》發表文章的陳學昭以「重餘」爲筆名,在《京報副刊》上發表了《似曾相識的晨報副刊篇首圖案》一文,揭發了《晨報副刊》的篇首圖案是抄襲英國畫家琵亞詞侶的作品,這幅圖案是徐志摩請淩叔華畫的,而淩叔華則是描摹琵亞詞侶的揚手女郎一圖,可能是時間比較倉促,徐志摩竟然忘記了這一點,他在 25 年 10 月 1 日自己主編《晨報副刊》的第一號中,在淩叔華女士的小說《中秋晚》後專門發表了一番感謝的話,「爲應節起見,我央著淩女士在半天內寫成這篇小說,我得要特別謝謝她的。還有副刊篇首廣告的圖案也都是淩女士的,一併道謝。」陳學昭抓住了徐志摩表述含糊的話,抨擊說:「我於是突然間悟了大道:抄襲已是文人之常情,因爲顧眞武的痛罵也不曾生效力。至於模仿自是屬畫家的能事(?)!若經原原本本的照樣描出,這是沒有什麼比於這個再好的創作了(?)!因爲比模仿更進了一步,豈不是更加偉大了麼?不但經編輯主任的『道謝』,區區的我也不免搖首歎息,口稱『善哉』(!!!)了。」〔註141〕陳學昭的揭發可以說是有理有據的,徐志摩當然不願意因爲自己的疏忽而連累淩叔華,在第二天的《京報副刊》上就刊出了徐志摩寫給孫伏園的一封信,主動承擔了責任,而且態度十分懇切。

在 1925 年 11 月 14 日《京報副刊》上發表了署名爲「晨牧」的文章《零零碎碎(三)》中就指責淩叔華發表在《現代評論》第二卷第 48 期上的小說

〔註141〕陳學昭:《似曾相識的晨報副刊篇首圖案》,《京報副刊》,1925 年 10 月 8 日,第 8 版。

《花之寺》是抄襲了俄國柴霍甫的《在消夏別墅》，而且在開頭就頗有與徐志摩過不去的樣子，晨牧說：「志摩叫我少做批評式文字，賣勁涵養，余『唯之』。然而我這『小兵』為何又來『出馬』呢？迫不得已也。」〔註142〕言語之間對淩叔華、徐志摩頗多挖苦。陳西瀅則在25年11月21日的《現代評論》第五十期的《閒話》中反駁到：「總之這些批評家不見大處，只見小處；不見小處，只見他們自己的宏博處。」同時在文章中第一次暗示魯迅在學術上「整大本的剽竊」，但魯迅後來表示這次沒有點到他的名，他也就不計較了。

雖然這是一個小過節，也波瀾不驚的過去了，但是我們從中也可以看出一些存在於兩大副刊之間的很微妙的一些東西。

如果說以上都是小過節，那麼在1926年1月30日發表於《晨報副刊》上所謂「反周專號」則把兩大副刊的矛盾嚴重的激化了。馮文炳、楊丹初、周作人、魯迅、冬芬、陳毅曲秋等人都在《京報副刊》上嚴屬攻擊了陳西瀅、徐志摩的荒謬論調。所以在《晨報副刊》上只是徐、陳二人在那裡自說自話，而在對方的《京報副刊》以及《語絲》以及形成了一個批判《晨報副刊》的聯合戰線了。孰強孰弱，可想而知。而且發表在副刊上的文章也十分尖刻且頗有幾分「無賴氣」，比如楊丹初在《問陳源》中就質問陳西瀅：「試問周作人為什麼要向你道歉？周作人要道歉，也得向『新文化新文學的名人名教授』去道，與你有什麼相干？你幾時提倡過『新文化』來？你幾時提倡過『新文學』來？你是『名人』嗎？你是『名教授』嗎？」〔註143〕

在思想傾向上《京報副刊》積極支持了周氏兄弟等人對《晨報副刊》以及陳西瀅等人的鬥爭，而且《京報副刊》發揮自己的報刊日刊的媒體優勢及時的配合了《語絲》等刊物的鬥爭。由於《語絲》的稿件一般都是提前一個星期就編好的，而徐志摩利用手中的《晨報副刊》日刊的媒介優勢，可以靈活而快捷的發表言論。所以為了應對徐志摩在《晨報副刊》上的言論，魯迅也選擇在《京報副刊》上來作回應了。比如徐志摩在1926年2月3日在《晨報副刊》上發表了《結束閒話，結束廢話！》一文，但是2月8日的《語絲》已經排滿了魯迅等人的文章，包括魯迅回應《晨報副刊》1月30日「反周專號」的著名文章《不是信》，而2月1日的《語絲》則發表的是魯迅的《學界三魂》，也就是說如果以《語絲》來應對《晨報副刊》那總是慢了一拍。所以

〔註142〕晨牧：《零零碎碎》，《京報副刊》，1925年11月14日，第8版。
〔註143〕楊丹初：《問陳源》，《京報副刊》，1926年2月2日，第5版。

魯迅在 2 月 3 日看到徐志摩的《結束閒話、結束廢話！》一文後，連構思、作文乃至發表《我還不能「帶住」》於 2 月 7 日的《京報副刊》上，總共才花了四天時間！這就是副刊日刊的媒介優勢的體現。

　　《京報副刊》與《晨報副刊》關於蘇俄問題的爭論在本質上是分化後的知識分子在副刊上展開的輿論爭奪權的問題。雖然圍繞這個話題的爭論隨著社會局勢的迅猛發展而中斷了，但是對這個問題的爭論在這兩大副刊的精神軌跡上的印記是十分鮮明的，也是我們深入把握這兩大副刊精神品格的一個「話題」切入口。

三、言論的分野與知識分子的分化

　　我們在前文已經指出，在知識分子共同體形成過程當中，政治傾向和意識形態訴求往往是知識分子分裂、聚合的一個很重要的指標，尤其是在當時那樣一個內亂頻仍、外患不斷的歷史時期內。知識分子共同體在鬥爭中不斷分化，這種分化在報刊雜誌日益明顯的政治傾向性方面十分突出。

　　周作人在 1925 年 8 月 21 日的《京報副刊》上以「辛民」為筆名發表了《言論界之分野》，文章中就對知識分子以及輿論界的分化的現象有了一定的描述，他說：「章士釗者又即今之革命政府之教育總長也，於是四方無恥之徒疏忽嘯聚，為勢奔然，競以得列名通信為榮，那老虎遂不脛而走，風行於京師首善之區等。然而市虎訛言，猶足以駭人聽聞，何況此在新造之民國含有極大危險性之復古運動，故攘臂下車以馮婦自任者大有人在，揭竿負弩之眾遂亦三三五五漸見於市中。今舉就言論機關中舉其明白反章者約有此數家：一，自由週刊，二，猛進，三，語絲，四，孤軍週報，五，政治生活，六，莽原，七，國語週刊，八，婦女週刊，九，民報，十，京報。以上僅舉在北京刊行之重要刊物，他處不在其內。晨報副刊上曾載有一篇《肉麻頌》，的是妙文，唯此或係止水先生一人之言，未能指為反章之確據，故未敢冒昧列入。」周作人在這裡列舉了幾家反對章士釗最為有力的媒體刊物，同時我們要注意他尤其注意把《晨報副刊》排除在外，偶而的一兩篇文章在周作人看來只是個體行為，難以上昇到媒體品格上去給予定位。在周作人看來，這個時候的中國言論界可以分出兩個派別，一個是繼承了《新青年》以來的思想革命的革新運動的群體，「目下並沒有中心，方面頗廣，但實力不多」。另外一派則是繼承了《公言報》以來的反動復古運動的群體，以《甲寅》週刊為中心，「雖

說是烏合之眾，現在的勢力卻不可輕視」。周作人是在章士釗復古運動最為猖獗的時刻作出的以「新舊」為判斷標準的區分。

周作人的這種劃分顯然有把複雜問題簡單化的傾向，周作人認為《晨報副刊》雖然不捧章，但是也不是反章戰壕裏的戰友。荊有麟則指出了貌似新派實則守舊的《晨報》的反動本質，他在 1925 年 8 月 31 日《京報副刊》上發表了《八月二十日的京報和晨報》一文，通過兩個刊物對劉百昭強行闖入女師大並調戲女學生這一事件的不同報導入手，批判《晨報》：「……不敢據實登載，隨便造些柔弱可欺的女學生的謠言，什麼罵劉百昭是賣國賊呀，什麼罵劉百昭不要臉呀，倒還情有可原。而在已經樹起共和旗幟的現在民國政府之下，各報都從實登載，晨報卻偏拋棄了劉百昭侮辱女學生人格之行為，但給劉百昭吹幾句小牛，真不知其心肝何似了！」〔註 144〕在文章中，荊有麟痛斥了《晨報》的卑劣行徑，並指出了《晨報》這樣做的本質是為了給自己黨魁的朋友幫忙。我相信不只荊有麟一個人看出了《京報》與《晨報》之間品格上的差異，就連陳西瀅在論戰中轉引材料的時候也多是從《京報》上轉引，以脫嫌疑。他在 1925 年 9 月 12 日的《現代評論》中摘引了兩段《京報》（9 月 5、7 日）上發表的關於北大脫離教育部所面臨的財政問題，並且深有意味的說：「上面的新聞如果是《晨報》所載，也許免不了是謠言，可使幸而是已經屢次被證明為消息靈通，記載翔實的《京報》所載，大約是確實的了。」〔註 145〕

事實上荊有麟的這樣的劃分也同周作人一樣，也有簡單化的傾向。因為在這個歷史階段中即使在新派的刊物內部知識分子與輿論界的分野也是越來越清晰明朗了。

1925 年 9 月 4 日的《莽原》上就有署名為黴江的讀者給魯迅的一封信，其中說到：「從近來《現代評論》之主張單獨對英以媚親日派政府，侮辱學界之驅章為『打學潮糊塗帳』以媚教育當局，罵『副刊至少有產生出來以備淘汰的價值』以侮辱『青年叛徒』及其領導者，藉達其下流的政客式的學者的拍賣人格的陰謀等等方面看來，我們深覺得其他有良心的學者和有人格的青年太少，太沒有責任心，太怯懦了！……自從《新青年》停刊以後，思想界

〔註 144〕荊有麟：《八月二十日的京報和晨報》，《京報副刊》，1925 年 8 月 31 日，第5 版。
〔註 145〕陳西瀅：《閒話》，《現代評論》，1925 年 9 月 12 日，第 15 版。

中再沒有得力的旗幟鮮明的衝鋒隊了。如今『新青年的老同志有的投降了，有的退伍了，而新的還沒練好，』而且『勢力太散漫了。』我今天上午著手草《聯合戰線》一文，致猛進社，語絲社，莽原社同人及全國的叛徒們的，目的是將三社同人及其他同志聯合起來，印行一種刊物，注全力進攻我們本階級的惡勢力的代表：一系反動派的章士釗的《甲寅》，一系與反動派朋比為奸的《現代評論》。」我們要注意這裡黴江已經把周作人的派別劃分複雜化了，他把《現代評論》加入到了敵人的陣營中。同時他針對江紹原在《語絲》中說「至於民報副刊，有人說是共產黨辦的」而表示：「我於是立刻將我的《聯合戰線》一文撕得粉碎；我萬沒有想到這《現代評論》上的好文章，竟會在《語絲》上刊出來。實在，在這個世界上誰是誰的夥伴或仇敵呢？我們永遠感受著胡亂握手與胡亂刺殺的悲哀。」〔註146〕魯迅在隨後的回信中說：「如果『叛徒』們造成戰線而能遇到敵人，中國的情形早已不至於如此，因為現在所遇見的並無敵人，只有暗箭罷了。所以想有戰線，必須先有敵人，這事情恐怕還遼遠得很，若現在，則正如來信所說，大概連是友是仇也不大容易分辨清楚的。」〔註147〕事實上，江紹原在《語絲》第42期中發表的《仿近人體罵章川島》一文是用的滿篇都是反語修辭，難怪會發生誤解的。不過江紹原在文章中說的話確是可以作為那個時候知識分子以刊物為核心而聚合的一種表示，他說：「我罵章川島的文，已經寫完了；此刻我要想想，送給哪個報或者副刊，必定可以登出，而且登的快。《語絲》是不會登的，雖則我找得到人介紹。《京報副刊》的孫老頭，也是紹興籍，送不得，送不得。……那麼，《晨報副刊》怎樣？……想起來了，那個報近來盛傳是某系的報，銷路怕不佳吧。《現代評論》怎樣？……近來被人指謫過，我可不能讓旁人說我是『現代派』。……至於《民報副刊》，有人說是共產黨辦的。這我倒不怕，只是牌子新了一點，看的人不會很多吧。」〔註148〕江紹原從一個投稿者的角度從另外一個方面讓我們可以覺察到由於刊物的分野導致知識分子選擇刊物時的一種思想自覺和敏感。

　　江紹原看過了黴江在《莽原》上寫給魯迅的信後，在9月16日的《晨報

〔註146〕魯迅、黴江：《黴江與魯迅的通信》，《莽原》，1925年9月4日第20期，第8版。

〔註147〕魯迅、黴江：《黴江與魯迅的通信》，《莽原》，1925年9月4日第20期，第8版。

〔註148〕江紹原：《仿近人體罵章川島》，《語絲》，1925年8月31日，第6版。

副刊》上發表了《現代評論》一文，他表示對《現代評論》上的政論文章往往不能感到興趣，而「我所喜歡看看的，只是大約近後面的那一部分。這一部分，大概是由西瀅負責編輯的時候多。他所提出的選舉從嚴、廣約作家，和言論絕對公開三條主旨，很得我的同情。所以我偶而有願意在現代評論發表的文，總是寄給西瀅，供他采擇，任他刪改。近來章士釗問題發生，我所持的態度與現代評論的，似乎愈去愈遠。然而我昔者對於一部分現代評論的好感，依然存在。所可惜的是他在對章問題上不能代表我，以至於我在我的密友如俞平伯君之前，往往有不滿於現代評論的話。……所以我不得不聲明，凡是因為不滿意於現代評論對章的態度而攻擊它的，我絲毫不能分咎；但是因為討厭它的嚴格取材主義和其中批評翻譯的文，因而攻擊它的，我認我自己完全在被罵之列。……有些不滿意於現代評論的人，希望語絲猛進等刊物聯合成一條『戰線』，而以擯我於其外為起點（見莽原），但在現代評論方面，似乎還沒有這樣露骨的表示。所以我再聲明：在我自己設辦什麼報或雜誌以前，我對於一切刊物的關係都是試驗的，部分的，可變的，在一切時，一切問題上面，就題論事的。我不能事先無條件的認定哪種刊物，是我的『友』或『敵』，因為我是無黨無派的，因為我是沒有絕對崇拜絕對服從的首領的。……我的言論，無論是是非非還是依了個人的主張，斷不因為怕得罪哪一種人而畏首畏尾。至於我們的朋友，如果有人以為我非事事與他們一致便不能算是他們的友，就可不必認我為友，如果有人面子上和我為友而暗中把我這個獨立的人看作危險品，我也不願有那樣的人為友。」〔註149〕江紹原的這段話十分有價值，因為他把陷入政治與文化兩難選擇中的知識分子的矛盾心態暴露無遺。中國現代期刊的面目往往是混雜且曖昧的，比如說《現代評論》，它在文化建設方面是有過積極貢獻的，這點是不能被人為抹煞的；但是它在政治傾向上卻又有相當程度的含混性，這也是它受人詬病最多的部分；同時由於它的主撰者多是留學英美的自由主義知識分子，那種正襟危坐的「名士氣」也是與《語絲》形成鮮明反差的。當然，前兩點是最關鍵的。以江紹原為代表的一類知識分子並不是少數，他們在文化只有新舊的觀念，所以他們會喜歡《現代評論》的文化特色，他們在政治上卻又不滿於《現代評論》依附權貴的論調和「奴為主謀」的政治姿態。所以他們在知識分子共同體中的角色就如同江紹原的這次經歷一樣，充滿了尷尬和困窘。他們在「兩軍對

〔註149〕江紹原：《現代評論》，《晨報副刊》，1925 年 9 月 16 日，第 8 版。

峙」的知識分子文化場域內構成第三極，只是有待於更加激烈的社會政治事件的刺激才會得以辨明身份與陣營。

第五節　「三一八」慘案後的《京報副刊》

　　1926 年 3 月 18 日因爲大沽口問題所引起的學生運動遭到了北洋軍閥的殘酷鎮壓。當天有愛國群眾五千多人在天安門前舉行了反對八國通牒的國民大會，會後愛國群眾兩千多人前往國務院請願，遊行隊伍行進到國務院東轅門時遭到了反動軍警的槍擊，當場打死四十七人，打傷了二百多人，造成了駭人聽聞的「三一八」慘案。慘案發生後，全國輿論一致聲討北洋軍閥迫害進步學生的反動罪行。

　　《京報副刊》積極的展開了兩個方面的鬥爭，其一，是針對反動政府鎮壓學生運動的行爲開展了反軍閥、反壓迫、反帝國主義的輿論攻勢；其二，針對輿論界替政府辯護、誣衊學生運動的言論猛烈的給予抨擊。《京報副刊》發揮了自己日刊的靈活敏捷的優勢，通過自己的輿論積極的支持了學生正當愛國運動，同時也爲下一階段的學生運動、群眾鬥爭總結了經驗和教訓。

　　在「三一八」慘案後的第三天，也就是在 1926 年 3 月 20 日，《京報副刊》頭版頭條就刊發了周作人的《對於大殘殺的感想》，指出這樣的殘殺學生的行徑就是在滿清時期也是沒有的，甚至跟五卅時期帝國主義者殘殺中國民眾相比都更加兇殘，周作人表示了對「國民軍治下的北京」的嚴厲斥責和根本否定。而同天孫伏園發表《根本取消辛丑條約》，表達了孫伏園等自由主義知識分子對帝國主義侵略中國的清醒認識和根本主張。而且針對反動政府誣衊學生暴動的說法，《京報副刊》上發表了大量的紀實文章來戳穿執政者的謊言，比如署名爲空了的《血染執政府見聞錄》、龍冠海的《身入屠場記》等等。

　　在揭露北洋政府兇殘本質的同時，《京報副刊》發表了大量總結學生愛國運動策略的文章，尤其是指出了示威遊行活動在黑暗政府統治下的無效性。在 3 月 20 日，孫伏園就以「柏生」爲筆名發表了《誓不請願！》一文，文章中指出：「請願是示弱，請願是無用，請願是下劣，請願是承認舊勢力有存在的價值。……請願的一種是假的，無用的，不徹底的，所以，請願實在不能算是革新的方法。」孫伏園在文章中號召人們向不請願的孫中山學習，從實際的方面展開對黑暗勢力的鬥爭。在 3 月 22 日孫伏園又發表了《青

年之嚴正的生活從此開始》一文，文章表現了孫伏園對北洋軍閥政府的清醒認識，是標誌著孫伏園思想進步的很重要的一篇文章，文章中孫伏園聲稱：「浮動的生活應該趕緊結束了，嚴正的生活應該從此開始了。……俄國人熱辣辣的同情從那裡來的？都是從嚴重的事件中一次一次地長養出來的。中國人的舉動總嫌輕浮，近數年來尤甚。最重大的毛病就是迷信宣傳的萬能。……從此我們不浮躁了，不輕舉妄動了，從前的態度完全改變了，我們要取的態度只有一種，就是陰謀，陰謀，陰謀。……青年呵，如果你在人間一天，就該無時無刻，無晝無夜，無冬無夏，不想到我們的血，我們的肉，我們的當前的仇敵 —— 畜生蟲豸王八蛋！」〔註150〕孫伏園從三一八慘案中認識到了北洋軍閥的黑暗本質，在相當程度上改變了在五卅慘案時期形成的民族主義和國家主義的思想，而這種面對黑暗政治勢力毫不妥協的思想明顯的滲透到了他所編輯的《京報副刊》中來。同日《京報副刊》上發表了署名為「懷奇」的文章《別再去幹那沒出息的勾當了！》，作者在文章中表示對《誓不請願！》「個個字都贊同」，並且發出了呼號：「愛國志士們！猛省！猛省！！猛省！！！努力做主人模樣！別再失了身份，再去幹那沒出息的勾當！！！」〔註151〕針對社會上有人揚言說是共產黨鼓動學生而致學生於死地的說法，《京報副刊》上也給予了堅決的批判，楊善南在《今後怎麼辦呢》中就指出說這樣的話的人是「喪心病狂」，他呼籲要鞏固反對帝國主義和北洋軍閥的統一戰線，不要中了敵人的奸計，他要求青年們「即刻上真正革命的道路」，因為即使「我們不問政治，政治會來找我們」。

與此同時，《京報副刊》針對輿論界在「三一八」慘案後的分裂，不遺餘力的同那些給政府當局充當喉舌的報紙、雜誌進行了堅決的鬥爭。

「三一八」慘案發生後，晨報社編輯「淵泉」〔註152〕在《晨報》上發表文章誣衊請願青年「攜帶武器」，馮文炳在1926年3月21日《京報副刊》發表了《狗記者》一文，直斥淵泉是一個為虎作倀的「狗記者」，他說：「我從狗群中抓出一頭來 —— 淵泉！他在今天的晨報上做了一篇鳥社論，充分表現

〔註150〕孫伏園：《青年之嚴正的生活從此開始》，《京報副刊》，1926年3月22日，第4版。

〔註151〕懷奇：《別再去幹那沒出息的勾當！》，《京報副刊》。1926年3月22日，第2版。

〔註152〕即研究系晨報館後期主持人陳博生。

狗伎倆。」顯然輿論界的分野所導致的矛盾已經上昇到了不可調和的階段，馮文炳最後說：「大家不要以為我接著同他有什麼辯駁，不，決不！我只痛恨我們當時沒有『攜帶手槍』——不然此刻還容許狗來插嘴嗎？」〔註153〕在 3 月 23 日，《京報副刊》上又發表了署名為「明星」的文章《警告荒謬絕倫的報紙》也是批判了《晨報》在「三一八」慘案發生後所發表的一系列替反動政府張目文章的無恥行徑。

　　《現代評論》在「三一八」慘案後，整體上來看也算是進步的，我們可以看看 3 月 27 日出版的第 68 期《現代評論》的目錄就可知一二：

> 記者：《悼三月十八日的犧牲者》
> 王世杰：《論三月十八日的慘劇》
> 陳西瀅：《閒話》
> 及泉：《三月十八日》
> 許仕廉：《首都流血與軍學衝突》

在隨後的《現代評論》上，這批留學英美的自由主義知識分子也投入了相當大的熱情於對反動政府的鬥爭之中。但是在這中間也有明顯的不和諧的聲音存在，問題還是出在了陳西瀅的《閒話》上。陳西瀅在 68 期《現代評論》的《閒話》中談到遇難的楊德群女士時說：「（楊德群）平常很勤奮，開會運動種種，總不大參與。三月十八日她的學校出了一張布告，停課一日，叫學生都去與會。楊女士還是不大願意去，半路又回轉。一個教職員勉強她去，她不得已去了。衛隊一放槍，楊女士也跟了大眾就跑，忽見有人某女士受傷，不能行動，她回身去救護她，也中彈死。」陳西瀅的話顯然是一種不負責任的說法，而且有替北洋當局辯護、誣衊群眾運動的意味。兩天之後的《京報副刊》就大規模的對陳西瀅的「閒話」展開了圍剿。首先就是周作人的反駁文章《陳源口中的楊德群女士》，文章中周作人一針見血的指出了「陳先生所說實係利用死者以發表其陰險之暗示。……章士釗因女師大風潮的舊怨，已經將國民黨右派的易培基當作共產黨，與幾個俄款委員等一體通緝了，陳先生也立刻出來證明校長勒令學生去死，通緝的合於公理，而且還進一層，指出另有教職員也在強迫，所以應當更有一批五十人的通緝令。」〔註154〕周作

〔註153〕馮文炳：《狗記者》，《京報副刊》，1926 年 3 月 21 日，第 7 版。
〔註154〕周作人：《陳源口中的楊德群女士》，《京報副刊》，1926 年 3 月 30 日，第 5 版。

人挖苦的說「陳源之對於章士釗眞可以說是每飯不忘地勤奮了」。然後是孟菊安的《「不下於開槍殺人者」的「閒話」》，文章中說明了楊德群絕不是像陳西瀅筆下說的那樣苟且，而且用事實說明了陳西瀅對楊德群的論說純屬造謠，最後他質問：「西瀅，你『其心何居』？你的罪孽正像你說『不下於開槍殺人者』啊！」〔註155〕緊接著是董秋芳的文章《可怕與可殺》，他在文章中不但批駁了陳西瀅的「閒話」，而且在更廣大的一個歷史時間內來看這次大屠殺的必然性，他說：「我想到最近的整頓學風；我想到去年章士釗的整頓學風；我想到章士釗倒後的女師大的復活，與『公理維持會』；我想到北大對政府獨立和北大評議席上的爭持；最後我想到『流言』之發現。這些事情醞釀到現在的結果，便是國務院前的大屠殺。」董秋芳的看法是有深刻的，他從知識分子群體分化後一部分反動文人依附政府來觀察這次大屠殺是有理由的，他對這些反動文人的醜態是深惡痛絕的，在文章的最後，他甚至說到：「你們這些畜生的畜生，生殖在我們裏面，實在早就可怕而且可殺了。」〔註156〕在這之後，在《京報副刊》上有陸續刊登了瞿仲英的《白話老虎報裏的謠言》、周作人的《恕府衛》、雷瑜等人的《給西瀅先生的一封信》以及楊德群同學李慧等四人的《闢謠》等文章，尤其是在周作人的《恕府衛》中提到了知識階級分化後一部分文人替政府張目是導致大屠殺的眞正原因，他說：「衛隊軍警並不變壞，而北京的智識階級 —— 名人學者和新聞記者變壞了，所以政府中人敢於在中華民國首都的執政府前屠殺多人了。五四之役，六三之役，學生們烈烈轟轟鬧得更要厲害，那時政府只捉了幾個學生送交法庭，或用軍警捕捉講演的學生送往北大三院監禁在那裡：那時爲什麼不開槍的呢？因爲這是輿論所不許。大家不要笑我這句話說的太迂，只要把今昔情形一比較就明白了。五四運動時北京的報紙除了御用的《公言報》之外幾乎無一不非難政府之拘捕學生的，……這次大屠殺之後，不特不能聯合反抗，反有聯席會議的燕樹棠，現代評論的陳源之流，使用了明槍暗箭，替段政府出力，順了通緝令的意旨，歸罪於所謂群眾領袖，轉移大家的目光，減少攻擊政府的力量，這種醜態是五四時代所沒有的。」周作人通過對比五四時期和現今階段的知識分子與輿論界的分化，得出的結論是令人信服的。林語堂對周作人的這篇文章深有同

〔註155〕孟菊安：《「不下於開槍殺人者」的「閒話」》，《京報副刊》，1926 年 3 月 30 日，第 5 版。

〔註156〕董秋芳：《可怕與可殺》，《京報副刊》，1926 年 3 月 30 日，第 7 版。

感，他在 4 月 4 日《京報副刊》上發表了《請國人先除文妖再打軍閥》一文，痛斥了無恥文人依附政府、壓制群眾的醜態，號召知識階級應該把這些本來應該去作政客的文人從教育界、文化界清除出去。這也是在政治權力場的邏輯已經滲透到知識分子場域中的時候，知識分子為了維護場域的獨立性和自主性而作的一種努力。當時有人說周作人等人這樣做是因為「文人相輕」，周作人在 4 月 10 日的《京報副刊》上發表《論並非文人相輕》中說：「我輕陳源，與他之是否文人毫不相關，我只輕他是章士釗的徒黨，是現代評論社第一個捧章的人。」〔註 157〕周作人在這裡表現出了對事不對人的態度，指出了鬥爭的實質就是知識分子對反動政府的態度問題。

現代社會多元意識形態的出現導致知識分子共同體分化的過程中，在各自所尊崇的意識形態影響下就形成了由抽象的文字符號所構築的意識形態網絡，而在這種網絡空間中處於劣勢的一方往往需要借助於外來的權力（尤其是政治權力）來擴大自己在知識分子共同體中的權力，比如陳源就是一個明顯的例子。而這種把政治場域邏輯引入到文化教育場域來的做法往往會受到在文化教育場域中處於強勢一方的猛烈攻擊。一方要在文化教育場域中獲得更大的發言權來贏取象徵資本並進而跨場域發言，而另一方出於對文化教育場域中知識分子共同體純潔性、自主性的維護必定要嚴守本場域的內部邏輯。這樣在雙方之間的輿論鬥爭中就充滿著暴力色彩，而意識形態鬥爭中的某一方一旦與政治當局相媾和，難免會將言語暴力轉變成為政治壓迫和軍事制裁。我們可以用知識分子共同體的分化以及場域理論來更好的理解女師大風潮以來的一系列事件，包括「三一八」慘案、對知識分子的通緝以及一大批進步報刊雜誌被查封。

《京報副刊》在它生命的最後階段所處的社會環境已經是極端惡劣了，隨著奉系軍閥入主北京，最惡劣的事情終於還是發生了。1926 年 4 月 24 日下午五時許邵飄萍被捕，同日晚京報社被奉系軍閥查封，《京報》停刊，26 日邵飄萍被槍斃〔註 158〕。張靜廬在《中國的新聞紙》一書中高度的評價了邵飄萍一生的戰鬥精神，「《京報》的主任邵飄萍，為中國有名的記者，在袁時盜國的時代，他所辦京報，因反對帝制被封，逃到日本。袁死，他又回到北平恢

〔註 157〕周作人：《論並非文人相輕》，《京報副刊》，1926 年 4 月 10 日，第 3 版。
〔註 158〕《京報館昨被封》，1926 年 4 月 25 日，《晨報》；又可見《邵振青昨早被槍斃》，1926 年 4 月 27 日，《晨報》。

復該報，馮玉祥討曹之役，該報宣傳極爲努力，馮張之戰，該報又力祖馮氏，因此結恨於奉系。張宗昌打敗了馮玉祥，占據北平，遂下令誘捕邵氏，綁赴天橋槍斃。」〔註159〕而《京報副刊》編輯孫伏園所處的環境也極度之凶險。孫伏園的長媳，也就是孫伏園長子孫惠迪的妻子華靜在《懷念敬愛的父親》一文中曾經提到：「1926 年，父親在北京主編《京報副刊》時，惠迪在北京孔德小學讀書。一天下午，父親外出辦事，而後經孔德小學接放學回家的惠迪，二人同乘人力車返回報館。那時父親每天都要去報館看校樣。當人力車駛近報館時，父親發現一些形迹詭秘的人，即刻感到情況不妙。他將惠迪抱在身前，急忙告訴車夫，報館門前不要停車，直接回家。當晚，父親匆匆收拾好行裝，離家去紹興會館過了夜，次日一早便乘火車去了天津。事後得知，《京報》被奉系軍閥查封，總編輯邵飄萍遇害。據說，父親也在奉系軍閥的通緝之列，只因躲避及時，才得以脫險。」〔註160〕1926 年 4 月 24 日，第 477 號——也就是最後一號《京報副刊》刊出了，誰也沒有料到這就是《京報副刊》在時代交響樂中落下的最後一個樂點，作爲四大副刊之一的《京報副刊》自此淡出了人們的視線。

如果我們將《京報副刊》作爲一個生命的連續體來看，它的精神、氣質、品格的轉變是有迹可循的。在五卅前是以文化建設和思想批評爲主的刊物，經歷了五卅後民族主義短暫影響的「刊中刊」階段，最後發展到爲了自由、民主、公正而積極鬥爭的社會批評和文化批評相結合的階段。它作爲一個有影響力、號召力的著名副刊，在自由主義知識分子孫伏園的引領之下，積極推動了五四後新文化運動的開展，在新文學運動的推廣中也助力不少，尤其是在中國現代思想史、中國知識分子演進史中扮演了重要的角色。它積極投身於以周氏兄弟爲代表的進步文化力量對社會守舊勢力以及反動文人的鬥爭之中，它繼承並高揚了《新青年》所開創的思想革命、文化改造事業並把它發展到了一個新的階段。

如果我們把《京報副刊》放在當時整個文化場域中去進行歷史的考察，同時利用布迪厄的場域理論來思考，就會發現圍繞著它自身內部以及同時代

〔註159〕張靜廬：《中國的新聞紙》，上海光華書局印行，1932 年版，第 60 頁。

〔註160〕華靜：《懷念敬愛的父親》，《紹興文史資料選輯第十三輯‧孫伏園懷思錄》，紹興縣政協文史資料工作委員會、紹興魯迅紀念館編，浙江省新聞出版局 1994 年 8 月版，第 40 頁。

的刊物之間所進行的都是知識分子共同體內關於權力的爭奪，最早關於「青年必讀書目」的徵求與討論，可以看作是以魯迅和胡適爲代表的知識分子關於文化學術領導權的爭奪；女師大風潮可以看作是知識分子共同體內部以及與政府之間關於教育領導權的爭奪；關於「蘇俄是友是敵？」的爭論可以看作是在《京報副刊》和《晨報副刊》之間展開的關於政治輿論領導權的爭奪；「三一八」慘案後《京報副刊》、《語絲》等同人刊物與《晨報》、《現代評論》之間的衝突可以看作是關於知識分子共同體內領導權的爭奪。總之，權力是文化強勢和實力的體現。通過這一系列圍繞著權力的爭奪，《京報副刊》在確立並維護魯迅、周作人等進步知識分子在知識分子共同體以及文化場域、政治場域的象徵資本的同時，也獲得了自身的象徵資本。

　　二十世紀二十年代中期，是中國自由主義知識分子的黃金歲月。在經過了新文化運動的短暫低潮之後，在相對寬鬆的政治局面下一大批的進步刊物、進步社團紛紛問世，像火山噴發一樣不可遏制。團結與鬥爭並存，建設與破壞共舉，現代意義上的知識分子眞正出現在中國的土地上，報刊雜誌爲他們的成長提供了很好的生存土壤。歷史的發展總是泥沙俱下，知識分子共同體的分裂讓思想陣營漸漸的明晰了起來。在艱難而殘酷的鬥爭中，現代意義上的知識分子在得以充分認識中國社會的同時獲得了精神上的成長和思想上的鍛鍊。同時，他們所活動的舞臺——報刊雜誌——也在這個轉變的大時期內不斷調整著自身文化、思想的定位，爲知識分子的生存提供了良好的生態環境，他們之間的關係是相輔相成、互相促進的，在塑造自身的同時也在塑造著對方。

　　同時，他們又都是不幸的，他們所處的時代急峻的社會情勢讓他們不得不把目光投向他們本不願意涉足的領域，他們從歷史上遺傳了太多負累，他們的責任感、使命感使得他們擔當了過多，也失去了過多。「自己的園地」總算是荒蕪了，而社會的轉變也並沒有像他們所期許的那樣，他們對社會政治的批判是基於知識分子的道德感和一顆拳拳之心，可政治高壓卻時刻壓迫著他們，吶喊於民眾之中卻得到了冷漠和排斥。他們對自由的追尋和渴望，反過來卻爲此犧牲了自己。《京報副刊》從早期的以文化公共空間爲主轉變成後來的以政治公共空間爲主，這是一個有良心、有道德、有擔當、有責任感的刊物才會發生的轉變。直到後來它被反動軍閥所查封，它一直旗幟鮮明、不改初衷。從《京報副刊》被奉系軍閥查封開始，一大批進步刊物被禁，魯迅

在《大衍發微》一文對反動當局陰謀的揭露在現實中件件落實，一大批自由主義知識分子南下，北京在二十年代中期所形成的自由主義知識分子的黃金時期終結了，如果我們要爲這次終結找個開頭的話，那無疑就是以《京報》、《京報副刊》以及京報社被查封爲起點的。

神學家布道的時候會說：「死亡是自由的慶典」。每一個渴望著莊嚴的生命都會去追問自由的慶典到底在哪裏，如果以死亡爲代價就可以導向自由，永遠會有人前仆後繼且欣然的走在征途上。然而，永遠如此，卻是生人的悲哀。

《京報副刊》死了，是爲了自由和莊嚴的生命而死的，它願意爲詛咒生的種種限定而付出代價，它的生命在樂曲落下的瞬間永遠散發著自由的光芒，死亡對於它，恰如鳳凰涅槃，與其說是生命的結束，不如說是生命的開始。